Johannes Kandel
Islamismus in Deutschland

Johannes Kandel

Islamismus in Deutschland

Zwischen Panikmache und Naivität

FREIBURG · BASEL · WIEN

© Verlag Herder GmbH, Freiburg im Breisgau 2011
Alle Rechte vorbehalten
www.herder.de

Satz: Layoutsatz Kendlinger, Mediendesign, Freiburg
Herstellung: CPI Moravia Books, Pohorelice

Gedruckt auf umweltfreundlichem, chlorfrei gebleichtem Papier
Printed in Czech Republic

ISBN 978-3-451-30339-9

Inhalt

1. **Was ist Islamismus?** 7
   Der Islamismus als politische Ideologie und Bewegung 7

2. **Ursachen und Ausbreitung des Islamismus** 15

3. **Ideologie und Politik des Islamismus** 28
   Islamismus und Moderne 28
   Staat und Demokratie 29
   Binnenstrukturen, Dienstleistungen und Moral 33
   Islamismus und Antisemitismus 37
   *Islamismus, Dschihadismus und Terrorismus –
   die Gewaltfrage* 46
   *Der Islamismus als global-transnationale
   virtuelle „Diskursgemeinschaft"* 59

4. **Sind die Muslime in Deutschland „islamistisch"?** ... 67
   Islam in Deutschland 67
   Erkundungen zum Islamismus 68
   „Organisierter Islam", Demokratie und Islamismus 76

5. **Islamistische Ideologien und Gruppen
   in Deutschland** 89
   Der „Kalif von Köln" – die Kaplan-Gruppe 89
   Die „Islamische Gemeinschaft Milli Görüs" 96
   Geschichte, Entwicklung, ideologische Grundlagen 96
   Organisation und Selbstbild 103
   Was sind die Ziele der IGMG? 107
   *Zwischen „Beobachtung" und
   „zivilgesellschaftlicher Auseinandersetzung"* 109

Das Ideal der IGMG: die islamische Lebensordnung 116
*Necmettin Erbakan, die Milli Gazete
und der Antisemitismus* 125
*Geschäft im Namen Allahs – Die islamischen Holdings
und Milli Görüs* 133
Problematische Bildungsinhalte 138
Fazit 142

Die Hizb-ut-Tahrir al-Islami (HT) –
Die „Partei der Befreiung". 143
Das Netzwerk der Muslimbruderschaft in Deutschland 150
*Die Münchener Moschee und die Entstehung der
„Islamischen Gemeinschaft in Deutschland" (IGD)*. 150
Die IGD und ihre Verbindungen in Europa 154
Die Tablighi Jama'at – die „stillen Prediger"? 165
Die Hisbollah. 169
Die Hamas 176
Salafiten und muslimische Jugendliche 184
Muslimische Medien als Ideologieproduzenten:
„Muslim-Markt" und „Islamische Zeitung" 200

6. Wie gefährlich ist der Islamismus? 221

Ausgewählte Literatur 223

1. Was ist Islamismus?

Der Islamismus als politische Ideologie und Bewegung

Der Islamismus ist eine wichtige Variante des Islam in der Gegenwart. In der aktuellen Diskussion über den Islam wird von Muslimen und auch von Nicht-Muslimen häufig behauptet, dass der Islamismus ein „Missbrauch" des Islam sei. Andere bestreiten gar, dass er überhaupt etwas mit Islam zu tun habe. Manche Feinde des Islam halten dagegen, dass sich der Islamismus zwangsläufig aus dem Islam entwickeln müsse, weil der Islam seinem „Wesen" nach undemokratisch und gewaltfördernd sei. Beide Seiten glauben genau zu wissen, was der „wahre Islam" ist.[1] Solche Positionen führen jedoch zu keiner sachlichen Diskussion über den Islamismus. Es gibt keine geschichtliche Notwendigkeit, dass aus dem Islam Islamismus wird, aber es besteht die Möglichkeit. Es kann also einen Islam ohne Islamismus, aber keinen Islamismus ohne Islam geben. Für den Zusammenhang von Islam und Islamismus ist es wichtig zu wissen, dass der „Islam" (= „Hingabe", „Ergebung") nicht nur eine Religion ist, sondern immer auch ein politisches Projekt der Gesellschaftsveränderung.

Die geistigen Ursprünge, Grundorientierungen und Ziele des Islamismus lassen sich auf vier Grundmerkmale zuspitzen. Der Islamismus ist eine

1. politisch-extremistische Herrschaftsideologie, deren Kern eine Ideologie der Ungleichheit bildet: Andere Religionen, Weltanschauungen und Lebensorientierungen werden abgewertet, und ihnen wird eine gleichberechtigte Existenz neben dem Islam, der als die einzig „wahre" Religion verstanden wird, verweigert. Politische Herrschaft wird aus der Religion (Scharia) begründet. Universale Menschenrechte, so wie sie in der „Allgemeinen Erklärung der Menschenrechte" von 1948 formuliert sind, werden als „unislamisch" zurückgewiesen und das Prinzip der Säkularität, d. h. der Trennung von Staat und Religion, verworfen;

2. *politische Protest- und Oppositionsbewegung* gegen muslimische diktatorische Regime, die als „unislamisch" verurteilt werden („der nahe Feind"), und gegen „den Westen" als die Verkörperung der „islamfeindlichen", „ungläubigen" Mächte („der ferne Feind");

3. *soziale Bewegung*, die soziale Dienstleistungen (z. B. Arbeit, Bildung, Kultur, Freizeit) anbietet, nicht zuletzt um Sympathisanten für die Bewegung und Rekruten für den „dschihad" zu gewinnen;

4. *global-transnationale (virtuelle) Diskursgemeinschaft* („Islamismus 2.0"), ein Bildungs- und Informationsnetzwerk sowie eine operative Agentur islamistischer Aktivisten.

Die ideologischen Grundprinzipien und die daraus folgenden Politikentwürfe des Islamismus sind eine Spielart des politischen Extremismus. Uwe Backes und Eckhard Jessen bestimmen politischen Extremismus als „Absage an fundamentale Werte, Verfahrensregeln und Institutionen demokratischer Verfassungsstaaten". Der politische Extremismus formuliert auf der ideologischen Ebene einen dogmatischen, absoluten Wahrheitsanspruch, folgt Freund-Feind-Stereotypen, lehnt gesellschaftlichen Pluralismus ab und sucht seine Ziele mit ausgeprägtem Missionsbewusstsein durchzusetzen.[2] Mit Hannah Arendt können wir den Islamismus auch zugespitzt als eine „totalitäre Ideologie" bezeichnen. Totalitäre Ideologien erheben einen „Anspruch auf totale Welterklärung [...] und zwar totale Erklärung des Vergangenen, totales Sich-Auskennen im Gegenwärtigen und verlässliches Vorhersagen des Zukünftigen."[3] Die Islamisten verstehen den Islam als die große, absolut wahre Erzählung von der Erschaffung der Welt, dem Willen Allahs in Bezug auf die Bestimmung des Menschen und dem Ende der Welt (Jüngstes Gericht). Sie erheben den Anspruch, die göttlich gesetzten Normen und Regeln muslimischer Lebensweise zu kennen und die für die Errichtung eines islamischen Staats- und Gemeinwesens notwendigen religiösen und politischen Strategien richtig einzusetzen. Die Islamisten betonen die „Einheit und Einzigkeit Allahs" („tawhid") und seine souveräne Herrschaft, die sich in der Harmonie von Glauben und Leben, Religion und Politik in der islamischen Gemeinschaft („umma") ausdrücken soll.

Das islamistische Credo brachte der marokkanische Imam Mohammed Fazazi in einer seiner berüchtigten Predigten im Jahre 2000 in der Hamburger Al-Quds-Moschee auf den Punkt: „Die islamische Religion ist umfassend, vollständig, widerstandsfähig, komplett und vollkommen. Und sie mischt sich ausnahmslos in alle Bereiche des Lebens ein. Der Islam hat Antworten auf jede Frage und für alles ein besonderes Programm."[4] Fazazi formulierte das grundlegende Prinzip des Islamismus: „Der Islam ist die Lösung!"

In der Wissenschaft und im öffentlichen Diskurs werden die Begriffe „Fundamentalismus" und „Islamismus" häufig als Synonyme verwendet. Doch wie sich nun „Fundamentalisten" von „Islamisten" unterscheiden, das ist ein wenig fruchtbarer Streit um Begriffe. Am besten unterscheiden wir Fundamentalisten und Islamisten durch ihre Einstellung zur politischen Aktion. Vereinfacht gesagt: Die Fundamentalisten erhoffen die „(Re-)Islamisierung" ihrer für defizitär gehaltenen islamischen Gesellschaften und der Welt der „Ungläubigen" in erster Linie von der friedlichen „Einladung" zum Islam („da'wa"). Die Annäherung an dieses Ziel geschieht in variablen Formen, z. B. durch die schrittweise Ausweitung islamkonformer Lebensweisen, die begrifflich als „Anerkennungs"- und „Identitätspolitik" beschrieben werden kann.[5] Die Islamisten verleihen dieser „Einladung" („da'wa") eine besondere politische Dynamik: Der „wahre" Islam soll in erster Linie mit politischen Mitteln durchgesetzt werden, ggf. auch mit Gewalt. Auf eine kurze Formel gebracht: Islamismus ist Fundamentalismus in politischer Aktion mit dem Ziel der „islamgemäßen" Transformation der gesellschaftlichen Verhältnisse und der Errichtung eines islamischen Staates. Der Islamismus basiert aber auf Grundprinzipien des religiösen Fundamentalismus. Die Islamisten folgen einem buchstäblichen – gleichwohl selektiven – Verständnis des Koran (als das unerschaffene, unveränderbare, zeitlos geltende Wort Gottes) und verwerfen Ansätze eines historisch-kritischen Koranverständnisses als „bid'a" („Neuerung") oder „Unglauben".

Bislang ist der Islamismus von keiner religiösen Autorität im Islam als „unislamisch" verworfen worden. Auch Islamisten werden als Muslime gesehen, denn gemeinsam mit allen Muslimen folgen sie den religiösen Hauptpflichten des Islam (Glaubensbekenntnis, rituelles Gebet, Fasten, Almosengeben und Wallfahrt nach Mekka) und den sechs zu glaubenden Wahrheiten (an Allah als den Einen und Einzigen – „tawhid" –, die Propheten, die Bücher, die Engel, das Schicksal und den Jüngsten Tag).

Im wissenschaftlichen Diskurs finden wir verschiedene Vorschläge, unter den Islamisten (idealtypische) Differenzierungen zu treffen, so z. B. nach „geo-kulturellen" Trends oder „Familien": So gebe es eine „indisch-sunnitische" Familie, die ganz wesentlich aus dem Denken und den Lehren des indischen Journalisten Sayyid Abu A'la Maududi (1903–1979) und seiner Partei Jama'at-e-Islami schöpfe, eine „iranisch-schiitische", begründet von Ayatollah Ruhollah Mussawi Khomeini (1900–1989), und schließlich eine „arabisch-sunnitische", deren herausragende Repräsentanten Hasan al-Banna (1906–1949), der Gründer der Muslimbruderschaft, und deren Chefideologe Sayyid Qutb (1906–1966) gewesen seien.[6] Eine andere Systematik schlagen Wissenschaftler des Kairoer „Al-Ahram Center for Political and Strategic Studies" vor: Sie unterscheiden grundsätzlich zwischen „religiösen islamistischen" und „soziopolitischen Bewegungen mit einer islamistischen Plattform".[7] Den „religiösen islamistischen" Bewegungen ordnen sie Gruppen zu, die entweder den Islam „friedlich" durch Mission verbreiten möchten oder die die erstrebte Transformation mit Gewalt durchsetzen wollen („Jihadi-Gruppen"). Die „Jihadis" wiederum werden nach ihren grundlegenden politischen Zielen und der Reichweite ihrer Aktivitäten unterschieden: Es gebe „lokale" Gruppen, die sich auf den Kampf gegen ihre vermeintlich „unislamischen" und ungerechten Regierungen beschränkten (wie z. B. die ägyptische

Jama'a al-Islamiya). Wieder andere strebten als Minderheit in einem nicht-islamischen Land nach Separation (Kaschmir, Tschetschenien). Schließlich gebe es die global operierenden Dschihadisten wie z. B. Al-Qaida. Die „soziopolitischen" Bewegungen werden nur nach dem Kriterium der Gewaltanwendung eingeteilt: friedlich oder militant.

Diese Typologie ist zwar anregend, wirft aber Abgrenzungsfragen auf, vor allem im Blick auf die intendierte Reichweite der Bewegungen („lokal" und/oder „global"), die Bedeutung der Religion für die politische Ideologie und die Einteilung nach dem Merkmal „friedlich" bzw. „militant". Sind die schiitische Hisbollah im Libanon und die „radikalislamische" Hamas nur „lokale" Gruppen, weil sie ihre Gewalt auf die Region konzentrieren, oder sind sie nicht mit ihren als Wohlfahrtsorganisationen getarnten Netzwerken sowie ihren virtuellen Botschaften im Fernsehen und im Internet (z. B. Al-Manar, Hamas-TV, Al-Aqsa Tube) zugleich globale ideologische Player im weltweiten „dschihad"? So beziehen sich die „soziopolitischen" Gruppen doch ebenso wie die „religiösen" auf die Religion des Islam, während umgekehrt auch die „religiösen" eine soziale und politische Agenda verfolgen. Auch ist fraglich, ob die „friedlichen" Gruppen tatsächlich so „friedlich" sind, wie sie scheinen. Ferner ist die Gewaltfrage bei der Typologisierung des Islamismus nur *ein* Element und nicht das entscheidende.

Im Zentrum des Islamismus stehen die politische Ideologie und die darauf basierenden politischen Leitideen und Ziele. Hier gibt es ohne Zweifel grundlegende ideologische und politische Gemeinsamkeiten unter den islamistischen Bewegungen, wie ihre Geschichte und Entwicklung zeigt und wie es auch in unserer Definition festgehalten ist. Unterschiede bestehen vor allem im Blick auf die konkreten politischen Zielvorstellungen (z. B. in der Frage der Organisation des „islamischen Staates") sowie in Fragen von Strategie und Taktik (z. B. in der Haltung zur Gewalt). Wenn wir uns auf die Frage der Strategie und Taktik konzentrieren, so lassen sich zwei Grundtypen von Islamismus unterscheiden: ein „reformistischer" Islamismus, der auf dem Wege mehr oder weniger friedlicher „da'wa" und legaler politischer Aktion die schrittweise Islamisierung von Staat und Gesellschaft anstrebt, und ein „revolutionär-militanter", der auf die Überwindung sowohl „unislamischer Systeme" in der islamischen Welt als auch des westlichen „Säkularismus" durch revolutionären Umsturz abzielt. Eine Variante dieses revolutionär-militanten Islamismus ist der „dschihadistisch-terroristische", deren Vertreter entweder z. B. in der Linie der Ideologie und der Aktionen Al-Qaidas für die globale Weltherrschaft des Islam kämpfen (der „ferne Feind") und/oder nach der Wiederherstellung des „wahren Islam" im nationalen (islamische Staaten) oder regionalen Rahmen (z. B. Palästina) streben (der „nahe Feind").[8]

Die „International Crisis Group" hat vorgeschlagen, drei Typen von Islamismus zu unterscheiden: *„political"* („al-harakât al-islamiyya al-siyasiyya", d. h. die islamischen politischen Bewegungen und Parteien, z. B. die Muslimbrüder und die türkische AKP), *„missionary"* („al-da'wa", vor allem die Tablighi Jama'at und die Salafiya) und schließlich *„jihadi"* („al-jihad", d. h. alle, die den bewaffneten Kampf gegen den „nahen" und/oder „fernen" Feind befürworten). Auch das wäre eine mögliche Differenzierung, allerdings ist die Bezeichnung „political" für den ersten Typ doch zu allgemein, denn auch der „missionarische" und gewiss der „dschihadistische" Islamismus sind „politisch", wenn auch mit unterschiedlichen Zielen und Aktionsformen.[9]

Der Islamismus politisiert Religion und Kultur: „In unserem Islam", erklärte ein Imam in einer Londoner Moschee, „beschäftigen wir uns nicht mit Gott, sondern mit Palästina, Kaschmir, Afghanistan und Irak."[10] Islamismus ist Religion in politischer Bewegung, aber die Islamisten lösen die Religion auch nicht in Politik auf. Die Religion bleibt, so mangelhaft das Wissen und Verständnis mancher Islamisten von der eigenen Religion auch sein mag, ihr dynamisches spirituelles Zentrum. Sie liefert die geistig-politischen Grundkategorien, aus denen sie ihre Visionen und Utopien zur Errichtung eines islamischen Staates entwickeln. Sie verleiht ihnen Motivation und Kraft, ohne Rücksicht auf das eigene Leben für die Sache „des Islam" zu streiten.

Islamisten erheben einen universalen religiösen Wahrheits- und politischen Herrschaftsanspruch. Der Islam habe alle anderen Religionen und Ideologien der Welt siegreich überboten. Die vor dem Islam entstandenen monotheistischen Religionen (Judentum und Christentum) enthielten zwar auch Elemente der „wahren" Offenbarung Gottes, seien aber von Juden und Christen verfälschte Varianten („tahrif") der einen wahren Religion. „Die Religion bei Gott" ist der Islam, so steht es im Koran (Sure 3,19; 3,85). Es dominiert ein schlichtes Schwarz-Weiß-Denken. Die Idealisierung der eigenen Religion geht einher mit der Abwertung aller anderen Religionen und Weltanschauungen. Hier die „wahre Religion" und „beste Gemeinschaft", die „das Rechte gebietet und das Verwerfliche verbietet" (Sure 3,110) in Gestalt des „Hauses des Islam" („dar-al-islam"), dort die gottlose, dekadente, bindungslos-individualistische, konsumistisch-materialistische und imperialistische Welt der „Ungläubigen" im „Westen" („dar-al-harb" – „Haus des Krieges"). Der Islamist Abdullah el-Faisal aus Großbritannien bringt es wie folgt auf den Punkt: „Es gibt heutzutage zwei Religionen, die richtige und die falsche. Der Islam steht gegen den Rest der Welt."[11] Zwar sind die Muslime von der „Wahrheit" ihrer Religion überzeugt und glauben, dass Gott ihre religiöse Gemeinschaft vor den anderen ausgezeichnet hat (vgl. Sure 3,110). Doch muss diese Überzeugung nicht zwingend in eine Haltung münden, die eine Anerkennung von und ein friedliches Zusammenleben mit anderen Religionen grundsätzlich unmöglich macht. Die Islamisten sind dazu jedoch nicht bereit. Sie betonen und überspitzen die „Auszeichnung" der Muslime im Sinne eines auch politisch durchzusetzenden Überlegenheits- und Herrschaftsanspruchs des Islam gegenüber allen anderen Religionen. Somit ist der Islamismus auch eine Ideologie der Ungleichheit: Hier die „wahre" Religion, dort die „falschen" Religionen, die in die Irre gehen. Es ist die Pflicht der „wahren Gläubigen" (Muslime), die ganze Welt in das „dar-al-islam", das „Haus des Islam", zu führen. Erst dann werden überall Frieden und Gerechtigkeit herrschen. Damit wird auch ein *territorialer Herrschaftsanspruch* formuliert, der ideologisch in den Konzeptionen des „*heiligen Raumes*" und der „*hidschra*" ausgedrückt wird: Was einmal zum Islam gehört hat, bleibt im Islam und muss, falls es verloren gegangen ist, neu erobert werden. Am Anfang dieses Eroberungsprozesses steht der „Auszug" („hidschra"), die Trennung von den „Ungläubigen", gefolgt vom „*dschihad*" im Sinne der Eroberung des Territoriums der „Ungläubigen".[12]

---

[1] Ich kann mich dem skeptischem Verzicht Stefan Weidners „auf ein Wissen über die wahre Natur des Islams" anschließen, wenn damit der Anspruch auf „Wesensbestimmungen" zurückgewiesen werden soll. STEFAN WEIDNER, Manual für den Kampf der Kulturen. Warum der Islam eine Herausforderung ist. Frankfurt a. M./Leipzig 2008, 95ff., 152.

[2] UWE BACKES/ECKHARD JESSEN, Vergleichende Extremismusforschung. Baden-Baden 2005, 23f. Zur Einordnung des Islamismus als politischen Extremismus vgl. 201ff. Zum theoretisch-normativen Hintergrund des Extremismusbegriffs vgl. UWE BACKES, Politischer Extremismus in demokratischen Verfassungsstaaten. Elemente einer normativen Rahmentheorie. Opladen, 1989 289ff.

[3] HANNAH ARENDT, Elemente und Ursprünge totalitärer Herrschaft (1951). München [10]2005, 964.

[4] Aus dem Film *Hamburger Lektionen* von Romuald Karmakar (2006).

[5] Zum Begriff der „Identitätspolitik" vgl. THOMAS MEYER, Identitätspolitik. Vom Missbrauch kultureller Unterschiede. Frankfurt a. M. 2002.

[6] LAURA GUAZZONE, Islamism and Islamists in the Contemporary Arab World. In: LAURA GUAZZONE (Hrsg.), The Islamist Dilemma. The Political Role of Islamist Movements in the Contemporary Arab World. Reading 1995, 13.

[7] Al-Ahram Center for Political and Strategic Studies (Hrsg.), The Spectrum of Islamist Movements (aus dem Arabischen). Berlin 2007, 16ff.

[8] Zu den Begriffen des „nahen" und „fernen Feinds" vgl. GUIDO STEINBERG, Der nahe und der ferne Feind. Das Netzwerk des islamistischen Terrorismus. München 2005.

[9] INTERNATIONAL CRISIS GROUP, Understanding Islamism. Middle West/North Africa Report Nr. 37, 2. März 2005.

[10] AMID TAHERI, „We don't do God, we do Palestine and Iraq". Sunday Times, 12. Februar 2006.

[11] www.danielpipes.org/pf.php?id=4254.

[12] Zu diesem Aspekt vgl. PATRICK SOOKDHEO, Faith, Power, Territory. A Handbook of British Islam. McLean 2008, 45ff.

2. Ursachen und Ausbreitung des Islamismus

Islamistische Bewegungen breiteten sich seit dem Ende der Sechzigerjahre des 20. Jahrhundert in der islamischen Welt aus. Aufgrund von Wanderungs- und Fluchtbewegungen und des damit verbundenen Ideologieimports haben sie auch in Europa Fuß gefasst. Nach durchaus realistischen Annahmen werden ca. sieben bis fünfzehn Prozent der Muslime weltweit als „politisch radikalisiert" und daher als Sympathisanten oder Aktivisten des Islamismus eingeschätzt.[1] Die zeitgeschichtlichen Hintergründe für den Aufstieg und die politischen Erfolge der islamistischen Bewegungen finden wir in den internationalen Konflikten sowie den sozioökonomischen und soziokulturellen Krisen in der islamischen Welt nach 1945. Der Schock der Niederlage der arabischen Staaten gegen Israel im Sechs-Tage-Krieg 1967 und die damit verbundene Kompromittierung des arabischen Nationalismus und Sozialismus, die die Leitideen für den erfolgreichen Kampf gegen Kolonialismus und Imperialismus gewesen waren, lösten eine islamistische Renaissance aus. In dieser Zeit entstanden in Nordafrika, den arabischen Staaten, im Nahen Osten, Asien, den USA und Europa islamistische Bewegungen. Die militärische Niederlage war für die Islamisten der Tiefpunkt in der Identitätskrise der islamischen Welt, die seit dem Kolonialismus und Imperialismus im 19. Jahrhundert sowie dem Kollaps des Osmanischen Reiches nach dem Ersten Weltkrieg schwelte. Die Islamisten deuten solche geschichtlich-politischen Ereignisse und Prozesse als Belege für den „Krieg des Westens" gegen „den Islam". Das Sündenregister „des Westens" wird weit in die Geschichte des Verhältnisses von „Abendland" und „Morgenland" zurückdatiert: Schon seit dem Auftreten des Islam habe „das Abendland" gegen „den Islam" gekämpft. Dieser Kampf beginne mit den Attacken des Byzantinischen Reiches im 7. Jahrhundert, setze sich in den Kreuzzügen seit dem 11. Jahrhundert fort und habe im 19. Jahrhundert mit dem Kolonialismus und Imperialismus der westlichen Mächte seine moderne Ausprägung gefunden. Die „Balfour-Deklaration" von 1917 zur Schaffung einer „jüdischen Heimstätte" in Palästina und die Gründung des Staates Israels 1948 trotz des erbitterten Widerstands der arabischen Nachbarn sei ein perfider Akt „des Westens" gewesen mit dem Ziel, die Palästinenser zu unterdrücken und die arabische Welt durch die Installierung eines „westlich-imperialistischen" Brückenkopfs und Vorpostens zu spalten. Und noch weitere „feindselige" Akte hätten den Vernichtungswillen des „Westens" gegenüber „dem" Islam dokumentiert: die Politik Israels und der Nahost-Konflikt, der Golfkrieg 1991, der Bosnienkrieg 1992–1995, das Irak-Embargo 1991–2003, die Interventionen der Sowjetunion 1980 sowie der USA 2001 in Afghanistan, der Irak-Krieg 2003, der Libanon-Krieg 2006 und „Israels Aggression" gegen die Hamas-Regierung im Gaza Streifen 2008/09. Die Islamisten wähnen sich von Feinden umzingelt, die sich gegen die wahren Gläubigen verschworen hätten. Die drei „Hauptfeinde" sind, wie es die dschihadistischen Ideologen ausdrücken, „die Kreuzfahrer", die „Juden" und die „Handlanger" der beiden Ersteren, d. h. pauschal „der Westen" mit der „hegemonialen Führungsmacht" USA und ihren Verbündeten. Stets sind „die anderen" an allen Krisen, Defiziten und Mängeln der islamischen Welt schuld. Islamisten sind unfähig zur Selbstdistanz und Selbstkritik. So verdichten sich Erfahrungen, selektive Wahrnehmungen und Deutungen einer vermeintlich endlosen Kette anti-islamischer Geisteshaltungen und Aktivitäten am Ende zu einer paranoiden Ideologie eines „clash" zwischen „dem Islam" und „dem Westen", von einem Krieg der Religionen und Kulturen, in dem es nur einen Sieger geben darf: das „Haus des Islam" („dar-al-islam").

Die Islamisten kämpfen nicht nur gegen „den Westen". Sie attackieren gleichzeitig die „säkularisierten" (nationalistisch und/oder sozialistisch orientierten) politischen Eliten ihrer Herkunftsländer als vom Westen korrumpierte, selbstsüchtige, diktatorische und machtbesessene Potentaten. Sie werden als verabscheuungswürdige „Heuchler"

(„munafiqun") verurteilt, denen im Koran mit dem Höllenfeuer gedroht wird (z. B. Sure 9,73; 4,140). Die beklagenswerte wirtschaftliche und soziale Realität in vielen arabisch-islamischen Staaten, geprägt von wirtschaftlicher Stagnation, Misswirtschaft, Korruption, Arbeitslosigkeit, Armut, Analphabetismus und geringer Bildung, ist nach Auffassung der Islamisten auch Ergebnis der Politik der repressiven autoritären Regime, die vom „wahren Islam" abgefallen seien und die Ausbreitung des „Heidentums" („jahiliya") in den islamischen Gesellschaften zugelassen hätten.

Die „Iranische Revolution" 1979 war ein entscheidender Meilenstein für den Erfolg islamistischer Bewegungen. Erstmalig hatte der Islamismus mit Ayatollah Khomeini an der Spitze die Macht in einem Staat erobert. Ermutigt durch das iranische Vorbild versuchte am 20. November 1979 eine Gruppe von Islamisten in Saudi-Arabien einen Volksaufstand gegen das autoritäre Regime der Familie Saud auszulösen. Sie stürmten mit Waffengewalt die Große Moschee in Mekka. Erst nach Wochen gelang es den Sicherheitskräften, die Besetzer zu besiegen. Die Islamisten hatten ihre unbedingte Entschlossenheit zur terroristischen Aktion eindrucksvoll unter Beweis gestellt. Der Angriff auf Mekka sollte das Fanal zur Bekehrung der Gläubigen zum „wahren Islam" sein und die saudischen Massen gegen das autoritäre Regime mobilisieren. Beides gelang nicht, doch die Islamisten hatten zumindest einen Achtungserfolg bei den Kritikern der Regierung erzielt.[2] Auch in Afrika gab es Erfolge der Islamisten: Zehn Jahre nach der „Iranischen Revolution" setzten sich die Islamisten unter Führung des islamistischen Rechtsgelehrten Hassan al-Turabi im Sudan durch und führten die Scharia als staatliche Rechtsordnung ein.

Der Aufschwung und die nachhaltige Stärkung des Islamismus wurden durch politische Entwicklungen in Pakistan und Afghanistan erheblich befördert. Seit 1977 trieb Präsident Zia ul-Haq (1924–1988), beraten von dem Islamisten Maududi, in Pakistan die Islamisierung des Landes voran. Nach dem Einmarsch sowjetischer Truppen in Afghanistan am 27. Dezember 1979 formierte sich der Widerstand muslimischer „mudschahidun" (Kämpfer). Der Kampf gegen die kommunistischen Besatzer wurde mit massiver Unterstützung islamistischer Netzwerke in Pakistan, die vor allem bei afghanischen Flüchtlingen Zuspruch fanden, geführt und als „dschihad" verstanden. Die Golfstaaten und die USA unterstützten – aus jeweils sehr unterschiedlichen Interessen heraus – den Kampf gegen die Sowjetunion. Die Vertreibung der Sowjets 1989 wurde von den Islamisten als Sieg der „islamischen Sache" verstanden und stärkte ihr Selbstbewusstsein. Der Sieg der Taliban im afghanischen Bürgerkrieg 1996, der Bürgerkrieg in Algerien in den Neunzigerjahren, der Golfkrieg 1991 und der Bosnienkrieg 1992–1995 waren weitere wichtige Etappen für die Entwicklung und Stärkung islamistischer Gruppen, die sich als religiös legitimierte „Gotteskrieger" im Kampf gegen „den Westen" verstanden, allen voran der zu diesem Zeitpunkt nur wenigen bekannte Saudi Osama bin Laden. Der Afghanistan-Krieg 2001 („war on terror") sowie die Zerschlagung des Regimes von Saddam Hussein im Irak 2003 und die nachfolgende Besetzung des Landes bildeten den Hintergrund für die Stabilisierung und nachhaltige Stärkung islamistischer Bewegungen und dschihadistischer Terrorgruppen. Der terroristische Dschihadismus fand im Irak eine neue Operationsbasis. Hinzu kommt der ungelöste Nahostkonflikt, den islamistische Gruppen wie die „Hamas", der „Islamische Dschihad" und die schiitische „Hisbollah" zum Religionskonflikt zwischen Muslimen und Juden, „Gläubigen" und „Ungläubigen" überhöht haben und der den Islamisten ständigen Zulauf beschert.

Der Islamismus hat geistesgeschichtliche und politische Wurzeln, die weit in die Geschichte des Islam zurückreichen und eng mit der Entwicklung fundamentalistischer Ideen und Strömungen verbunden sind.[3] Hier wird die Verbindung von religiösem Wahrheitsanspruch und politischer Herrschaft sichtbar. In den intellektuellen Führungszirkeln der islamistischen Gruppierungen wird auffallend häufig auf bestimmte Gelehrte aus der islamischen Religions- und Philosophiegeschichte Bezug genommen. Zu ihnen gehört der Philosoph und Rechtsgelehrte *Abu Hamid Al-Ghazali* (1058–1111), der im 11./12.

Jahrhundert gegen die rationalistische Philosophie der Mu'tāzila polemisierte und entscheidend dazu beitrug, eine gegen die autonome Vernunft gerichtete Denkweise zu befördern. Die islamistischen Intellektuellen verehren ferner den Rechtsgelehrten *Ibn Taymiyya* (1263–1328), der einen strengen konservativen Reformismus vertrat, als „Sheikh al-Islam al-Akbar" („großer Lehrer des Islam"). Taimiyya predigte die Rückkehr zu den Fundamenten des Islam, die Reinigung des Glaubens von Häresien und abergläubischen Praktiken (die er vor allem in den Sufi-Orden verkörpert sah) und die kompromisslose Durchsetzung der Scharia.

Die *„Wahabiya"*, die dogmatische und sittenstrenge Richtung, die auf den Rechtsgelehrten Muhammad b. Abd Al-Wahhab (1704–1792) zurückgeht, wurde zum Vorbild vieler Islamisten, weil sie die konsequente Umsetzung der buchstäblich verstandenen Gebote Gottes forderte, eine scharfe Abgrenzung von den „Ungläubigen" („kuffar") vollzog und zum Kampf gegen sie aufrief. Auch wurden Muslime stigmatisiert, die angeblich vom Glauben abgefallen waren und „häretischen" Lehren folgten („takfir" = Erklärung zum Ungläubigen/Abgefallenen). Von besonderer Bedeutung wurde die Interpretation des „dschihad" als einer kollektiven Pflicht („fard kifaya") für die wahren Gläubigen, nicht nur die „Ungläubigen" zu bekämpfen, sondern auch gegen „häretische" Muslime und Abgefallene („Apostaten") vorzugehen. In Verbindung mit dem arabischen Herrscherhaus Saud gelang der Bewegung der Wahabiya schließlich die politische Durchsetzung dieser puritanischen, rigoristischen Interpretation des Islam in ihrem Einflussbereich. Über die von Saudi-Arabien finanzierte „Islamische Weltliga" und ihre zahlreichen Unterorganisationen behauptet die Wahabiya bis heute eine starke, ja dominante Position im Weltislam. Obwohl die Islamisten die Ideen von Salafiya und Wahabiya weitgehend übernehmen, opponierten sie gleichzeitig politisch gegen die enge Bindung der Wahabiya an das autokratische saudische Herrscherhaus, das sie als opportunistisch und korrupt geißelten.

Ein informeller Kreis von anti-kolonialistisch orientierten Rechtsgelehrten und Intellektuellen forderte im 19. Jahrhundert einen erneuerten, „reinen" Islam, befreit von der Mystik und den Praktiken des muslimischen Volksglaubens, lediglich gestützt auf den Koran und die Sunna sowie die „rechtgeleiteten Gefährten". Sie wurden als *„Salafiten"* („al-salaf al-salih") bezeichnet. (Der Begriff *salaf*, Plural *asläf*, bedeutet wörtlich: Vorgänger; Vorfahren, Ahnen.) Von einer schöpferischen Neuinterpretation der Quellen im Lichte der Herausforderungen der modernen Zeit erhofften sie sich eine tief greifende „Reform" des in die Krise geratenen Islam. Darin lag auch ein durchaus reformistisch ausdeutbares Konzept, das keineswegs nur anti-westlich und anti-modern war. Hauptvertreter dieser Reformgruppe waren der Iraner Jamal al-Din al-Afghani (1839–1897), der Ägypter Muhammad Abduh (1849–1905) und sein Schüler, der Syrer Rashid Rida (1865–1935). Rida verband die Ideen der Salafiya mit pan-islamischen Positionen (er befürwortete ein „arabisches Kalifat") und dem puritanisch-aktivistischen Ansatz der Wahabiya. Das Beispiel von Rida zeigt jedoch die Ambivalenz der Salafiya, die im 20. Jahrhundert ihre liberal-reformistische Färbung bald verlor, immer stärker die Ideen der fundamentalistischen Wahabiya aufnahm und spätestens in den Siebzigerjahren mit dieser zu einer Denkrichtung verschmolz („Neo-Salafiya").[4] Geistig eng verbunden mit der Salafiya waren auch die orthodox-konservative Reform- und Bildungsbewegung der Deobandi in Indien und die konservativ-puritanische, transnationale Missionsbewegung der „Tablighi Jama'at" (gegründet 1926/27 von dem Inder Muhammad Ilyas).

Die wichtigsten geistig-politischen Väter des Islamismus im 20. Jahrhundert waren:
Der Ägypter *Hasan al-Banna* (1906–1949), ein Lehrer, gründete 1928 die *Muslimbruderschaft* („Jam'iyāt Al-Ikhwān al-Muslimūn"). Die Muslimbruderschaft entwickelte seit den Dreißigerjahren ein Netzwerk von Bildungsinstitutionen und karitativen Einrichtungen und gewann eine Massenbasis vor allem in der städtischen Mittelschicht

und unter den Bauern. Der Islam ist nach Hasan al-Banna gleichermaßen „Kult und politische Führung, Religion und Staat, Vaterland und Nationalität, Spiritualität und Aktion, Gebet und Kampf, Gehorsam und Herrschaft, Koran und Schwert".[5] Das Credo der Muslimbruderschaft lautet bis heute unmissverständlich:

> „Allah ist unser Ziel.
> Der Gesandte ist unser Führer.
> Der Koran ist unser Gesetz.
> Der Dschihad unser Weg.
> Auf dem Wege für Allah zu sterben,
> ist unsere größte Hoffnung."[6]

Die Schriften al-Bannas, die bis in die Gegenwart in islamistischen Kreisen, vor allem in Europa, gelesen werden, und seine politische Praxis zeigen, dass er sich geschickt an die jeweils konkreten politischen Bedingungen anzupassen wusste und eine moderne politische Sprache verwendete. Al-Banna und seine Gefolgschaft lehnten die westliche säkulare Rechtsordnung mit ihrer Trennung von Staat und Religion, mit ihren universalen Menschenrechten und ihrer pluralistischen Demokratie als „islamfremd" ab. Das Fernziel der Muslimbruderschaft war und ist die weltweite Durchsetzung der „wahren" islamischen Herrschaftsordnung, also ein Staat, in dem die Scharia unmittelbar gilt und diejenigen herrschen, die wissen, was der Wille Allahs ist. Die Methoden sind dabei je nach den regionalen Gegebenheiten flexibel. So reicht der „dschihad" von der friedlichen Durchdringung der „ungläubigen" Gesellschaften von innen mittels Mission („da'wa"), zivilgesellschaftlicher Partizipation und Beteiligung an Wahlen bis hin zu revolutionär-militanten Aktionen.

Die Muslimbruderschaft hatte stets ein ambivalentes Verhältnis zur Gewalt. In den 1940er Jahren bildete die Organisation einen „geheimen Apparat", dessen militante Aktivisten Anschläge gegen britische Soldaten sowie ägyptische Polizisten und Regierungsvertreter verübten. Am 6. Dezember 1948 wurde die Bruderschaft wegen Waffenbesitzes verboten, drei Wochen später wurde der ägyptische Ministerpräsident al-Nuqrashi von einem Muslimbruder ermordet. Die Vergeltung folgte auf dem Fuß. Al-Banna fiel am 12. Februar 1949 einem Anschlag des ägyptischen Geheimdienstes zum Opfer. Nach dem Putsch der „freien Offiziere" im Jahre 1952 zunächst wieder zugelassen, wurde die Organisation 1954 erneut verboten und ihre Anhänger verfolgt, weil ein Muslimbruder versucht hatte, Präsident Nasser zu töten. Doch das war nur der äußere Anlass, denn Nasser hatte sich schon seit Längerem mit den Muslimbrüdern überworfen, weil diese gegen seinen nationalistischen Kurs opponierten. Die Verfolgung hielt mehr oder weniger intensiv bis in die Achtzigerjahre an, obwohl Nassers Nachfolger, Anwar as-Sadat (1918–1981), in seinem Kampf gegen die politische Linke die Islamisten zu instrumentalisieren versuchte und ihnen dabei Gelegenheit gab, sich neu zu formieren und stärker zu werden. Das Verbot der Muslimbruderschaft gilt offiziell heute noch, obwohl die Muslimbrüder zu den ägyptischen Parlamentswahlen, wenn auch nicht als eigenständige Partei, kandidieren durften und auch einige Parlamentssitze eroberten.

Die Organisation ist gegenwärtig in mehr als siebzig Ländern vertreten, wo sie unter verschiedenen Namen ein Netzwerk von Wirtschaftsunternehmen, Wohlfahrtsorganisationen, Forschungs- und Bildungseinrichtungen und politischen Lobbygruppen unterhält. Eine „Internationale Organisation", deren Funktionsweise weitgehend verborgen ist, soll die weltweiten Aktivitäten koordinieren. Vor allem in Ägypten, Jordanien, Syrien, Palästina (Hamas!) und Indonesien hat die Muslimbruderschaft eine bedeutende Anhängerschaft. Hassan at-Turabi (geb. 1932), der mit seiner „Nationalen Islamischen Front" für kurze Zeit (1989–2001) im Sudan an der Macht war, zeigte sich stark von den Ideen der Muslimbruderschaft geprägt. In Jordanien hat sie sich seit 1946 einen gewichtigen politischen Einfluss gesichert, geschützt vom haschemitischen Königshaus, das die Muslimbruderschaft zeitweise in seine Politik einbinden konnte. Strategisch klug hat die Muslimbruderschaft die Monarchie nie offiziell infrage gestellt und sich dadurch bis heute erheblichen politischen Handlungsspielraum bewahrt. Sie hat sich an Wahlen beteiligt und ist gegenwärtig im jordanischen Parlament mit sechs Sitzen vertreten.

Die Einschätzung einiger Wissenschaftler, in der Entwicklung der Muslimbruderschaft, z. B. in Ägypten und Jordanien, werde ein Pragmatismus sichtbar, der hoffen lasse, und die Organisation werde sich schließlich auch in anderen Ländern in eine respektable demokratische Kraft verwandeln, ist mehr als zweifelhaft.[7] Die Muslimbruderschaft ist weder gewillt, sich kritisch mit ihren die Gewalt legitimierenden Traditionen auseinanderzusetzen, noch wird sie dem totalitären islamistischen Glaubenssatz „Der Islam ist die Lösung" abschwören. Auch ihr neues Grundsatzprogramm lässt nicht erkennen, dass sie das Ziel der Errichtung eines Scharia-Staates („hakimiyyat Allah") mit allen negativen Konsequenzen, insbesondere für Frauen und nichtmuslimische Minderheiten, aufgegeben hätte.[8] Die Demokratie wird nur als ein Verfahren, als eine Methode der Mehrheitsbeschaffung verstanden und nicht als grundwerteorientiertes Prinzip der Anerkennung und Garantie unveräußerlicher Menschenrechte sowie von Pluralismus und Rechtsstaatlichkeit auf der Basis der Säkularität (also der Trennung von Staat und Religion). Die Beteiligung an demokratischen Wahlen sowie die zivilgesellschaftliche Partizipation sollen nur dazu dienen, die Macht zu erobern. Ist dieses Ziel erreicht, wird die Muslimbruderschaft die Macht, die sie ja auf das „göttliche Gesetz" gegründet sieht, nicht wieder hergeben.

Ferner vertritt die Muslimbruderschaft bis heute einen massiven Antisemitismus. Von 1948 an hatte sie zum „dschihad" gegen das „zionistische Gebilde" aufgerufen und sich selbst mit bewaffneten Formationen am Kampf gegen Israel beteiligt. Sie akzeptiert das Existenzrecht Israels nicht. Es waren die palästinensischen Muslimbrüder unter Führung des charismatischen „Scheichs" Ahmad Yassin, die im Zuge der ersten Intifada 1988 die „Hamas" („Islamische Widerstandsbewegung") gründeten und den bewaffneten „Widerstand" – auch mit Selbstmordattentaten – forcierten. Die Muslimbruderschaft befürwortet ferner den „dschihad" im Irak und in Afghanistan.

Von überragender Bedeutung sind bis heute die religiös-politischen Ideen des Ägypters *Sayyid Qutb* (1906–1966). Er war der einflussreichste Ideologe des Islamismus der Gegenwart. Qutb, 1906 als Sohn eines Landbesitzers in Oberägypten geboren, entwickelte während seines USA-Aufenthaltes 1948–1950 einen abgrundtiefen Hass auf „den Westen". Er betrachtete die USA als die Inkarnation einer dekadenten, religionslosen, alle menschlichen Grundwerte verneinenden, schamlos-freizügigen Lebensweise. Alle Elemente der Dekadenz führte Qutb auf die Abwendung des Westens von Gott zurück. Den säkularen Staat, die Menschenrechte und die Demokratie sah er als Aufstand gegen die Souveränität Gottes und die den Menschen vorgegebenen Ordnungen an. Die verwerflichen „Taten" des „Westens", wie sie Qutb deutete, waren der Kolonialismus und die britische Herrschaft in Ägypten. Qutb verfasste seine wichtigsten Schriften, einen Korankommentar in dreißig Bänden („Im Schatten des Koran") und die Programmschrift „Wegzeichen", in langer Haft (1954–1964, 1965/66). 1966 wurde er wegen Hochverrats zum Tode verurteilt und gehängt.

Für Qutb ist der Islam eine alle Lebensbereiche umfassende Befreiungsbewegung und ein System gerechter Herrschaft. Der Islam ist die einzige universale Lösung aller Menschheitsfragen, er überwindet die antagonistischen „Ismen", die zu Qutbs Zeit einen ideologischen und politischen Herrschaftsanspruch erhoben: Kapitalismus und Sozialismus bzw. Kommunismus. Im revolutionären Dreischritt von „Mission" („da'wa"), Separation von den „Ungläubigen" und „dschihad", den Qutb als umfassenden (militanten) Befreiungskampf und Pflicht jedes gläubigen Muslim begreift, werden die Zeit der „Unwissenheit" („jahiliya") und mit ihr die „unislamischen" Systeme überwunden und schließlich auch die nichtmuslimischen hinweggefegt. Die Islamwissenschaftlerin Sabine Damir-Geilsdorf resümiert: „Auf islamistische Kreise übte Qutb vor allem durch vier Gedanken einen großen Einfluss aus: erstens das Postulat von Gottes hakimiya, die sich in allen Bereichen des Lebens, insbesondere der Rechtsprechung, zeigen müsse; zweitens den Gedanken, dass sich die Gesellschaft heute in der gahiliya [wörtl. „Unwissenheit", hier im Sinne von „Abfall vom Islam", J. K.] befinde; drittens die Forderung, dass die Muslime heute der feindlichen gahiliya entgegentreten müssten; viertens die Analogisierung der heutigen ‚wahren' Muslime und der ersten ‚wahren' Muslime der Urgemeinde."[9]

Qutbs Schriften sind „Klassiker": Sie gehören bis heute zum Kernbestand der islamistischen Ideologie, sind sehr populär und werden in hohen Auflagen verbreitet. Wir finden sie auch hierzulande häufig auf Büchertischen in Moscheen und in den Angebotskatalogen islamischer Verlage.

Ein weiterer wichtiger konzeptioneller Vordenker für die Islamisten war der indische Journalist *Sayyid Abu A'la Maududi* (1903–1979). Er begründete 1941 die indisch-pakistanische „Jama'at-e-Islami", eine islamistische Organisation nach dem Vorbild einer leninistischen Kaderpartei. Maududi verstand den Islam als ein göttlich geoffenbartes geschlossenes System (die „Scharia"), das sich strikt gegen „Heidentum" und „westliche Werte" (Liberalismus, Emanzipation der Frau) richte. Die „wahren Muslime" sollten als revolutionäre Elite für die Errichtung eines islamischen Staates kämpfen. „Als Muslim", erklärte Maududi, „glaube ich nicht an die Idee einer ‚Regierung des Volkes, durch das Volk und für das Volk'. Stattdessen glaube ich an die Souveränität Gottes." Mit dem Terminus „Souveränität Gottes" („hakimiyyat Allah"), die er antithetisch gegen das Prinzip der Volkssouveränität setzte, prägte Maududi eine wichtige ideologische Formel für die islamistischen Bewegungen.[10]

Schließlich ist der Iraner *Ayatollah Ruhollah Khomeini* (1900–1988) zu nennen. Khomeini konzipierte den Islam populistisch als eine Variante politischer „Befreiungstheologie" im Dienste aller „Entrechteten" („mostasafin"). Damit gelang es ihm, die zerstrittenen oppositionellen Gruppen im Iran zu einen und „den islamistischen politischen Diskurs auf Kosten aller konkurrierenden Ideologien zum Instrument dieser Mobilisierung schlechthin zu machen".[11] Nach der erfolgreichen Revolution von 1979 wurde Khomeinis theokratisches Ordnungsmodell, das er Anfang der Siebzigerjahre als „Regierung der Rechtsgelehrten" („wilayat-i faqiq") vorgestellt hatte, rasch umgesetzt. Im Iran zeigt sich der Islamismus als theokratisches und totalitäres System an der Macht. Der Islam dient zur Legitimation der Diktatur der selbsternannten geistlichen „Revolutionswächter".

---

[1] Das Gallup-Institut ermittelte bei Umfragen in zehn primär muslimisch geprägten Ländern mit hohen Befragtenzahlen (über 1000), dass sieben Prozent der Bevölkerung als „politisch radikalisiert" und potenzielle Unterstützer von Terrorismus bezeichnet werden können. Vgl. dazu: JOHN L. ESPOSITO/DALIA MOGAHED, Battle for Muslims' Hearts and Minds: The Road Not Yet Taken. In: Middle East Policy 14/1 (2007). Vgl. auch JOHN L. ESPOSITO/DALIA MOGAHED, Who Speaks for Islam? What A Billion Muslims Really Think. New York 2008, 67ff. – Richard A. Clarke, ehemaliger Sicherheitsberater amerikanischer Präsidenten, Kritiker der US-Anti-Terrorpolitik und Vorsitzender der „Century Foundation Task Force", hat sich der Frage gewidmet, wie groß die Unterstützung für die islamistischen Terroristen (er nennt sie „Dschihadisten") in der islamischen Welt sei. Seine Antwort fasst er in einer Graphik konzentrischer Kreise zusammen: Die Terrororganisation Al-Qaida bilde einen „inneren Kreis" mit 400 bis 2000 Terroristen. Ein zweiter Kreise bestehe aus 50.000–200.000 Mitgliedern und Anhängern von „etwa einem Dutzend (oder mehr) Dschihadistengruppen". Zum dritten Kreis zählten alle, „die sich mit der Sache des ‚heiligen Krieges' oder Teilen seiner Ideologie identifizieren". Dazu zählen zwischen 200 und 500 Millionen Menschen. Hier haben wir ungefähr die obere Grenze von 15 Prozent. RICHARD A. CLARKE, Gegen die Krieger des Dschihad. Der Aktionsplan. Ein Century Foundation Task Report, Hamburg 2005.

[2] Vgl. dazu YAROSLAV TROFIMOV, Anschlag auf Mekka. 20. November 1979. Die Geburtstunde des islamistischen Terrors. München 2008.

[3] Vgl. die knappe Übersichtsdarstellung bei GUIDO STEINBERG/JAN-PETER HARTUNG, Islamistische Gruppen und Bewegungen. In: WERNER ENDE/UDO STEINBACH, Der Islam in der Gegenwart. München, 2005, 681ff.; SIBYLLE WENTKER, Historische Entwicklung des Islamismus. In: WALTER FEICHTINGER/SIBYLLE WENTKER (Hrsg.), Islam, Islamismus und islamischer Extremismus. Wien/Köln/Weimar 2008, 45ff.

[4] Vgl. dazu KHALED ABOU EL FADL, The Great Theft. Wrestling Islam from the Extremists. San Francisco 2005, 75ff.

[5] Hasan al-Banna in der politischen Wochenzeitung „An-Nadir" vom 29. Mai 1938, zit. nach REINHARD SCHULZE, Geschichte der islamischen Welt im 20. Jahrhundert. München ²2002, 135.

[6] Von der Website der Muslim Brotherhood: http://www.ikhwanweb.com.

[7] So z. B. ROBERT S. LEIKEN/STEVEN BROOKE, The Moderate Muslim Brotherhood. Foreign Affairs 86/2 (2007). Es ist nicht verwunderlich, dass Leikens Produkt

auf der englischen Website der Muslimbruderschaft heruntergeladen werden kann (http://www.ikhwanweb.com/lib/the-moderate-muslim-brotherhood.pdf). In Leikens Analyse kommt der Antisemitismus der Muslimbruderschaft überhaupt nicht vor!

[8] ISRAEL ELAD-ALTMAN, Democracy, Elections and the Egyptian Muslim Brotherhood. In: Current Trends in Islamist Ideology, Bd. 3, Washington 2006, 24ff.

[9] SABINE DAMIR-GEILSDORF, Herrschaft und Gesellschaft. Der islamistische Wegbereiter Sayyid Qutb und seine Rezeption. Würzburg 2003, 361. ADNAN A. MUSALLAM, From Secularism To Jihad. Sayyid Qutb and the Foundations of Radical Islamism. Westport/London 2005.

[10] Zitat bei SCHULZE, Geschichte der islamischen Welt, 152. Vgl. zur Jama'at-i Islami vor allem die Arbeiten von Seyyed Vali Reza Nasr (und als Überblick dessen Beitrag für die Oxford Encyclopedia of the Modern Islamic World, Bd. 2, New York 1995, Art. „Jama'at-i Islami" (mit weiterer Literatur).

[11] GILLES KEPEL, Das Schwarzbuch des Dschihad. Aufstieg und Niedergang des Islamismus. München/Zürich 2002, 138.

3. Ideologie und Politik des Islamismus

Islamismus und Moderne
Islamisten sind normalerweise keineswegs jene mittelalterlichen Finsterlinge, wie sie in westlichen Medien gelegentlich dargestellt werden. Sie sind vielmehr sowohl anti-modern als auch modern. Das ambivalente Verhältnis zur Moderne „des Westens", wie es sich in der Wahrnehmung und in dem Verhalten vieler Muslime spiegelt, reicht von großer Bewunderung der (vor allem technologischen) Errungenschaften des Westens bis zu abgrundtiefer Verachtung seiner geistigen und moralischen Werte. Die Islamisten verstehen ihre Bewegung einerseits als grundsätzliche Anti-These zu zentralen philosophischen und politischen Prinzipien der Moderne. Sie verwerfen zentrale Ideen und politische Kernkonzeptionen der Aufklärung: Säkularität, autonome Vernunft und individuelle Selbstbestimmung gelten als gottwidriger Säkularismus, d.h. als anti-religiöse Ideologie. Andererseits vertreten sie keinen starren Traditionalismus, sie wollen „Fortschritt" und nehmen Teile der Moderne selbstbewusst für ihre Bewegung in Anspruch.[1] Ihre „Modernität" zeigt sich soziologisch in der Zusammensetzung ihrer Eliten (viele hervorragend ausgebildete Intellektuelle) und kulturell in der Bejahung und aktiven Nutzung wissenschaftlicher Errungenschaften des „Westens", insbesondere im Blick auf die Naturwissenschaften, die Medizin, die Informations- und Kommunikationstechnologien, die Finanzmärkte, die modernen Waffentechnologien und die Wirtschaftswissenschaften.[2] Schließlich sind die Islamisten politisch modern, weil sie religiöse und kulturelle Traditionen des Islam im Lichte der Herausforderungen der Moderne, d.h. der ökonomischen, politischen, sozialen und kulturellen Folgen der Globalisierung, rekonstruieren und sie zu einer politischen Ideologie und einem – teilweise durchaus pragmatischen – politischen Programm verdich-

ten. Die politischen Theorien des Westens über die Menschenrechte, den Staat, die Demokratie und die Zivilgesellschaft deuten sie in für sie passender Weise um. Sie eignen sich moderne Konzepte politischer Institutionalisierung (z. B. Parteien, zivilgesellschaftliche Organisationen) und politischer Kommunikation (Medien) an. Daraus soll eine neue, universelle islamische Identität erwachsen, die sowohl rückwärtsgewandt die „islamischen Werte" bewahren als auch die in Gegenwart und Zukunft für die Machteroberung nötigen politischen Strategien enthalten soll. „Ihr Islam" will die Welt geistig und politisch mit den Waffen der „Moderne" erobern. „Ihr Islam" soll, wie es der marokkanische Scheich Abdessalam Yassin ausgedrückt hat, „die Moderne islamisieren."[3]

Staat und Demokratie

Die Islamisten unterstreichen die Kritik an der „westlichen" Demokratie, zeigen aber deutlich politisch-konzeptionelle Schwächen. Sie sind sich nicht einig, wenn es um die konkrete Konstruktion und Verfassung eines islamischen Staates und Gemeinwesens geht. Welche Regierungsform ist die „wahre islamische"? Eine „geistliche Republik" als Theokratie wie im Iran? Eine Demokratie, eine Monarchie, ein Kalifat, eine „Expertokratie" mit einem „gerechten Herrscher" an der Spitze? Weder der Koran noch die Tradition („hadith") bieten Staatstheorien und konkrete Gestaltungsvorschläge für das politische Gemeinwesen. Es lassen sich gleichwohl einige Grundsätze nennen, wie „tawhid" (Einheit und Einzigkeit Allahs = Einheit der Gesellschaft in Glauben und Leben), „Gerechtigkeit" („adl"), „Beratung" („schura") und „Treueid" („bai'a"). Das Element „bai'a" könnte man im Sinne neuzeitlicher Vertragstheorien (Vertrag zwischen Herrschern und Beherrschten) ausdeuten. Die Islamisten orientieren sich an der Vorstellung vom „goldenen Zeitalter" des frühen Islam (zur Zeit Muhammads und der ersten vier „rechtgeleiteten" Kalifen). Sie entfalten ihre staatstheoretischen Vorstellungen im Blick auf das „Modell Medina", d. h. die „Verfassung" jener religiösen und politischen Gemeinschaft ("umma") in Yathrib bzw. Medina, deren Leitung der Prophet Muhammad im 7. Jahrhundert nach dem Auszug aus Mekka ("hidschra", 622) übernommen hatte. Muhammad führte das erste muslimische Gemeinwesen als religiöses Oberhaupt, politischer Herrscher und militärischer Oberbefehlshaber. Das "Modell Medina" ist geprägt von der Einheit von "Staat" und Religion. Der islamische Staat soll ein umfassend "gerechter" Staat sein und eine Gesellschaft lenken, in der "rechtgeleitete" Herrscher und Beherrschte in der totalen Hingabe gegenüber Allah (= Islam) einig sind und miteinander in Harmonie gemäß dem göttlichen Gesetz Allahs (Scharia) leben. Mit dieser Auffassung von der Einheit von Religion und Politik, Religion und Staat sind die Islamisten nicht so weit entfernt vom "Mainstream" islamischer Auffassungen, denn die Formel *"din wa daula"* ("Der Islam ist Religion und Staat") ist weder die Erfindung der Islamisten, noch ist sie erst – wie oft behauptet wird – im 19. oder gar erst im 20. Jahrhundert aufgekommen.[4] Im islamistischen Staat soll Gott allein, nicht das real existierende Volk der Souverän im Staat sein. Der Staat ist nur als Instrument zur Umsetzung des göttlichen Willens legitimiert, und insofern sind alle Regierungsformen nur abgeleitete "Verfahren".

Die "hakimiyyat Allah" mit der Scharia als dem göttlichen Gesetz im Zentrum bleibt davon völlig unberührt. Der Legitimationsanspruch der pluralistischen Demokratie, wie er z. B. in der Formulierung des Art. 20 Abs. 2 in unserem Grundgesetz zum Ausdruck kommt ("Alle Staatsgewalt geht vom Volke aus"), ist daher für Islamisten Blasphemie. Wenn sie vom "Volk" und "Willen des Volkes" reden, dann wird dieses in einem idealisierten Sinne verstanden als das "glaubende Volk", das von gläubigen Herrschern und Eliten (zu denen sie sich zählen) rechtgeleitet wird und nach den Gesetzen Allahs lebt – nicht dagegen als das Volk im Sinne einer Gesamtheit von *Staatsbürgern*, d.h. von Trägern individueller Menschen- und Grundrechte, und als souveränes Subjekt politischer Gestaltung.

Gleichwohl müssen auch die Islamisten die Frage beantworten, wie die "Gesetze Gottes" in konkretes menschliches Recht und eine politische Gestaltung des Gemeinwesens umgesetzt werden können. Und sie wissen ja auch, dass es in der 1400-jährigen Geschichte des Islam heftige Auseinandersetzungen darüber gegeben hat, wie das Verhältnis von Religion und Politik, Religion und Staat gestaltet werden sollte, d. h. ob eine – zumindest pragmatische und faktische – Trennung von Religion und Politik denkbar sei. Der Philosoph Sadik Al-Azm aus Damaskus hat auf die Frage, ob der Islam mit dem „säkularen Humanismus" vereinbar sei, zugespitzt geantwortet: „Dogmatisch gesehen, nein – historisch gesehen, ja." Und er fügt hinzu: „Die Versöhnung des ‚historischen Ja' mit dem ‚dogmatischen Nein' ist von existentieller Bedeutung ..."[5] Die Kontroverse zwischen dem „dogmatischen Nein" und dem „historischen Ja" prägt bis heute den inner-islamischen Diskurs zwischen den traditionalistischen, konservativ-orthodoxen und islamistischen Strömungen einerseits sowie (einigen wenigen) „progressiven" (liberalen) Reformern andererseits.

„Reformistische" oder sogenannte „moderate" Islamisten bejahen pragmatisch eine Trennung von Staat und Religion und befürworten auch die Demokratie, allerdings nur in dem eingeschränkten Sinne demokratischer Verfahren (z. B. des Mehrheitsprinzips). Sie verweisen auf das im Koran erwähnte Prinzip der „schura" („gegenseitige Beratung", Sure 3,159 und 42,38). Diese wird als Äquivalent zur westlichen parlamentarischen Demokratie gesehen. Vorstellbar ist eine solche „parlamentarische Demokratie" aber nur unter der Voraussetzung, dass das göttliche Gesetz, die Scharia (und zwar in islamistischer Auslegung), oberste Priorität behält. Offen bleibt, wer an der Auslegung des göttlichen Gesetzes beteiligt werden soll und wie flexibel seine Grundprinzipien interpretiert und angewendet werden sollen. Das Prinzip der „schura" wird nicht demokratietheoretisch und -praktisch konkretisiert, d. h. die wichtigen Fragen nach politischer Legitimation (freie Wahlen, Gewaltenteilung) und Partizipation (vor allem für Frauen), nach den Gegenständen und der Reichweite der Beratung, nach der Rolle von Parteien, dem Pluralismus, der Meinungsfreiheit, dem Recht auf Opposition, der Religionsfreiheit (vor allem im Sinne des Schutzes nichtmuslimischer Minderheiten) etc. bleiben konzeptionell unbeantwortet.[6] Vor diesem Hintergrund ist gegenwärtig nicht zu sehen, wie Islamisten – auch „reformistische" oder „moderate" – eine wertegebundene, pluralistische Demokratie mit der uneingeschränkten Geltung universaler Menschenrechte und einer prinzipiellen Trennung von Staat und Religion nachhaltig und vorbehaltlos akzeptieren könnten.[7]

In der pluralistischen Demokratie ist der Schutz von Minderheiten ein zentrales Prinzip der Gleichberechtigung und ein Grundwert einer politischen Kultur der Anerkennung. Gerade hier lassen die Islamisten viele Fragen offen: Wie soll es in einem „islamischen Staat" aussehen? Gleichberechtigte Vollbürger sollen nur die Muslime sein. Juden und Christen werden dagegen im Status von „Schutzbefohlenen" („dhimmi") lediglich geduldet. Sie dürfen ihre Religion privat weiter pflegen, öffentliche Bekundungen ihres Glaubens (z. B. Kirchenbauten, Mission) sind ihnen jedoch strikt untersagt. Es ist auffällig, dass die Islamisten den Status des „dhimmi" als „Minderheitenschutz" rühmen und ihn sogar für den internationalen menschenrechtlichen Standards für religiöse Minderheiten überlegen halten. Wie zahlreiche Beispiele zeigen, bedrängen und bekämpfen Islamisten nichtmuslimische Minderheiten und unterstützen Maßnahmen von islamischen Regierungen gegen sie. Wir wissen von massiven Repressionen gegen Christen in der islamischen Welt, vor allem in Saudi-Arabien, im Iran, im Irak, im Jemen, in Eritrea, in Nigeria, im Sudan, in Afghanistan, in Pakistan, in Palästina und verstärkt auch in Indonesien und Malaysia. In vielen von Islamisten kontrollierten Regionen und Milieus können Christen ihres Lebens nicht mehr sicher sein.[8]

Die Islamisten lassen auch weitgehend offen, wie die Wirtschaft eines islamischen Staates funktionieren soll. Sie schwanken zwischen marktliberalen Vorstellungen und kapitalismuskritischen Konzeptionen. Offen bleibt, welche Rolle der Staat in Wirtschaft und Gesellschaft einnehmen soll: „Laissez-faire", staatliche Rahmensetzung oder intervenierender, „vorsorgender" Sozialstaat? Die konkreteste Forderung bleibt noch die des Verbots von Zinsgeschäften („riba"). Einige islamistische Gruppen suchen populistisch die Nähe zu linken Globalisierungskritikern und finden sich mit ihnen vereint im Kampf gegen den „Raubtierkapitalismus", wobei häufig der vermeintlich große Einfluss des „jüdischen Kapitals" attackiert wird.

Die politisch-konzeptionellen Schwächen und die niederschmetternde ökonomische, soziale und politische Bilanz in den Staaten, wo Islamisten an der Macht waren bzw. sind (Afghanistan, Iran, Sudan), führte zur Abkehr vieler enttäuschter Anhänger. Einige Wissenschaftler haben aus diesen Entwicklungen den Schluss gezogen, dass der Islamismus seit Mitte der Neunzigerjahre „versagt" habe und im „Niedergang" befindlich sei und dass wir bereits in eine „post-islamistische" Phase eingetreten seien. Diese Einschätzung scheint mir unzutreffend zu sein. Obwohl spätestens seit dem Ende der Achtzigerjahre tatsächlich eine politische Legitimationskrise der islamistischen Bewegungen festzustellen ist und der Islamismus an politisch-konzeptioneller und populistischer Dynamik verloren hat, bleibt er doch ideologisch sehr vital und auch politikfähig. Es gibt keinen Grund zur Entwarnung. Wir sollten statt von „Niedergang" eher von Stabilisierung im Wandel sprechen. Der Islamismus befindet sich in einer Experimentierphase, ideologisch, politisch und strategisch, und es bleibt abzuwarten, ob er seine politisch-konzeptionellen Schwächen pragmatisch überwinden kann. Auch muss abgewartet werden, ob der Terror der „Dschihadisten" für die islamistischen Bewegungen eine politisch mobilisierende Wirkung hat und die Reihen der militanten Islamisten füllt oder ob er eher eine Rückwendung zu friedlichen, „reformistischen" Positionen verstärkt.[9]

Binnenstrukturen, Dienstleistungen und Moral
Die islamistischen Bewegungen sind keine einheitlichen Gebilde. Sie unterscheiden sich in sozialer Zusammensetzung, Organisationsstruktur, politischem Handeln, Kultur und religiöser Praxis. Obwohl viele Sympathisanten aus wirtschaftlich schwachen und bildungsfer-

nen Schichten kommen, ist der Islamismus keineswegs in erster Linie eine Bewegung ökonomisch benachteiligter sozialer Unterschichten. Der Islamismus hat im Gegenteil eine breite soziale Basis und ist für soziale Unterschichten (arbeitslose Jugendliche, kleine Händler, Handwerker, Arbeiter) genauso attraktiv wie für Intellektuelle aus der Mittel- und Oberschicht (Ärzte, Natur- und Sozialwissenschaftler, Ingenieure, Lehrer). Die politische Elite der Islamisten ist – gemessen am Bildungsniveau der breiten Anhängerschaft – gut gebildet. Viele haben eine solide Schulausbildung genossen und an westlichen Universitäten studiert. Der Arzt Tawfik Hamid, ehemaliger Aktivist der ägyptischen „Jama'a Al-Islamiya", bekennt freimütig, dass seine Entscheidung, sich den Islamisten anzuschließen, nichts mit Armut oder einem Mangel an Bildung zu tun hatte: „Ich kam aus einer Mittelschicht-Familie, und meine Eltern waren nicht religiös. Kaum jemand meiner Kommilitonen kam aus einer anderen Schicht […] Den Unsinn mit der Armut tischen uns immer wieder westliche Apologeten auf."[10]

Die Top-Terroristen der internationalen Islamistenszene, Osama bin Laden und Aiman al-Zawahiri, sind auch „gebildete" Menschen, zumindest im Blick auf bestimmte fachliche Kompetenzen. Osama bin Laden hat Wirtschaftswissenschaften studiert. Al-Zawahiri ist Arzt und stammt aus einer großen, angesehenen Kairoer Familie. Aus seiner Familie sind Ärzte, Chemiker, Pharmakologen (sein Vater war Professor für Pharmazie), ein Botschafter, ein Richter und ein Parlamentsabgeordneter bekannt. Sein Großonkel war seit 1929 Großimam der Al-Azhar-Universität.[11] Einer der Vordenker der „Dschihadis" und Mentor Osama bin Ladens, der Palästinenser Abdallah Azzam (1941–1989), war Religionswissenschaftler und Rechtsgelehrter. Omar Sheikh, der Entführer des in Pakistan ermordeten amerikanischen Journalisten Daniel Pearl, hat eine ausgezeichnete Ausbildung an privaten Elitenschulen und der renommierten London School of Economics erhalten. Mohammed Atta, der Chef der Hamburger 9/11-Terroristenzelle, kam aus einer wohlhabenden ägyptischen Familie und studierte an der Technischen Universität Hamburg-Harburg erfolgreich Stadtplanung. Ali Benhadj, der charismatische Führer der algerischen „Islamischen Heilsfront" („Front Islamique du Salut", FIS), war Volksschullehrer. Diese Liste der herausragenden Qualifikationen und prestigeträchtigen Berufe von Personen aus islamistischen und terroristischen Führungskadern könnte leicht fortgesetzt werden.[12]

Diese „Gebildeten" fühlten die politische Repression der autoritären islamischen Regime stärker noch als die breite, ungebildete Masse. Sie waren fähig, ihre Kränkungserlebnisse und Ohnmachtserfahrungen religiös und politisch auszudeuten und Strategien des „dschihad" zu entwickeln. Sie verfügten über die Intelligenz, die Verbindungen und das Geld, um eine stabile dschihadistische Bewegung aufzubauen. Al-Qaida hätte ohne sie nicht entstehen können.

Die Attraktivität der islamistischen Bewegungen erklärt sich aus der Verbindung von Religion, politischer Ideologie, politischem Aktionismus und Wohlfahrtsleistungen. Ein religiös-politisches Ideologieangebot (der „wahre Islam") wird mit einer breiten Palette von wirtschaftlichen und sozialen Dienstleistungen, Bildungsangeboten und Möglichkeiten politischen Engagements verknüpft. Islamistische Bewegungen bieten z. B. Armutsbekämpfung und arbeitsplatzschaffende Maßnahmen, Gesundheitsfürsorge sowie Bildung durch Alphabetisierungskurse und Koran-Unterricht. Sie organisieren Netzwerke von Sozial-, Kultur- und Freizeiteinrichtungen, rekrutieren eine Anhängerschaft und schaffen auf diese Weise islamisierte Räume als territoriale oder auch virtuelle Basen der Eroberung der Macht. Innerhalb der Bewegungen bieten sie Anerkennung und Aufstiegschancen, insbesondere für Frauen. Das bedeutet gleichwohl nicht, dass die männerdominierten islamistischen Eliten das orthodoxe patriarchalische Dogma der Geschlechtertrennung und Unterordnung der Frauen (z. B. Sure 4,34) infrage stellen würden. Die „Kultur" des religiös legitimierten Patriarchalismus bleibt im Kern unangetastet.

Die Islamisten sind geradezu besessen von Fragen der Moral und Sittlichkeit. In ihren Schriften und auf zahllosen Websites beschäftigen sie sich ausführlich z. B. mit dem koranischen Alkoholverbot, mit Geschlechtertrennung, Sexualmoral und Bekleidung. Vor allem das „Kopftuch" ist zum harten Symbol islamistischer Moralpolitik geworden.[13] Die rapide Zunahme der Verschleierung von Frauen und die Beachtung rigider puritanischer Moralvorstellungen zeigen, dass der Einfluss der Islamisten drastisch zugenommen hat und sie ihre Einflusszonen erweitern konnten. Das lässt sich z. B. in Bradford und Birmingham, in Rotterdam und Amsterdam, Berlin und Hamburg, Paris und Marseille gleichermaßen beobachten. Die vom Koran nicht legitimierte „Beschneidung" von Frauen, d. h. die grausame Genitalverstümmelung, wird von vielen geduldet und von einigen aktiv befürwortet. Die Islamisten richten ihre sozialen Netzwerke auf die Moschee und die Familie (den einzigen Raum des Privaten) aus. Familie und Moschee sollen im Zentrum des Lebens der Gläubigen stehen. Sie kämpfen gegen die „westliche" Öffentlichkeit, vor allem gegen die „westliche" Freizeit- und Unterhaltungskultur, und versuchen „fromme" alternative Angebote politisch durchzusetzen. Schon in dem Reformprogramm der Muslimbruderschaft, das Hasan al-Banna an den damaligen ägyptischen König Faruk richtete, wird die „Schließung aller Ballsäle und Tanzlokale" sowie die Zensur von „Schauspielhäusern und Kinofilmen" verlangt. Die Taliban verbannten rigoros Musik und Film. Andere islamistische Bewegungen, z. B. in Somalia und Indonesien, folgten ihrem Beispiel. Im Iran finden immer wieder massive repressive Kampagnen gegen sogenanntes „unmoralisches Verhalten" statt. Schon ein nicht korrekt gebundenes Kopftuch oder das Konsumieren „westlicher" Rockmusik und Filme genügt, um in das Visier der rabiaten „Revolutionswächter" zu geraten.

Wo Islamisten Einfluss haben, werden die Meinungsfreiheit und die freie wissenschaftliche Forschung entscheidend eingeschränkt, z. B. durch die Forderung nach einer strikten Anwendung von Blasphemie-Gesetzen. Der Iran, Pakistan und der Sudan sind hier besonders krasse Beispiele. Nichtmuslimische Minderheiten und kritische muslimische Intellektuelle sehen sich zunehmendem Druck ausgesetzt. Mit Einschüchterung, Isolation, Berufsverbot, Vertreibung, Inhaftierung, Folter und schließlich auch physischer Vernichtung verhindern Islamisten die freie Entfaltung alternativer Islaminterpretationen und einen offenen interreligiösen Dialog.

Islamismus und Antisemitismus
„Hinter der Doktrin des atheistischen Materialismus steckte ein Jude; hinter der Doktrin der animalischen Sexualität steckte ein Jude, und hinter der Zerstörung der Familie und der Erschütterung der geheiligten Beziehungen in der Gesellschaft steckte ebenfalls ein Jude."

Diese Sätze stammen nicht von einem prominenten europäischen Antisemiten, sondern von Sayyid Qutb, einem der geistigen Wegbereiter des Islamismus. Sein 1950 verfasster Essay *Unser Kampf gegen das Judentum* ist bis heute ein Bestseller islamistischer Propaganda. Er bezichtigt die Juden des „Krieges" gegen den Islam mit dem Ziel der Zerstörung der muslimischen Gemeinschaft: „Der erbitterte Krieg, den die Juden gegen den Islam angezettelt haben […], ist ein Krieg, der in beinahe vierzehn Jahrhunderten nicht für einen einzigen Moment unterbrochen worden ist, der sich bis zu diesem Moment fortsetzt und sein Feuer in allen Ecken dieser Erde auflodern lässt […] Von ihrem ersten Tag an waren Juden die Feinde der muslimischen Gemeinschaft."[14]

Allerdings beschränkt sich manifester und latenter Antisemitismus keineswegs auf islamistische Bewegungen, sondern ist ein sehr weit verbreitetes Phänomen in der islamischen Welt. Der amerikanische Islamwissenschaftler Bernard Lewis stellt fest, dass der „klassische" europäische Antisemitismus zunächst in die islamische Welt „importiert", dort schrittweise rezipiert und schließlich in „islamisierter" Form zum festen Bestandteil der politischen Kultur geworden sei. Lewis schrieb das vor über zwanzig Jahren und hat damit einen wichtigen Aspekt berührt. Die Forschungen zum Antisemitismus in der islamischen Welt bieten heute aber ein erweitertes und differenzierteres Bild.[15]

Judenfeindschaft findet sich schon im Koran und vor allem in der Tradition („hadith"). Muhammads Enttäuschung über die jüdischen

Stämme in Medina, die sich hartnäckig geweigert hatten, ihn als den (letzten) „Gesandten Allahs" anzuerkennen, schlug bald in Feindseligkeit um. Ein langes „Sündenregister" wird den Juden vorgehalten:

„Sie haben den Bund, den sie mit Gott geschlossen haben, gebrochen (4,155; 5,13) und haben ihre eigenen Propheten umgebracht (2,61.91; 3,21.112.181; 4,155; 5.70). Sie lieben Wortverdrehungen und entstellten so auch das Wort Gottes (4,46; 5,13.41; 2,75; 3,78). Sie sind vertragsbrüchig und verräterisch (2,100; 5,13) und hören auf Lügen (5,41f.), verzehren unrechtes Gut (5,42.62f.) und bringen die Leute um ihr Geld. (4,161; 9,34)."[16] Sie werden als die hartnäckigsten Feinde der Muslime bezeichnet (5,82) und mehrfach verächtlich als „Affen" und „Schweine" diffamiert (Sure 2,65; 5,60; 7,166) – eine Stigmatisierung, die bis heute ihre verhängnisvolle Wirkung entfaltet, wie eine gespenstische Debatte an der Al-Azhar-Universität in Kairo zeigte. Hier hatte die zur Universität gehörende Akademie für islamische Studien in Reaktion auf ein Schreiben des ägyptischen Außenministeriums die Empfehlung ausgesprochen, auf die Affen-und-Schweine-Titulatur zu verzichten. Dagegen protestierte Scheich Muhammad al-Rawi, ein Angehöriger der Akademie: Gott habe die Juden so beschrieben, und dieser Wahrheit müsse sich der Mensch unterwerfen. Was die Juden gegenwärtig täten sei noch niederträchtiger als das Verhalten von Affen und Schweinen! Aus der Tradition ist ferner die Erzählung „Das Versprechen des Steines und des Baumes" bekannt: Wenn das Jüngste Gericht bevorsteht, werden die Muslime die Juden bekämpfen. Diese suchen zu entkommen und verstecken sich hinter Steinen und Bäumen. Da beginnen die Steine und Bäume zu schreien: „Oh, Muslim, oh Diener Gottes, ein Jude verbirgt sich hinter mir. Komm und töte ihn!" Nur ein Baum, der „gharquad" (die Fettpflanze, nitraria retusa), verrät die Juden nicht.[17]

Muhammads in erster Linie politisch motivierte Aggression gegen die medinensischen Juden gipfelte in den Attacken gegen die jüdischen Stämme der Banu Qaynuqa (624), der Banu Nadir (625) und schließlich der Banu Quraiza (627). 700 Männer der Banu Quraiza wurden hingerichtet, ihre Frauen und Kinder in die Sklaverei verkauft.[18] Doch schuf diese kriegerische Handlungsweise Muhammads gegen die jüdischen Stämme in Medina keinen Präzedenzfall für das generelle Verhalten gegenüber Juden in den folgenden Jahrhunderten. Nach den raschen Eroberungen durch die muslimischen Heere im 7. und 8. Jahrhundert wurden die Juden nicht wie die Polytheisten vor die Wahl gestellt: Islam oder Tod. Sie wurden als „Leute des Buches" („ahl-al-kitab"), d. h. als Empfänger einer Offenbarungsschrift, zur monotheistischen Familie gerechnet und erhielten gegen Zahlung einer Kopfsteuer („djizya", Sure 9,29) als Zeichen ihrer Unterwerfung den Status von „Schutzbefohlenen" („dhimmi").

Dieser Rechtsstatus, der bis ins 19. Jahrhundert unverändert blieb, schloss die Kultfreiheit, ein gewisses Maß an Autonomie im Blick auf die inneren Angelegenheiten der eigenen Gemeinschaft und eine relative Wirtschaftsfreiheit ein. So lebten Juden in den ersten Jahrhunderten unter islamischer Herrschaft relativ ungefährdet. Ob sie im Vergleich zur Lage ihrer Glaubensgenossen im christlichen Europa in der Tendenz „besser" lebten, ist umstritten. Zwar gab es bis ins 19. Jahrhundert keine mit dem christlichen Judenhass vergleichbare Feindseligkeit gegen die Juden, denn es fehlten die für die christliche Judenfeindschaft charakteristischen Vorwürfe (z. B. Mörder Jesu, verstockte Verweigerer der Anerkennung Jesu als Messias, Verschwörer, Brunnenvergifter, Pestverbreiter und Ritualmörder), gleichwohl blieb ihr Status unter dem islamischen Recht immer prekär und bedroht. Sie unterlagen mannigfachen Einschränkungen, Bedrohungen, Erniedrigungen und Demütigungen. Diskriminierung war ein allgegenwärtiger Zustand jüdischer Existenz in der islamischen Welt. Auch kam es gelegentlich zu gewalttätigen Ausbrüchen gegen jüdische Gemeinden, vor allem im nordafrikanischen Raum, im Iran und im Jemen. Bekannt sind vor allem die Pogrome von Granada (1066) und Fez (1465), denen Tausende von Juden zum Opfer fielen.

Die Kultfreiheit wurde nur unter strengen Auflagen gewährt: Es durften keine neuen Kultstätten errichtet, sondern nur die vorhandenen restauriert werden, und zwar so, dass sie nicht über die Minarette hinausragten. Juden durften keine Waffen tragen und kein Pferd besitzen; als Reittiere waren nur Esel gestattet. Sie mussten sich in ihrer Kleidung deutlich von den Muslimen abheben und durch ein Abzeichen (z. B. den „gelben Fleck", eingeführt von dem Abbasiden-Kalifen Al-Mutawakkil im Jahre 850) erkennbar sein. Die Entrichtung der Kopfsteuer erfolgte in der Regel in Form einer vorgeschriebenen, besonders erniedrigenden Zeremonie. Auf die öffentliche Beleidigung des Islam, insbesondere des Propheten Muhammad (ein sehr unbestimmtes Delikt!), stand die Todesstrafe.[19]

Die so in der islamischen Alltagskultur tief eingewurzelte Abwertung, Demütigung und Diskriminierung der Juden wurde im Zuge der Entwicklung des modernen Antisemitismus in Europa mit neuen ideologischen Inhalten aufgeladen. Im 19. Jahrhundert wurde der Ritualmordvorwurf in das Repertoire islamischer Judenfeindschaft eingeführt. Frühe Blutverleumdungsklagen sind aus Beirut (1824), Antiochia (1826) und Hama (1829) bekannt. 1840 kam es in Damaskus nach dem Verschwinden eines Kapuzinermönchs zu einer Blutverleumdungsklage gegen die Juden. Eine grausame Verfolgung der jüdischen Gemeinschaft begann, die den Auftakt zu weiteren pogromartigen Ausschreitungen im Osmanischen Reich bildete. In den Balkanprovinzen und in ehemals byzantinischen Städten mit hohem griechischem Bevölkerungsanteil nahm die Verfolgung bald „epidemische Ausmaße" an."[20]

Auch Verschwörungstheorien begannen zu kursieren. So behaupteten Gegner der Jungtürkischen Revolution von 1908, dass die Juden hinter der Entmachtung des Sultans und der Begründung eines konstitutionellen politischen Systems gesteckt hätten. Auch die Abschaffung des Kalifats am 3. März 1924 durch Mustafa Kemal („Atatürk") und die Maßnahmen zur Trennung von Religion und Staat bzw. zur staatlichen Kontrolle der Religion wurden auf jüdische Konspirationen zurückgeführt.[21] In den folgenden Jahrzehnten kam es regelmäßig zu Vertreibungen, Ausbrüchen von Gewalt und Massakern, häufig angestachelt von antisemitischen Kreisen der Kolonialmächte und auch christlichen Gruppen. Noch vor der Jahrhundertwende wurden einige europäische antisemitische Schriften, darunter August Rohlings berüchtigtes Werk *Der Talmudjude*, ins Arabische übersetzt (1899). Die antisemitische Hetzschrift *Die Protokolle der Weisen von Zion*, eine Erfindung des russischen Geheimdienstes aus der Zeit um 1898, in der die Wahnidee von einer jüdischen Verschwörung zur Beherrschung der Welt verbreitet wurde, erschien 1927 in Kairo erstmalig auf Arabisch. Das unsägliche Machwerk, obwohl spätestens seit dem berühmten Berner Prozess von 1934/35 als „lächerlicher Unsinn" entlarvt (so der Richter), fand reißenden Absatz und wird bis heute (!) in immer neuen Aktualisierungen verbreitet.[22] Der Nestor der Antisemitismusforschung, Walter Laqueur, schreibt, dass „die Protokolle der Weisen von Zion und ähnliche Schriften, einschließlich von Hitlers Mein Kampf […] nirgendwo mit ähnlicher Begeisterung und Ernsthaftigkeit gelesen" wurden „wie in arabischen und islamischen Ländern".[23]

Zu einem wichtigen Katalysator der Verbreitung und Stabilisierung des modernen Antisemitismus in der islamischen Welt wurde dann die jüdische Besiedlung Palästinas, die Gründung des Staates Israel und der bis heute ungelöste Nahostkonflikt. Die Eskalation der Gewalt zwischen Juden und muslimischen Arabern bzw. zwischen der zionistischen und der arabisch-palästinensischen Nationalbewegung seit 1921, die in dem arabischen Aufstand dere Jahre 1936–1939 ihren Höhepunkt erreichte, führte zu einer nachhaltigen Verfeindung der beiden Bevölkerungsgruppen, die um das Land Palästina stritten. Der Großmufti von Jerusalem, *Amin el-Husseini*, von tiefem Judenhass geprägt, suchte in der Hoffnung auf Unterstützung für sein politisches Ziel, die Herstellung der Einheit und Unabhängigkeit der Araber Palästinas, Syriens und des Irak, die Nähe zum nationalsozialistischen Deutschland. Die Stimmung im Nahen Osten war eindeutig gegen die Engländer, die damalige Mandatsmacht, gerichtet. Von Deutschland erhofften sich viele die „Befreiung" vom „kolonialistischen Joch" und die Bildung eines großarabischen Staates. Dem Mufti ging es insbesondere um ein „judenfreies" Palästina, also die Vernichtung der den Juden durch die Balfour-Deklaration von 1917 zugesagte „Heimstätte". Eifrig heizte er den Konflikt zwischen Muslimen und jüdischen Immigranten an und wurde zur Zentralfigur antisemitischer Propaganda im Nahen Osten: „Arabischer Nationalismus, Antisemitismus und Islamismus gingen [...] eine kaum noch zu separierende Symbiose ein", schreiben die Historiker Mallmann und Cüppers in ihrer gründlichen Arbeit über die Beziehungen des nationalsozialistischen Deutschland zu den Arabern in dieser Zeit.[24] Der Mufti war über die in Europa stattfindende physische Vernichtung des Judentums im Bilde und unterstützte sie propagandistisch. Nach der Niederlage des Nationalsozialismus war er als Propagandist in Ägypten tätig, sekundiert von ehemaligen NS-Funktonären, die dort ebenso wie er selbst freundliches Asyl gefunden hatten. Unbeirrt setzte er seinen politischen Feldzug gegen die Juden fort. Viele Jahre wirkte er unbehelligt von Beirut aus, wo er am 4. Juli 1974 starb.[25]

Die Vertreibung von Tausenden von Palästinensern nach der Gründung des Staates Israel, der im Gegenzug massive Repressionen gegen Juden in arabischen Staaten folgten, durch die Tausende aus ihrer Heimat vertrieben wurden, heizten die Feindschaft und die antisemitischen Ausbrüche weiter an. Die Niederlagen der arabischen Staaten gegen Israel 1948, 1956 und 1967 bedeuteten nicht nur ein nationales Trauma. Vor dem Hintergrund des jahrhundertealten „dhimmi"-Systems empfanden es die Muslime als besonders kränkend, dass jetzt die Nachfahren der „Schutzbefohlenen" ihren Anspruch auf eine Heimstatt auf „arabisch-muslimischem Territorium" militärisch durchgesetzt hatten. Die aus den Arsenalen des europäischen Antisemitismus stammenden Feindbilder wurden weiter aufgeladen: „Die Juden wurden als Ritualmörder, Freimaurer, Kapitalisten oder Kommunisten, als Reaktionäre oder Umstürzler gebrandmarkt",[26] wobei sich die gelegentlich noch getroffenen Unterscheidungen zwischen Juden, Zionisten und der Politik des Staates Israel zunehmend verwischten: Eine klare Trennung zwischen „Antisemitismus", „Antizionismus" und „Antiisraelismus" ist in der aktuellen antijüdischen Rhetorik im Nahen Osten kaum noch möglich. So hat der Antisemitismus in der „arabisch-islamischen Welt – ebenso wie in Europa – die Gestalt eines flexiblen Codes angenommen, der in alle Ideologien oder Ideologiekonglomerate des weltanschaulichen Spektrums integriert werden kann".[27]

Nach dem Ausbruch der zweiten „Intifada" im Jahre 2000, dem 11. September 2001, dem von den USA und ihren Verbündeten begonnenen „war on terror", nach dem Irak-Krieg 2003 und schließlich dem „Libanon-Krieg" 2006 schwoll der stetige Strom antisemitischer Äußerungen, Propaganda und Hetze in der islamischen Welt noch weiter an. Insbesondere die Deutung des Nahost-Konfliktes durch islamistische Extremisten als „Krieg der Religionen" hat den islamischen Antisemitismus kräftig angeheizt. Die „Islamische Widerstandsbewegung" (Hamas) hat in ihrer Charta bekannte antisemitischen Verschwörungsmythen aufgenommen, um ihrer Forderung nach einer Vernichtung Israels Nachdruck zu verleihen.

Verschwörungstheorien und finstere Fantasien über die vermeintliche „Macht des Weltjudentums" sind fester Bestandteil des islamischen Antisemitismus. So habe der „Weltzionismus", sekundiert von der CIA, die Attentate am 11. September 2001 angestiftet und ausgeführt. Als „Beweis" für diese monströse Behauptung wurde z. B. die Legende verbreitet, dass 4000 Juden an diesem Tag im World Trade Center nicht zur Arbeit erschienen seien. Außerdem hätten die Juden die Medienberichterstattung über all diese Ereignisse manipuliert und würden die pauschalen Angriffe in den Weltmedien auf „den" Islam steuern.[28] Nicht nur Islamisten haben die Attentate mit Genugtuung, Verständnis und ausdrücklicher Zustimmung aufgenommen. Ferner wurde behauptet, der Irak-Krieg habe deutlich gemacht, dass die USA, angestachelt von ihrer jüdischen Lobby, die politische Weltherrschaft im Verein mit der globalen Durchsetzung des „Raubtierkapitalismus" erstrebe. Neben den imperialistischen USA sei der „Apartheidstaat" Israel „eine diabolische Konstruktion" und die größte Gefahr für den

Weltfrieden. Kritik an Israel und die Verteufelung des Zionismus als einer rassistischen, ja „nazistischen" Ideologie verschmelzen in der Propaganda häufig miteinander. In zahllosen Veröffentlichungen wird Israel mit dem deutschen Faschismus gleichgesetzt. Widerliche Karikaturen, die in renommierten arabischen Zeitungen erscheinen, unterstreichen die Verdächtigung, dass Israel letztlich die Politik der USA und der UN kontrolliere.[29]

Wiederholt wurde auf der Frankfurter Buchmesse Literatur aus der arabischen Welt präsentiert, die unverhohlen auf die „Protokolle" Bezug nahm. Am Stand der Iranischen Republik konnten die Besucher die Protokolle unter dem Titel „Jewish Conspiracy" erwerben, herausgegeben von der „Islamic Propagation Organization" der „Islamic Republic of Iran". 2008 – die Türkei war „Ehrengast" der Buchmesse – fanden sich an Buchständen türkischer Verlage und am offiziellen türkischen Verkaufsstand im „Forum" Publikationen mit eindeutigen antisemitischen Verschwörungstheorien.[30]

Wir haben es gegenwärtig mit einem globalisierten Antisemitismus in ideologischer Gemengelage zu tun. Philipp Gessler merkte treffend an, dass die „diabolische Stärke und zukünftige Gefahr dieses antisemitischen Konstrukts" darin liege, „dass es weitgehend transnational, transethnisch und transreligiös funktionabel ist und eine komplette Welterklärung bietet, bei der die ‚Juden' als Weltfeinde und perfekte Sündenböcke für alles herhalten müssen".[31] Zwischen einzelnen politischen Handlungen der Regierung des Staates Israel, „dem Zionismus" und „den Juden" wird in der Regel nicht unterschieden. „Antizionismus" und Israelkritik sind häufig nur moderne, zeitgemäße Verkleidungen uralter antisemitischer Stereotypen. Dass hinter allen Übeln dieser Welt „die Juden" stecken, darin sind sich die „alten" europäischen Antisemiten von rechts, die „Antizionisten" von links sowie viele linke Globalisierungskritiker, Islamisten und arabische Nationalisten einig. Von Ägypten bis Iran werden „alte" antisemitische Stereotype wachgehalten (von der Ritualmordbeschuldigung über die Verschwörungsideologien bis zur Leugnung des Holocaust). Neue Verdächtigungen kommen hinzu: Der „Jud" ist an allem schuld! „Die Juden" werden als die Inkarnation des Bösen dämonisiert, als die Feinde des Menschengeschlechts, die Zwietracht, Hass und Unfrieden zwischen den Völkern säen. Das vermeintlich „jüdische Wesen" wird als eine die Welt bedrohende Verbindung von Rassismus, Imperialismus, Kolonialismus und westlicher Dekadenz dargestellt. Allah habe die Muslime aufgerufen, die Menschheit von dieser „verfluchten Bande" zu erlösen.[32]

Die Holocaust-Leugnung ist Bestandteil antisemitischer Ressentiments in der islamischen Welt. So wurde das Buch *Die Gründungsmythen der israelischen Politik* des Philosophen Roger Garaudy, das 1996 auf Arabisch erschien und in dem der ehemalige Marxist und Konvertit zum Islam den Holocaust leugnete, in großen Teilen der islamischen Welt begeistert aufgenommen. Und seit seinem Amtsantritt 2005 stellte der iranische Präsident Ahmadinedschad wiederholt das Existenzrecht Israels infrage und leugnete den Holocaust. Auf seine Initiative hin organisierte das „Iranische Institut für Politische und Internationale Studien" eine Konferenz mit dem verharmlosenden Titel „International Conference on Review of the Holocaust: Global Vision". Hier versammelten sich am 11. und 12. Dezember 2006 Holocaust-Leugner, „Revisionisten" und rabiate Antisemiten, um die Holocaust-Lüge erneut mit den Weihen „wissenschaftlicher" Belege zu versehen und die Bedeutung des Iran als des wichtigsten Vorkämpfers für den „Befreiungskampf" des palästinensischen Volkes herauszustellen, d. h. den Willen zur Vernichtung Israels zu unterstreichen und die Ansprüche des Irans auf die politische Hegemonie in der Region zu befördern.[33]

Eine offene, selbstkritische Debatte über den Antisemitismus scheint gegenwärtig in der arabisch-islamischen Welt kaum möglich zu sein. Nur sehr wenige arabische Journalisten wagen es, sich ernsthaft und kritisch mit dem Antisemitismus auseinanderzusetzen.[34] Doch gerade diese Auseinandersetzung ist dringlicher denn je. Im

Zeitalter des Internets und Satellitenfernsehens erreichen antisemitische Hasspredigten einzelner islamistischer Imame sowie antisemitische Sendungen, Videos und Weblogs Millionen europäischer Muslime. Es ist hauptsächlich diese mediale Daueroffensive, die in den letzten Jahren antisemitische Einstellungen in muslimischen Milieus in Deutschland deutlich verstärkt hat. Obwohl schon seit einigen Jahren vereinzelte antisemitisch motivierte Vorfälle, bei denen eine Beteiligung von Muslimen (insbesondere arabisch- und türkischstämmigen Jugendlichen) nachgewiesen bzw. vermutet wurde, die Öffentlichkeit beunruhigte, dauerte es lange, bis sich die Politik diesem Thema zuwandte. Der Deutsche Bundestag stellte am 4. November 2008 in der Erklärung „Den Kampf gegen Antisemitismus verstärken, jüdisches Leben in Deutschland weiter fördern" fest: „Neue Formen des Antisemitismus treten zunehmend in der islamistischen Gedankenwelt auf. Dieser arabische und islamische Antisemitismus ist eine globale Gefahr." Über die Ursachen, das Ausmaß und die Möglichkeiten zur Bekämpfung dieses islamischen Antisemitismus wird gegenwärtig sehr kontrovers diskutiert.[35]

Islamismus, Dschihadismus und Terrorismus – die Gewaltfrage
Nicht jeder Islamist ist militant und wird Terrorist. Die Gewaltfrage wird von den Islamisten nicht prinzipiell, sondern strategisch und taktisch beantwortet. Insofern schließt der Islamismus mehrere politische Handlungsoptionen ein, je nach der Beurteilung der politischen Ausgangslage und der Erfolgschancen. „Moderate" oder „reformistische" Islamisten verwerfen Gewalt als politisches Instrument für die muslimischen Minderheiten in Europa als kontraproduktiv, wobei freilich auch diese Haltung taktisch bedingt sein kann. Sie haben auch gelegentlich gegen terroristische Anschläge Stellung bezogen, zeigen aber Verständnis für Selbstmordattentate palästinensischer „Freiheitskämpfer" oder irakischer „Rebellen".

Die Islamisten legen zentrale religiöse Konzepte und Kategorien in spezifischer Weise aus, so z. B. „dschihad". Der Ausdruck „dschihad" wird zwar häufig falsch mit „heiliger Krieg" übersetzt, gleichwohl trifft das durchaus die militante Bedeutungsvariante von „dschihad". Das arabische Wort „dschihad" bezeichnet ganz allgemein eine „Anstrengung, ein Bemühen", das „Streben" nach einem und das „Kämpfen" für ein hohes, ideales Ziel. Verwandte Wörter sind das Verb „dschahada", das meint: „sich anstrengen, sich bemühen, auf dem Wege Allahs zu wandeln", sowie das Wort „idschtihad", das die ungebundene, vernunftgemäße Prüfung von Texten bedeutet.

In der Geschichte des Islam hat es verschiedene Interpretationen von „dschihad" gegeben; insgesamt haben jedoch die militanten, kriegerischen Auslegungen die Oberhand gewonnen. In der islamischen Welt werden Millionen von Muslimen von Kindesbeinen an mit einer Auslegung vertraut gemacht, die den „dschihad" als einen globalen Kampf „des Islam" um die Weltherrschaft stilisiert.[36] Die eher friedlichen, aus sufistischen Traditionen schöpfenden Interpretationen, welche ihn als „innere Anstrengung, Bemühung, auf dem Wege Gottes zu wandeln" („großer dschihad"), begreifen, blieben dagegen randständig. Doch werden gerade diese Deutungen häufig von muslimischen Organisationen in Europa, von manchen westlichen Islamwissenschaftlern und von den Aktivisten des christlich-muslimischen Dialogs in idealisierender Überspitzung als die für den Islam maßgeblichen dargestellt, was einer Verzerrung der Realgeschichte gleichkommt. Zahlreiche islamistische Gruppen stützen sich auf die militante Tradition und bezeichnen den „dschihad" als die „sechste Säule" des Islam (neben Glaubensbekenntnis, rituellem Gebet, Fasten, Almosen, Wallfahrt). Sie erheben ihn zu einer unmittelbaren individuellen Glaubenspflicht (so der ägyptische Islamist Muhammad al-Farag in einer einflussreichen Auslegung).[37] Der „dschihad" wird als individuelle Pflicht („fard ayn") verstanden, und zwar als Kampf („qital") mit militärischen Mitteln gegen die „Ungläubigen" und „Abtrünnigen" (d.h. „ketzerische" Muslime). Dieser Kampf wird einerseits als legitime Selbstverteidigung (gegen den „ungläubigen", imperialistischen Westen) interpretiert, andererseits als „missionarische" Offensive

(„da'wa") für die „Islamisierung" der Welt. Für militante Islamisten ist der „dschihad" schon dann legitim, wenn Muslime, die im Westen leben, bei der Verbreitung des Islam behindert werden, z. B. durch Kritik am Religionsstifter Muhammad, an Doktrinen und religiösen Praktiken des Islam oder durch die Verhinderung eines Moscheebaus.

Innerhalb des Islamismus hat sich in den Neunzigerjahren eine „dschihadistische" Strömung ausgebildet. Dieser „Dschihadismus" ist eine „transnationale islamische Bewegung", die den „dschihad" im militärischen Sinne in den Mittelpunkt ihrer Theorien und Aktivitäten stellt.[38] Die „Dschihadisten" dramatisieren den Konflikt mit „dem Westen" zum globalen Krieg gegen den „fernen Feind", überhöhen ihn zum eschatologischen Endkampf zwischen den Kräften des „Glaubens" und des „Unglaubens", stilisieren ihn zur kosmischen Entscheidungsschlacht zwischen dem „Guten" und dem „Bösen".[39] Terror soll in die Reihen der „Feinde Gottes" getragen werden (Sure 8,60). Den tapferen Kämpfern Gottes, die in diesem „dschihad" ihr Leben lassen, wird reicher Lohn verheißen. Sie gehen als „Märtyrer" unmittelbar in das Paradies ein (z. B. Sure 9,111; 47,4–6). Ob die Kämpfer für den „wahren Islam" zunächst den „nahen" (die eigenen muslimischen Regime) und dann den „fernen" Feind (die „Ungläubigen") attackieren sollten oder beide gleichzeitig, war Gegenstand heftiger Debatten unter den Islamisten selbst. Beunruhigend ist, dass die Botschaft der Dschihadisten weit über den engeren Kreis ihrer Anhänger hinaus auf Resonanz stößt. Viele Muslime reagieren auf den ständigen Appell an ihr Selbstwertgefühl, die Aufrufe zum Kampf für die einzig wahre und „siegreiche Religion", die Beschwörung der großen Traditionen der islamischen Kultur und das Versprechen, sich für alle „Demütigungen" durch den „Westen" zu rächen, positiv und bewundern die Entschlossenheit der „Kämpfer", auch wenn sie es nicht wagen, selbst in deren Reihen zu treten.

Der „Dschihadismus" hat eine terroristische Variante ausgebildet, für die in erster Linie der transnationale Terrorismus des Netzwerkes Al-Qaida steht. Osama bin Laden und seine ideologischen Ratgeber legitimieren ihre terroristischen Aktivitäten religiös, und zwar unter Bezugnahme auf das militärische Konzept des „dschihad". Seit der Gründung in den Neunzigerjahren hat sich Al-Qaida aus einer „klandestinen Kader-Organisation zu einem interaktiven, in Teilen virtuellen Mitmach-Netzwerk" verwandelt.[40] Im Blick auf das weltweite islamistische Terrornetz lassen sich *drei Typen* unterscheiden: *Erstens* existieren nach wie vor das „klassische" Al-Qaida-Zentrum, ideologisch und logistisch geführt von Osama bin Laden und seinem engsten Mitarbeiter Ayman al-Zawahiri, und die mit dem Zentrum verbundenen und gesteuerten terroristischen Zellen. Zu diesem Typus gehörten die „Veteranen" der ersten Generation, d.h. jene Dschihadisten, die gemeinsam mit den einheimischen „mudschahidun" in Afghanistan gegen die „ungläubigen" Kommunisten kämpften, den Abzug der sowjetischen Truppen erzwangen und während der Herrschaft der Taliban zwischen 1996 und 2001 dort Zuflucht fanden. *Zweitens* gibt es die heute weitgehend autonom agierenden Zweigstellen von Al-Qaida in Saudi-Arabien, dem Irak, Jemen, Nordafrika und Südostasien. Sie unterliegen keiner direkten Kontrolle durch bin Ladens „Zentrale", sind aber gleichwohl der dschihadistischen Ideologie Bin Ladens verpflichtet und haben punktuelle Verbindungen zu ihm, die auch mit gelegentlicher finanzieller und logistischer Unterstützung verbunden sein können. Dazu gehören z.B. die „Lashkar-i-Tayyaba" aus Pakistan, die „Jemaah Islamiya" und die „Abu Sayyaf Group" aus Südostasien, die „Schabab-Milizen" in Somalia sowie die algerische Terrorgruppe GSPC (Groupe Salafiste pour la Prédication et le Combat – „Salafitische Gruppe für Mission und Kampf"), die sich seit Januar 2007 „Al-Qaida des islamischen Maghreb" nennt und die nordafrikanische Filiale von Al-Qaida darstellt. *Drittens* sind die zahlreichen, ungebundenen Dschihadisten zu nennen, die ohne feste organisatorische Bindungen an Al-Qaida auf eigene Faust agieren, aber gleichwohl der pan-islamischen „dschihad"-Ideologie Al-Qaidas folgen. Hier ist eine dritte Generation im Vormarsch, die „Kinder des Dschihad", die mitten unter uns heranwachsen.[41] Die fundamentalistischen und islamistischen Milieus in Europa, von den „banlieues" französischer Städte über die Parallelgesellschaften in „Londonistan", Bradford, Birmingham, Rotterdam, Amsterdam bis zu den islamistischen Inseln in Hamburg, Berlin, Duisburg, München, Frankfurt bilden einen günstigen Nährboden für eine Radikalisierung und schließlich die Rekrutierung für den globalen „dschihad".

Europa ist schon lange ein Ruhe- und Vorbereitungsraum für islamistische Terroristen, aber auch Anschlagsziel, spätestens seit den Attentaten von Madrid am 11. März 2004 und von London am 7. Juli 2005 sowie den gerade noch verhinderten Terroranschlägen von London und Glasgow im Sommer 2007. Schon seit Mitte der Neunzigerjahre registrierten die deutschen Sicherheitsbehörden verstärkte Aktivitäten von islamistischen Extremisten in Deutschland. Die Experten vermuteten „logistische Netzwerke" von Terroristen, so z. B. der algerischen „Islamischen Heilsfront" (FIS) und der Terrorgruppe „Groupe Islamique Armée" (GIA). Und sie warnten auch davor, dass es schon bald auch im Land selbst terroristische Zellen geben und Deutschland selbst zu einem Anschlagsziel werden könne.[42]

Und sie hatten Recht. Die Hamburger Al-Qaida-Zelle der Attentäter vom 11. September 2001 war bisher die spektakulärste und folgenreichste terroristische Zellengründung auf deutschem Boden. Obwohl es Verdachtsmomente gab, unternahmen die Behörden jahrelang nichts. Der Chef-Dschihadist Mohammed Atta und seine extremistischen „Gotteskrieger" konnten weitgehend ungestört den von Al-Qaida in Afghanistan geplanten Terroranschlag auf das World Trade Center vorbereiten und schließlich ausführen. Einige Personen im vermuteten Unterstützerumfeld wurden gefasst und vor Gericht gestellt, so Mounir El-Motassadegh, der sogenannte „Statthalter" der Hamburger Zelle, der im Januar 2007 wegen Beihilfe zum Mord und Mitgliedschaft in einer terroristischen Vereinigung zu fünfzehn Jahren Haft verurteilt wurde. Bei Abdelgani Mzoudi dagegen, der ebenfalls Mohammed Atta und die anderen Attentäter in Hamburg gekannt hatte und von dem man annahm, dass auch er von den Anschlagsplänen gewusst hatte, reichte es nicht zu einer Verurteilung: Das Gericht sprach ihn frei, und er reiste, einer Ausweisung zuvorkommend, nach Marokko aus. Auch war es bislang nicht möglich, dem als Terrorismus-Helfer verdächtigten deutsch-syrischen Geschäftsmann Mamoun Darkanzali etwas nachzuweisen. Darkanzali, gegen den in Spanien wegen mutmaßlicher Unterstützung terroristischer Aktivitäten ein Haftbefehl vorliegt, lebt weiterhin unbehelligt in Hamburg.

Nur aufgrund der Wachsamkeit der Behörden und auch mit etwas Glück konnte ein Terroranschlag von den tödlichen Ausmaßen der Madrider oder Londoner Attacken bislang verhindert werden. Die geplanten Anschläge reichen vom Jahre 2000 bis ins Jahr 2007, von der sogenannten „Meliani"-Gruppe, die von Deutschland aus einen Anschlag auf den Straßburger Weihnachtsmarkt geplant hatte, über die „Al-Tawhid"-Zelle, die 2002 Anschläge auf jüdische Einrichtungen plante, und die „Kofferbomber" von 2006 bis zum wohl spektakulärsten Anschlagsversuch, nämlich dem der sogenannten „Sauerlandgruppe":

Am 4. September 2007 stürmten 300 Polizeibeamte ein unscheinbares Ferienhaus im sauerländischen Oberschlehdorn und nahmen drei Männer fest: Es waren zwei deutsche Konvertiten und ein Deutschtürke. Fritz Gelowicz (geb. am 1. September 1979 in München) aus Neu-Ulm, Daniel Schneider (geb. am 9. September 1985 in Neunkirchen im Saarland) und Adem Yilmaz (geb. am 4. November 1978 in Bayburt/Türkei). Gelowicz, Schneider und Yilmaz hatten monatelang passende Objekte für Anschläge ausgekundschaftet. Sie hatten sich 730 kg Wasserstoffperoxid-Lösung in einer 35-prozentigen Konzentration besorgt: Die Bomben, die man daraus hätte bauen können, hätten eine Wucht gehabt, die der von 550 Kilogramm TNT entsprochen hätte. Das wäre genug gewesen, um zur selben Zeit an mehreren Orten verheerende Bombenanschläge zu verüben mit Hunderten von Toten und Verletzten – ein wahres Horrorszenario. Deutschland war knapp einem furchtbaren Terroranschlag entgangen. Hier zahlte sich die professionelle Ermittlungsarbeit der deutschen Behörden aus. 600 Beamte der Kriminalämter und des Verfassungsschutzes waren wochenlang im Einsatz und hatten das Trio fast rund um die Uhr beschattet. Ein weiterer mutmaßlicher Unterstützer, der Deutschtürke Attila Selek, wurde in der Türkei gefasst und am 20. November 2008 an Deutschland ausgeliefert. Kurz nach der Verhaftung der drei mutmaßlichen Terroristen meldete sich eine in Deutschland bis dato in der Öffentlichkeit weitgehend unbekannte „Islamische Dschihad Union" (IDU) und bekannte sich zu dem Anschlag ihrer „Brüder" in Deutschland. Die IDU hatte für Ende 2007 mehrere Operationen gegen amerikanische Einrichtungen und das usbekische Konsulat geplant, um „die Grausamkeiten gegen den Islam und die Muslime dieser Welt durch Deutschland und Usbekistan zu bestrafen"[43]. Mit Entsetzen nahmen die Deutschen wahr, dass an den monatelangen Vorbereitungen mit dem Ziel, möglichst viele Menschen zu töten, dieses Mal zwei deutsche Konvertiten beteiligt waren, die, wie sich bald herausstellen sollte, von einem größeren Sympathisantenkreis umgeben waren. Nach einem vierjährigen Prozess, in dem sich die Hauptangeklagten überraschend auskunftsbereit zeigten, wurden sie im März 2010 zu langjährigen Haftstrafen verurteilt (12 und 11 Jahre), ihr Helfer Selek musste für fünf Jahre hinter Gitter.

Zum Sympathisantenkreis der Gruppe gehörte auch der türkischstämmige Cüneyt Ciftci, der 2007 nach Pakistan ging und sich am 3. März 2008 in der Nähe des Dorfes Khost im pakistanisch-afghanischen Grenzgebiet in die Luft sprengte. Zahlreiche Zivilisten und auch zwei amerikanische Soldaten wurden getötet. Ciftci, 1979 geboren, besuchte u. a. auch die Ansbacher Milli-Görüs-Moschee, rezitierte dort den Koran und predigte auch eine Zeit lang dort, bis ihn die Moscheeleitung wegen seiner radikalen Predigten ausschloss. Er soll auch Kontakte zur „Tablighi Jama'at" gehabt haben und in deren Umfeld radikalisiert worden sein.[44] Zum Sympathisantenumfeld der „Sauerlandgruppe" wird auch der Saarländer Konvertit Eric Breininger gerechnet, der zu dem Zeitpunkt, als die „Sauerlandgruppe" verhaftet wurde, nach Afghanistan reiste und im Namen der „Islamischen Dschihad Union" der Bundesrepublik drohte. In Videobotschaften, die auf You-

Tube verbreitet wurden, forderte er Deutschland auf, seine Bundeswehrsoldaten aus Afghanistan abzuziehen, anderenfalls müsse das Land mit Anschlägen rechnen, zu denen er bereit sei. Nach Angaben der deutschen Sicherheitsbehörden soll er Ende April 2010 im afghanisch-pakistanischen Grenzgebiet getötet worden sein. Breininger war durchaus kein Einzelfall. Er gehörte zu einer (fast hundert Personen umfassenden) Gruppe namens „Deutsche Taliban Mujahideen", die von Afghanistan aus mit Videos in deutscher Sprache zur Beteiligung am bewaffneten Kampf aufriefen und Anschläge in Deutschland ankündigten. Anfang Juli 2010 griffen US-amerikanische Sicherheitskräfte den aus Hamburg stammenden Deutsch-Afghanen Ahmad S. auf. Er soll in Verbindung zur „Islamischen Bewegung Usbekistans" gestanden haben und berichtete über mögliche Anschläge von Dschihadisten in Deutschland.[45]

Die Radikalisierung findet in Deutschland statt, und darin zeigt sich eine neue Qualität der islamistischen Bedrohung. „Der Feind", so schreibt Annette Ramelsberger treffend, „hat sich in die Herzen junger Deutscher geschlichen und sie zu fanatischen Kriegern gemacht. Der Dschihad ist nicht mehr weit weg, seine Krieger sind mitten unter uns."[46] Radikalisierte Konvertiten reisen in die islamische Welt, um den „dschihad" „richtig" zu lernen, z. B. nach Dammaj im Nordjemen, wo sie dann an der salafitischen Koranschule „Daru-l-Hadith" studieren, oder nach Pakistan in verschiedene Ausbildungslager der Taliban. Nach Schätzungen von Experten sollen zwischen 10 und 25 Prozent der Konvertiten weltweit zu den Netzwerken des Terrors gehören.[47]

Damit hier kein Missverständnis entsteht: Konvertiten sind nicht grundsätzlich für Radikalisierungen mit terroristischer Orientierung anfällig, aber es gibt eine Fülle von Hinweisen, dass sie besonders eifrig bestrebt sind, die Gebote ihres neuen Glaubens mit puristischer Strenge zu erfüllen. So werden sie für islamistische Botschaften empfänglicher als „geborene" Muslime. Hier einige wenige Beispiele:

Steven Smyrek aus Detmold konvertierte 1994 zum Islam, radikalisierte sich und wurde von der Hisbollah angeworben, in Israel Attentate zu verüben. 1997 bei der Einreise nach Israel verhaftet, wurde er zu zehn Jahren Freiheitsstrafe verurteilt und saß sechs Jahre davon ab. Am 29. Januar 2004 kam er im Zuge eines von der deutschen Regierung vermittelten Gefangenenaustausches frei und lebt jetzt unter Beobachtung in Deutschland. Ob er seine Gesinnung tatsächlich geändert hat, ist fraglich.[48]

Ein weiterer Fall ist die verhinderte Selbstmordattentäterin Sonja B.: Am 17. April 2006 schrieb die 40-jährige Berlinerin eine Art Abschiedsbrief an ihren Ex-Mann, Abdurrahman H. Die Mail wurde in einem inzwischen geschlossenen Internet-Forum entdeckt. Darin kündigte sie ihren Selbstmord an. Sie wolle in den Irak reisen und sich dort in die Luft sprengen. Ihr zweijähriges Kind nehme sie mit in den Märtyrertod. Die Polizei verhaftete sie sieben Tage später und verhinderte ihre Selbstopferung. Ihr wurde das Sorgerecht für das Kind entzogen. Sonja B. hatte 2001 einen arabischen Muslim mit fundamentalistischer Orientierung kennengelernt, hatte ihn geheiratet und war zum Islam übergetreten. Recherchen aus Sicherheitskreisen in Europa ergaben, dass Sonja B. kein Einzelfall war, sondern ein ganzes Netzwerk von potenziellen Selbstmordattentäterinnen europäischer Herkunft existiert.

Ein weiteres Beispiel sind die Konvertiten in der „Ulmer Szene". Auch der mutmaßliche Terrorist Fritz Gelowicz gehörte zu der Ulmer Szene um das am 28. Dezember 2005 von den bayerischen Behörden geschlossene „Multikulturhaus". Die Durchsuchungs- und Beschlagnahmeaktionen hätten ergeben, so das Bayerische Staatsministerium des Inneren, dass das Multikulturhaus in Neu-Ulm ein „wahrer Hort des islamistischen Extremismus" gewesen sei.[49] Hier fand sich Literatur, die „Ungläubigen" die „Hinrichtung" androhte, wenn sie sich nicht zum Islam bekehrten. „Die Demokratie", so hieß es in einer Schrift von Scheich Abd el-Majid Ben Mahmoud El Rimy, sei „in Wirklichkeit Zweifel an Gott und seinen Gesetzen".[50] Fritz Gelowicz verkehrte hier und machte dabei u. a. die Bekanntschaft eines deutschen Staatsbürgers türkischer Herkunft, des 29-jährigen Tolga D. Dieser wurde im

Juni 2007 bei dem Versuch, mit gefälschten Papieren aus dem Iran nach Pakistan einzureisen, festgenommen. Er hatte ein Satellitentelefon und eine sehr hohe Geldsumme (in Euro) dabei, was nicht unbedingt dafür sprach, dass es sich um einen harmlosen Touristen handelte. Man konnte ihm jedoch nichts nachweisen, und inzwischen lebt er wieder in Deutschland. Im Multikulturhaus lehrte einige Jahre Dr. Yehia Yousif, der sich seit 1988 in Deutschland aufhielt, ein respektierter Arzt, dessen dschihadistische Predigten viele anzogen. Yousifs Sohn Omar, ein „netter Junge", wie Nachbarn sich erinnerten, reiste in den großen Ferien 2001 in ein Terrorausbildungscamp nach Pakistan. Nach außen hin gab Yousif sen. den Biedermann, unterrichtete Bundeswehrsoldaten in „multikultureller Kompetenz" und arbeitete sogar jahrelang für den Verfassungsschutz (!). Nachdem sein Sohn festgenommen wurde, setzte sich Yousif nach Saudi-Arabien ab. Viele Jahre praktizierte in Ulm auch Dr. Adly el-Attar, ein ägyptischer Chirurg, „ein Knotenpunkt im internationalen Netzwerk islamistischer Kämpfer". Er zog es vor, im Frühjahr 2002 Deutschland zu verlassen, nachdem bekannt wurde, dass er den weltweit gesuchten Finanzchef von al-Qaida Mahmoud Salim (heute in US-Haft) in Ulm empfangen hatte und auch eine Vollmacht für dessen Konto in Deutschland besaß.[51]

Thomas „Hamza" Fischer, 1978 in Blaubeuren geboren, zog zusammen mit drei anderen Männern aus der Region in den „dschihad" nach Tschetschenien und wurde dort im Jahre 2003, aufseiten der Islamisten kämpfend, von einer russischen Spezialeinheit erschossen. Offensichtlich wurden er und die anderen in Ulm rekrutiert, z. B. im „Islamischen Informationszentrum" (IIZ), einem Treffpunkt für Salafiten und Islamisten. Die Zeitschrift des „IIZ" mit dem harmlosen Titel „Denk mal islamisch" verherrlichte Thomas Fischer, der auch Mitbegründer des IIZ war, als „Märtyrer".

In Ulm hielt sich auch der Deutsch-Ägypter Reda Seyam auf, der 2002 in Indonesien wegen mutmaßlicher Beteiligung am Terroranschlag auf Bali (über 200 Tote) zeitweise inhaftiert war. Die Behörden konnten ihm nichts nachweisen, und er reiste 2003 nach Deutschland zurück – in Begleitung von BKA-Beamten, die einen Zugriff der CIA verhindern wollten. Er ging zunächst nach Ulm und dann nach Berlin. Seyam ist eine schillernde Figur. 1987 hatte er eine deutsche Frau namens Doris Glück geheiratet, die zum Islam übertrat. Wie sie in ihren autobiographischen Aufzeichnungen berichtete, radikalisierte er sich rasch.[52] Stark beeinflusst von dem Hassprediger Dr. Yousif, gründete er mit ihm gemeinsam Mitte der Neunzigerjahre das Hilfswerk „Menschen für Menschen", von dem vermutet wird, dass es als Tarnung für die Unterstützung bosnischer Dschihadisten genutzt wurde. 1994 ging Seyam selbst nach Bosnien, um seine Glaubensbrüder zu unterstützen. Seine Frau Doris folgte ihm und erlebte dort die Gräuel des Bosnienkrieges. U. a. berichtet sie von einer Hinrichtung serbischer Männer, die von muslimischen Frauen vollzogen wurde und die offenbar von ihm mit der Kamera dokumentiert wurde. Sie trennte sich später von ihm und offenbarte sich den Sicherheitsbehörden. Doch während sie sich verstecken muss und seit 2004 im Zeugenschutzprogramm des BKA mit einer neuen Identität irgendwo in Deutschland lebt, joggt Seyam fröhlich in Berlin durch den Charlottenburger Schlosspark. Der Steuerzahler finanzierte ihm nicht nur den Umzug von Ulm nach Berlin, sondern ermöglicht dem offen bekennenden Islamisten auch ein sorgenfreies Leben mit Frau und sechs Kindern auf der Basis von Hartz IV. Seinen jüngsten Sohn nannte er „Dschihad".[53]

Radikalisierte Konvertiten brauchen, wie das Beispiel der „Sauerlandgruppe" zeigt, keine direkten Befehle mehr, weder von Al-Qaida noch von der „Islamischen Dschihad Union". Die dritte Generation von potenziellen Terroristen handelt aus eigenem Antrieb. Ein erfolgreicher Terroranschlag würde den Urhebern in Dschihadistenkreisen weltweit Ruhm und Ehre verschaffen. Es wäre wie ein Initiationsritus für die globale Dschihadistenfront. Die Rede vom „home-grown terrorism" sollte gleichwohl nicht dazu führen, Verbindungen zum internationalen Terrorismus und der noch immer intakten Al-Qaida-Kernzelle im Grenzland zwischen Afghanistan und Pakistan für nicht existent oder sehr schwach zu halten. Die logistische und waffentechnische Ausbildung der Terroristen ließ sich im Falle der „Sauerlandgruppe" und anderer Verdächtiger nicht allein via Internet organisieren, sondern fand auch in den „Blitzcamps" Afghanistans und Pakistans statt.

Für die Al-Qaida-Zentrale sind potenzielle Selbstmordattentäter in Europa hochattraktiv, denn ihre Vertrautheit mit Land und Leuten ist ein unschätzbarer strategischer Vorteil. Es gibt auch eine Reihe islamistischer Extremisten, die sehr gezielt für Al-Qaida zu arbeiten versucht haben, wie z.B. die beiden folgenden Fälle zeigen:

Am 5. Dezember 2007 verurteilte das Oberlandesgericht Düsseldorf drei Angeklagte zu Freiheitsstrafen zwischen dreieinhalb und sieben Jahren. Sie wurden der Mitgliedschaft in einer terroristischen Vereinigung im Ausland bzw. deren Unterstützung sowie des versuchten bandenmäßigen Betruges in 28 Fällen für schuldig befunden. Nach den Feststellungen des Gerichts haben die Angeklagten durch einen groß angelegten Betrug versucht, ca. 4,3 Millionen Euro aus Lebensversicherungen für Al-Qaida zu beschaffen: „Dafür sollte verschiedenen Versicherungsunternehmen der tödliche Verkehrsunfall eines der Angeklagten vorgetäuscht werden."[54]

Am 24. Januar 2008 verurteilte das Oberlandesgericht Schleswig den 37-jährigen Deutschmarokkaner El-Habhab Redouane, Student der Psychologie, Philosophie und Soziologie aus Kiel, wegen Unterstützung von Al-Qaida und der Gründung einer eigenen terroristischen Vereinigung zu einer Haftstrafe von fünf Jahren und neun Monaten. Redouane soll im August 2005 einen Treueid auf Terroristenchef bin Laden oder den Talibanführer Mullah Omar geleistet haben. Das Gericht sah es als erwiesen an, dass er geholfen habe, Terroristen aus Nordafrika über Syrien in den Irak zu schleusen.[55]

Die Erforschung der Motive und Profile der islamistischen Terroristen steht auch nach Jahren der Beobachtung noch am Anfang.[56] Das liegt auch in der Natur der Sache, denn umfassende „Feldforschungen" werden nicht möglich sein. Terroristen sind nicht sehr gesprächsbereit, und wenn, dann nur mit apologetisch-propagandistischen Absichten. Wir können zurzeit nur festhalten, dass es keinen einheitlichen (Ideal-)Typus des islamistischen Terroristen weltweit gibt. Radikalisierungsprozesse müssen stets in ihren jeweiligen historischen und gesellschaftlichen Kontexten betrachtet werden. Die Ursachen für Radikalisierungen sind vielfältig und nur im Zusammenhang sehr verschiedener politischer, sozialer, ökonomischer, kultureller und religiöse Faktoren, individuell-psychologischer Motivlagen und auslösender Anlässe („trigger events") zu verstehen. Dennoch gibt es einige verbindende Entwicklungsstränge und Faktoren im Blick auf diejenigen, die in Deutschland radikalisiert wurden: Besonders junge Muslime, in der säkularen, offenen, pluralistischen Gesellschaft nicht angekommen, in ihrem Selbstwertgefühl getroffen und überzeugt davon, weltweit Diskriminierungen und Ausgrenzungen ausgesetzt zu sein, sind empfänglich für die Ideologie der Islamisten. Sie sind dazu bereit, die Lösung ihres persönlichen Anerkennungsproblems allein in der vollständigen Unterwerfung (= Islam) gegenüber Allahs Geboten zu sehen. Die islamistische Deutung ihrer Religion als der einzig wahren, siegreichen, friedliebenden und gerechten (und die Abwertung aller anderen Religionen) verschafft ihnen ein vermeintlich unerschütterliches Siegesbewusstsein und eine stabile Identität. Sie isolieren sich von ihrer Umgebung und finden in islamistischen Gruppen emotionale Geborgenheit, geistige Heimat und klare Orientierung. Die nachhaltige ideologische Indoktrinierung im Sinne des militanten „dschihad" macht sie schließlich bereit, ihr Leben für die vermeintlich kollektiv verfolgte muslimische Gemeinschaft aufs Spiel zu setzen, und sie sind auch davon überzeugt, dass sie mit dem Einsatz ihres Lebens zugleich persönlich den garantierten Weg ins Paradies erlangen.

Um sich auf terroristische Aktivitäten vorzubereiten, brauchen die selbsternannten „Gotteskrieger" enge Verwandtschaftsgruppen und informelle Freundeskreise, die Netzwerke bilden, in denen sozusagen Kompetenz gebündelt wird. Notwendig sind ferner Kontakte zu Personen aus islamistischen Netzwerken, die mit finanziellen Mitteln und logistischer Beratung zur Seite stehen und mithilfe einer mafiösen Infrastruktur für die Tarnung und Weiterleitung dieser Finanzmittel sorgen. Solche Netzwerke existieren weltweit, häufig getarnt als islamische „Wohlfahrtsorganisationen".

Ferner begünstigen bestimmte politische und gesellschaftliche Rahmenbedingungen die Radikalisierung. Die Hinwendung zum Terrorismus findet in einer Situation andauernder, tief greifender politischer Krisen im Nahen Osten, im Irak, in Afghanistan, in Pakistan, im Kaschmir und in Tschetschenien statt. In der muslimischen Diaspora gedeiht die Radikalisierung in einem Klima zwischen Ausgrenzung und Selbst-Abgrenzung von Muslimen dominant religiös-fundamentalistischer Prägung. Die Widersprüchlichkeit, Doppelzüngigkeit und Heuchelei der westlichen Außenpolitik und die vielfältigen Versäumnisse der nationalen Integrationspolitik in Europa (z. B. im Blick auf Arbeit und Bildung) verschärfen die „Anerkennungskrise" junger Muslime. Hinzu kommt die häufig rassistisch und kulturkämpferisch aufgeladene Ausgrenzungsrhetorik tatsächlicher Islamfeinde. Alles das vertieft bei ihnen die Wahrnehmung, im Land ihrer Geburt nur deshalb nicht willkommen zu sein, weil sie Muslime sind.

Der Islamismus als global-transnationale
virtuelle „Diskursgemeinschaft"
Die Globalisierung der Kommunikationsmittel hat eine muslimische Cyber-Kommunikationsgemeinschaft hervorgebracht. Das Internet bietet gegenwärtig schier unerschöpfliche Möglichkeiten der Information und der Kommunikation über den Islam. Diese „virtuelle *umma*" ist zwar bislang nur in den USA und Europa ein wirkliches Massenphänomen; in der islamischen Welt sind erheblich weniger Menschen in der Lage, das Internet zu nutzen. Doch der Einfluss dieser „virtuellen *umma*" auf die Inhalte und die Struktur des Islam ist nicht zu unterschätzen. Das Internet verändert die Wahrnehmungen und die Rezeption, es verstärkt individuelle Zugänge zu den grundlegenden reli-

giösen Quellen und bietet auf zahllosen Websites Informationen über den Glauben und über muslimische Lebensweisen. Online-Dienste geben Muslimen Antwort auf fast alle Fragen muslimischer Existenz, und die Gläubigen können sich jederzeit an Diskursen über Glaubensfragen, Ethik und Politik beteiligen: Glaubensdialog per Mausklick.[57] Muslimische Gruppen und Organisationen nutzen das Internet zur Selbstdarstellung und Mission. Hier bieten „da'wa"-Gruppen, charismatische Fernsehprediger oder einzelne Gelehrte mit großer religiöser Autorität ihre Dienste an.

Die traditionellen religiösen Autoritäten bekommen verstärkt virtuelle Konkurrenz. Das Internet zeigt zwar eine große Bandbreite muslimischer Positionen, auch wenn eine deutliche Dominanz konservativ-orthodoxer, fundamentalistischer und islamistischer Richtungen nicht zu verkennen ist. Das wird vor allem im Blick auf die Websites, die „Fatwas" (Rechtsgutachten) anbieten (z. B. auf *IslamOnline*), sichtbar. Die Zahl der islamistischen Websites lässt sich gegenwärtig kaum angeben, sie geht, wie das „Gemeinsame Internetzentrum" beim Bundesministerium des Innern feststellte, sicherlich in die Tausende.[58] Konservativ-orthodoxe und islamistische Kreise befördern die Herausbildung transnationaler Organisationen von Rechtsgelehrten, die sich der modernen Kommunikationstechnologien bedienen. Im Juli 2004 gründete Scheich Yussuf al-Qaradawi aus Katar mit zweihundert muslimischen Intellektuellen und Rechtsgelehrten die „International Union of Muslim Scholars" (IUMS) und rühmte die Organisation als eine „globale islamische Autorität". Schon 1997 war der „European Council for Fatwa and Research" (ECFR) ins Leben gerufen worden, dem ebenfalls Qaradawi vorsteht. Der ideologische Inspirator der Muslimbrüder Qaradawi bemüht sich mithilfe des ECFR, die Existenz von Muslimen im nichtmuslimischen Europa islamrechtlich über die Entwicklung eines islamischen Minderheitenrechts („fiqh-al-aqallīyāt") zu legitimieren. Er rechtfertigte Selbstmordattentate in Palästina und im Irak als legitime „Märtyrerreaktionen" und heizte während der „Karikaturenkrise" 2006 die Proteste gegen „den

Westen" an. Qaradawi hat in Doha, der Hauptstadt des kleinen Emirats Katar, regelmäßige Sendungen im legendären Fernsehsender „Al-Djazeera". Er ist einer der einflussreichsten Gelehrten, die sich das Medium Internet virtuos zunutze gemacht haben und zur globalen Verbreitung islamistischer Ideologie entscheidend beitragen.[59]

Das Internet ist zur virtuellen Terror-Universität ohne Numerus clausus und zur „Enzyklopädie des Dschihads" geworden. Jeder, „der den Tod mehr liebt als das Leben" (bin Laden), kann sich einschreiben, Informationen sammeln und aktiv partizipieren. Hier können sich die zur Tat entschlossenen „mudschahidun" über die Einsatzorte und alle notwendigen terroristischen Techniken informieren. Hier ist das terroristische Archiv angelegt, das alle „Heldentaten" der selbsternannten „Gotteskrieger" aufbewahrt und bei Bedarf zur Erleuchtung und Anfeuerung der Kämpfer aktualisiert werden kann. Die Webportale *As-Sahab* („Die Wolken") und *Al-Furqan* („Erleuchtung, Offenbarung") verbreiten wirkungsvoll die terroristischen Botschaften Al-Qaidas und der Terroristen im Irak und bejubeln die angeblichen „Siege über die Ungläubigen". Seit Jahren werden die dschihadistischen Botschaften verstärkt auch auf Englisch und Deutsch verbreitet. Die Zielgruppe sind dabei ganz offensichtlich in erster Linie die Konvertiten. So präsentierte sich z. B. seit 2006 die „Globale Islamische Medienfront" (GIM) für den deutschsprachigen Raum im Internet. Die GIM verbreitet die Ideologie Al-Qaidas, publiziert Drohungen gegen Deutschland und Österreich und bietet schon Kindern und Jugendlichen Computerspiele als Anleitung zum bewaffneten Kampf an. Sie ließ sich auch durch die Verhaftung mehrerer Internetaktivisten in Österreich nicht abschrecken.[60]

---

[1] Vgl. dazu MARTIN RIESEBRODT, Die Rückkehr der Religionen. Fundamentalismus und der „Kampf der Kulturen". München 2000, 50. Vgl. ferner zu diesem Aspekt Bassam Tibis Arbeiten, der vom Islamismus als einem „modernistischen Antimodernismus" oder einer „halbierten Moderne" spricht: BASSAM TIBI, Die neue Weltunordnung. Westliche Dominanz und islamischer Fundamentalismus. Berlin 1999, 148ff. DERS., Fundamentalismus im Islam. Darmstadt 2000, 167ff.

2 Olivier Roy bezeichnet den Islamismus als „Scharia plus Elektrizität": OLIVIER ROY, The Failure of Political Islam. Cambridge 1995, 52.
3 ABDESSALAM YASSIN, Islamiser la modernité. Rabat 1998. Vgl. zum Ganzen auch OLIVIER ROY, Der islamische Weg nach Westen. Globalisierung, Entwurzelung und Radikalisierung. München 2006, 44ff.
4 Das wird z. B. im Verfassungsschutzbericht [im Folgenden: VS-Bericht] der Abteilung Verfassungsschutz beim Innensenator Berlin 2007 behauptet: „Die Behauptung, dass es sich beim Islam um eine unteilbare Einheit von Religion und Politik handele, ist allerdings ein nicht mehr als 100 Jahre altes Ideologem" (VS-Bericht Berlin 2007, 160). Dies muss dahingehend korrigiert werden, dass die Formel „din wa-daula" schon lange vor dem 19. Jahrhundert bekannt war. Verschiedene Rechtsgelehrte, darunter der berühmte persische Gelehrte Al-Beruni (973–1048), beschrieben mit dieser Formel das enge Verhältnis von Religion und Staat. Überzeugende Belege bietet schon der Islamwissenschaftler G. E. GRUNEBAUM 1955 (Essays in the Nature and Growth of a Cultural Tradition, London 1955, 51, Anm. 36). Bereits um 850 hat der zum Islam konvertierte, ehemals christliche Arzt Ali b. Rabban al-Tabari, der am Hofe des Kalifen al-Mutawakkil (847–861) lebte, ein Buch mit dem Titel „Kitab al din wa-'l dawla" geschrieben. Das Buch wurde 1922 in Englische übersetzt (vgl. Encyclopedia of Islam, Bd. 10, 17ff.). Das Missverständnis, die Formel sei erst im 20. Jahrhundert aufgekommen, ist wahrscheinlich darauf zurückzuführen, dass Gegner des ägyptischen Gelehrten und Imams Ali Abderraziq, der die Verbindung von Islam und Kalifat energisch bestritten hatte, zur Zurückweisung seiner Position auf die alte Formel zurückgriffen und sie polemisch überspitzten. (Für diesen Hinweis danke ich Herrn Pfarrer i. R. Thilo Dinkel, Kirchheim.)
5 SADIK AL-AZM, Der Islam und der säkulare Humanismus. In: KHALID AL-MAALY (Hrsg.), Die arabische Welt zwischen Tradition und Moderne. Heidelberg 2004, 17, 24.
6 Vgl. dazu GUDRUN KRÄMER, Islamist Notions of Democracy. In: JOEL BEININ/ JOE STORK, Political Islam. London/New York 1997, 78.
7 Der Diskurs über die Wandlungsfähigkeit „moderater" Islamisten, verbunden mit einer möglichen „Integration" in ein demokratisches politisches System, ist hoch kontrovers. Vgl. dazu MURIEL ASSEBURG (Hrsg.), Moderate Islamisten als Reformakteure? Bonn 2008. Die von Asseburg gegebene Definition von Islamisten als „politische Akteure […], die ihre politischen Ansichten, Forderungen und teilweise auch Strategien vornehmlich in einen islamischen Referenzrahmen stellen", ist unzureichend, weil nicht trennscharf genug. Nach dieser Definition wäre jeder Muslim, der sein politisches Denken und Handeln aus dem Islam begründet, Islamist.
8 Vgl. z. B. die Berichte des Arbeitskreises für Religionsfreiheit (AKREF) der Deutschen Evangelischen Allianz (www.ead.de/akref) und der christlichen Hilfsorganisation Open Doors (www.opendoors-de.org), vor allem den jährlichen „Weltverfolgungsindex", der allein sechs islamische Staaten unter den ersten zehn Hauptverfolgern ausweist. Vgl. auch die Informationen von Christian Solidarity International (www.csi-int.ch).
9 Vgl. dazu OLIVIER ROY, The Failure of Political Islam. London/New York 1999, 229, 231. Vgl. auch KEPEL, Das Schwarzbuch des Dschihad, 9ff., 421ff. FRANCOIS BURGAT, Face to Face with Political Islam. London ²2005, 165ff. Graham Fuller bestreitet

grundsätzlich den ideologischen Charakter des Islamismus und definiert ihn als „a religious-cultural-political framework for engagement on issues that most concern politically engaged Muslims". GRAHAM FULLER, The Future of Political Islam. London, 2004 193. Die Thesen vom „Post-Islamismus" vertritt ASEF BAYAT, Making Islam Democratic. Social Movements and the Post-Islamist Turn. Stanford 2007. Kritisch zur Niedergangsthese vgl. GUIDO STEINBERG, Der Islamismus im Niedergang? Anmerkungen zu den Thesen Gilles Kepels, Olivier Roys und zur europäischen Islamismusforschung. In: Islamismus. Hrsg. vom Bundesministerium für Inneres. Berlin 2003.

[10] Hot for martyrdom. National Post (Kanada), 20. November 2006. Vgl. auch seine Website: http://www.tawfikhamid.com/

[11] LAWRENCE RIGHT, Der Tod wird euch finden. Al-Qaida und der Weg zum 11. September. München ²2007, 44f.

[12] Marc Sagemann, der die Profile von 102 „mujahedin" im globalen Terrorismus („global salafi jihad") untersucht hat, kommt zu dem Ergebnis, dass sie aus relativ wohlhabenden Familien stammen und eine erheblich bessere Bildung besitzen als der Durchschnitt der Bevölkerung sowohl in ihren Heimatländern als auch im Westen. MARC SAGEMAN, Understanding Terrorist Networks. Philadelphia, 2004. 73ff. Vgl. auch seine erweiterte Untersuchung: MARC SAGEMAN, Leaderless Jihad. Terror Networks in the Twenty-First Century. Philadelphia 2008, 48ff. Der ägyptische Soziologe Saad Eddin Ibrahim, der die Mörder des Präsidenten Anwar al-Sadat untersucht hat, definierte als typisches Sozialprofil militanter Islamisten: jung, ländliche oder kleinstädtische Herkunft, Mittelklasse oder untere Mittelklasse, Aufsteiger, gut gebildet (technische Fächer!), aus guter Familie. SAAD EDDIN IBRAHIM, Islamic Militancy as Social Movements. In: ALI E. HILLAL DESSOUKI (Hrsg.), Islamic Resurgence in the Arab World. Westport 1982, 128ff. Esposito und Mogahed kommen bei der Analyse der vom Gallup-Institut als „politisch radikalisiert" und „potentiell terroristisch" bezeichneten Muslime zu dem Schluss, dass diese Gruppe eher besser gebildet und wirtschaftlich besser gestellt ist als die sogenannten „Moderaten". So weisen 67 Prozent der „Radikalen" ein mittleres bis hohes Bildungsniveau auf. ESPOSITO/ MOGAHED, Who speaks for Islam, 71.

[13] JOHANNES KANDEL, Auf dem Kopf und in dem Kopf. Der „Kopftuchstreit" und die Muslime. Berlin 2004 (= Islam und Gesellschaft 3, hrsg. von der Friedrich-Ebert-Stiftung), 13ff.

[14] Zitat Qutb bei MATTHIAS KÜNTZEL, Islamischer Anti-Semitismus und deutsche Politik. Berlin 2007, 154f. Teile der Schrift von Qutb finden sich in englischer Übersetzung bei ROLAND NETTLER, Past Trials and Present Tribulations. A Muslim Fundamentalist's View of the Jews. Oxford 1987.

[15] BERNARD LEWIS, „Treibt sie ins Meer!" Die Geschichte des Antisemitismus. Frankfurt a. M./Berlin 1989. 237. Zur Geschichte, Entwicklung und Begrifflichkeit vgl. den knappen Überblick bei MICHAEL KIEFER, Islamischer, islamistischer oder islamisierter Antisemitismus? In: Die Welt des Islam 46/3 (2006). ARMIN PFAHL-TRAUGHBER, Antisemitismus in der islamischen Welt. In: Blätter für deutsche und internationale Politik 10/2004, 1251ff.

[16] RUDI PARET, Mohammed und der Koran. Stuttgart u. a. 1991, 118.

[17] Sahih Bukhari, Bd. 4, Buch 52, Nr. 176f. Sahih Muslim, Buch 41, Nr. 6981. Dieser

Hadith ist unter den Muslimen, besonders in Palästina, sehr bekannt, und es ist bezeichnend, dass die Charta der Hamas im Art. 7 auf ihn direkt Bezug nimmt.

[18] Der bekannte arabische Historiker al-Waqidi (747–823) berichtet in seinem „Kitab al-maghazi" (Buch der Schlachten) detailliert über das Gemetzel. Vgl. Muhammed in Medina. Das ist Vakidi's Kitab al-Maghazi in verkürzter deutscher Wiedergabe. Hrsg. von Julius Wellhausen. Berlin, 1882, 210ff.

[19] Die prekäre Lage der Juden betonen vor allem BAT YE'OR, Islam and Dhimmitude. Where Civilizations Collide. Cranbury ³2005 und ANDREW G. BOSTOM, The Legacy of Islamic Antisemitism. From Sacred Texts to Solemn History. Amherst 2008. Bostom verweist u. a. auf wichtige, im Diskurs zum islamischen Antisemitismus weitgehend ignorierte Studien jüdischer Historiker. Vgl. ferner BERNARD LEWIS, Die Juden in der islamischen Welt. München 2004. DERS., „Treibt sie ins Meer!", 144ff. MARK R. COHEN, Unter Kreuz und Halbmond. Die Juden im Mittelalter. München 2005, 68ff. WALTER LAQUEUR, Gesichter des Antisemitismus. Von den Anfängen bis heute. Berlin 2008, 212ff.

[20] MICHAEL KIEFER, Antisemitismus in den islamischen Gesellschaften. Düsseldorf,2002, 47ff.; ROBERT S. WISTRICH, Muslim Antisemitism. A Clear and Present Danger. New York 2002, 7ff.

[21] LEWIS, „Treibt sie ins Meer!", 163f.

[22] KIEFER, Antisemitismus, 93f. Zu Herkunft und Rezeptionsgeschichte der *Protokolle* vgl. vor allem NORMAN COHN, „Die Protokolle der Weisen von Zion". Der Mythos von der jüdischen Weltverschwörung. Baden-Baden/Zürich 1998. STEPHEN ERIC BRONNER, Ein Gerücht über die Juden. Die „Protokolle der Weisen von Zion" und der alltägliche Antisemitismus. Berlin 1999. Zum Berner Prozess vor allem HADASSA BEN-ITTO, „Die Protokolle der Weisen von Zion". Anatomie einer Fälschung. Berlin 2001.

[23] LAQUEUR, Gesichter des Antisemitismus, 219.

[24] KLAUS-MICHAEL MALLMANN/MARTIN CÜPPERS, Halbmond und Hakenkreuz. Das Dritte Reich, die Araber und Palästina. Darmstadt 2006. 20.

[25] MALLMANN/CÜPPERS, Halbmond, 248f. Vgl. vor allem auch KLAUS GENSICKE, Der Mufti von Jerusalem und die Nationalsozialisten. Eine politische Biographie Amin el-Husseinis. Darmstadt 2007.

[26] KIEFER, Antisemitismus, 95.

[27] KIEFER, Antisemitismus, 84.

[28] Vgl. nochmals JAECKER, Antisemitische Verschwörungstheorien nach dem 11. September.

[29] Eine Auswahl von Karikaturen findet sich auf der Website der Anti-Defamation League: http//:www.adl.org/main:Arab_World/asam_jul_dec.htm.

[30] JOCHEN MÜLLER, Die Rückkehr der Weisen von Zion. Tagesspiegel, 14. Oktober 2004.   http://www.matthiaskuentzel.de/contents/die-protokolle-der-weisen-von-zion-auf-der-frankfurter-buchmesse. Mitteilung des Simon Wiesenthal Zentrums an den Messedirektor vom 16. Oktober 2008.

[31] PHILIPP GESSLER, Die Juden als Weltfeinde, taz, 15. Dezember 2005.

[32] ESTHER WEBMAN, Anti-Zionism, Anti-Semitism and Criticism of Israel – The Arab Perspective. In: Antisemitismus, Antizionismus, Israelkritik. Tel Aviver Jahrbuch für deutsche Geschichte. Göttingen 2005, 319.

³³ Vgl. den Konferenzbericht des Intelligence and Terrorism Information Centre at the Center for Special Studies (C. S. S.): Holocaust denial as a tool of Iranian policy. 25. Dezember 2006.

³⁴ Vgl. MEMRI Special Dispatch vom 4. Januar 2006. WEBMAN, Anti-Zionism, Anti-Semitism and Criticism of Israel, 322ff.

³⁵ Deutscher Bundestag, Drucksache 16/10775, 4. November 2008. Vgl. dazu: „Die Juden sind schuld". Antisemitismus in der Einwanderungsgesellschaft am Beispiel muslimisch sozialisierter Milieus. Hrsg. von der Amadeu-Antonio-Stiftung. Berlin 2009. KÜNTZEL, Islamischer Anti-Semitismus und deutsche Politik; WOLFGANG BENZ/ JULIANE WETZEL (Hrsg.), Antisemitismus und radikaler Islamismus. Essen 2007.

³⁶ Vgl. dazu die Studie zu Schulcurricula und Materialien aus Saudi-Arabien vom Center for Religious Freedom of Freedom House and Institute for Gulf Affairs. With Excerpts from Saudi Ministry of Education Textbooks for Islamic Studies. Washington 2006. Vgl. besonders auch: PATRICK SOOKDHEO, Global Jihad. The Future in the Face of Militant Islam. McLean 2007.

³⁷ Al-Farag, der wegen Beteiligung an der Ermordung des ägyptischen Präsidenten Anwar el-Sadat 1981 hingerichtet wurde, hatte in den Siebzigerjahren eine Dissertation mit dem Titel *Die vernachlässigte Pflicht* („al-Farida al-Gha'iba") verfasst. Im Zentrum seiner Welteroberungsfantasien steht der „dschihad" als obligatorischer Krieg gegen die muslimischen „Apostaten" und die „Ungläubigen". Seine Schrift ist bis heute ein islamistisches Standardwerk und eine Handlungsanleitung zum bewaffneten Kampf. Im Frühjahr 2005 fanden Fahnder des Bundeskriminalamtes bei mehreren Razzien in Süd- und Westdeutschland deutsche Übersetzungen von Teilen des Manuskripts. Vgl. dazu DAVID COOK, Understanding Jihad. Berkeley/Los Angeles 2005, 107f.

³⁸ Vgl. die Definition von RÜDIGER LOHLKER, Dschihadismus. Materialien. Wien 2009, 9.

³⁹ Zur Rolle der Religion im transnationalen Terrorismus vgl. vor allem MARK JUERGENSMEYER, Terror im Namen Gottes. Ein Blick hinter die Kulissen des gewalttätigen Fundamentalismus, Freiburg 2004 (engl. Original: Terror in the Mind of God. The Global Rise of Religious Violence. Berkeley/Los Angeles/London 2000). Vgl. auch LOUISE RICHARDSON, Was Terroristen wollen. Frankfurt a. M./New York 2007, 95ff. ULRICH SCHNECKENER, Transnationaler Terrorismus. Frankfurt a. M. 2006, 60ff.

⁴⁰ YASSIN MUSHARBASH, Die neue Al-Qaida. Innenansichten eines lernenden Terrornetzwerkes. Köln/Hamburg 2006, 87.

⁴¹ PETER NEUMANN und BROOKE ROGERS unterscheiden für Europa drei Typen terroristischer Zellen: Die „Kommando-Zelle" in direkter Abhängigkeit von Al-Qaida, die weitgehend sich selbst rekrutierende, aber durch punktuelle Verbindungen zu Al-Qaida noch „gesteuerte" Zelle und die „autonome" Zelle, die selbstgesteuert und ohne formale Verbindungen zu Al-Qaida ist: Recruitment and Mobilisation for the Islamist Militant Movement in Europe. King's College, London, Dezember 2007, 22ff. SOUAD MEKHENNET/CLAUDIA SAUTER/MICHAEL HANFELD, Die Kinder des Dschihad. Die neue Generation des islamistischen Terrors in Europa. München/Zürich 2006, 46ff.

⁴² Vgl. dazu ELMAR THEVEßEN, Schläfer mitten unter uns. Das Netzwerk des Terrors und der hilflose Aktionismus des Westens. München 2002, 119ff.

[43] ANNETTE RAMELSBERGER, Der deutsche Dschihad. Islamistische Terroristen planen den Anschlag. Berlin 2008, 37.
[44] Vgl. zu Ciftici die brilliante Recherche von STEFAN MEINING/AHMET SENYURT, The Case of the Bavarian Taliban. In: Current Trends in Islamist Ideology 7 (2008), 103ff.
[45] http://www.spiegel.de/spiegel/0,1518,druck-687011,00.html; http://www.welt.de/politik/ausland/article7162867/Deutsche-Islamisten-rufen-zum-Dschihad-auf.html; http://www.spiegel.de/politik/ausland/0,1518,715697,00.html.
[46] Ebd., 38.
[47] OLIVIER ROY, Al-Qaeda: A True Global Movement. In: RIK COOLSAET (Hrsg.), Jihadi Terrorism and the Radicalisation Challenge in Europe. Aldershot 2008, 111.
[48] Vgl. die NDR-Dokumentation *Für Allah in den Tod* vom 16. März 2004. Tagesspiegel, 1. Juni 2004. HENRYK M. BRODER, Aus Detmold ins Paradies. http://www.spiegel.de/kultur/gesellschaft / 0,1518, 281977,00.html.
[49] Pressemitteilung Nr. 125, 6. April 2006.
[50] RAMELSBERGER, Der deutsche Dschihad, 98.
[51] Ebd., 101.
[52] DORIS GLÜCK, Mundtot. Ich war die Frau eines Gotteskriegers. Berlin 2004.
[53] Vgl. zu Seyam die ARD-Dokumentation *Der Gotteskrieger und seine Frau*, 26. Februar 2007 (auch auf YouTube in fünf Teilen: http://www.youtube.com/watch?v=ugwGoQRANck).
[54] VS Bericht Bund 2007, 175.
[55] VS Bericht Hamburg 2007, 43.
[56] Vgl. zur Terrorismusforschung den Überblick bei MARTIN SCHULZE WESSEL, Terrorismusstudien. Bemerkungen zur Entwicklung eines Forschungsfeldes. In: Geschichte und Gesellschaft, Heft 3/2009, 357ff.
[57] FLORIAN HARMS, Glaubenskampf per Mausklick, Neue Zürcher Zeitung, 13. Januar 2006.
[58] Schätzungen eines Forschungsteams des Pentagon gehen von über 5000 aus (http://mypetjawa.mu.nu/archives/175342.php). Vgl. ferner: http://www.bmi.bund.de/cln_028/nn_165104/Internet/Content/Themen/Terrorismus/DatenundFakten/Gemeinsames__Internetzentrum__de.html. Tagesspiegel, 22. November 2007.
[59] Vgl. dazu v. a, JÖRG SCHLABACH, Scharia im Westen. Muslime unter nicht-islamischer Herrschaft und die Entwicklung eines muslimischen Minderheitenrechts für Europa. Berlin 2009. HUGH MILES, Al-Dschasira. Ein arabischer Nachrichtendienst fordert den Westen heraus, Hamburg 2005.
[60] Einen guten Überblick bietet die Broschüre: Der „Mediendjihad" der Islamisten. Hrsg. von der Senatsverwaltung für Inneres und Sport, Abteilung Verfassungsschutz. Berlin 2008.

4. Sind die Muslime in Deutschland „islamistisch"?

Islam in Deutschland

In Deutschland leben nach Schätzungen zwischen 3,8 und 4,3 Millionen Muslime (ca. fünf Prozent der Gesamtbevölkerung).[1] Sie sind noch mehrheitlich „Zugewanderte" und stammen ursprünglich aus rund fünfzig Nationen: Türken, Bosnier, Araber, Pakistanis, Inder, Afghanen, Albaner u. a. Doch ist der Islam schon längst keine „Migrantenreligion" mehr, denn ein kleiner, aber wachsender Teil der Muslime ist deutscher Muttersprache. So verschieden ihre ethnische Herkunft ist, so unterschiedlich sind die Muslime auch in religiöser und kultureller Hinsicht. So gibt es vier verschiedene Glaubensrichtungen: Sunniten, Schiiten, Aleviten und Ahmadis. Die große Mehrheit gehört der sunnitischen Glaubensrichtung an (ca. 72 Prozent der muslimischen Gesamtbevölkerung), und von ihnen sind die meisten Türken oder türkischer Abstammung (etwa 2,1 Millionen), sodass der deutsche Islam bis heute eine deutliche türkische Prägung aufweist. Die zweitgrößte Gruppe bilden die türkischen Aleviten (mit 14 Prozent), die allerdings einen Sonderfall darstellen, denn sie haben mehrheitlich noch nicht entschieden, ob sie ein Zweig des Islam oder eine eigenständige Religion sein wollen. Die drittgrößte Gruppe sind die (Zwölfer-)Schiiten (ca. sieben Prozent), vornehmlich aus dem Iran und Irak. 50 000 werden der „Ahmadiyya"-Sondergemeinschaft zugerechnet. Die Ahmadis sind sehr orthodoxe Muslime, werden aber von Sunniten und Schiiten wegen einiger Sonderlehren nicht als Muslime anerkannt.[2] Rund 950 000 Muslime besitzen die deutsche Staatsbürgerschaft (Eingebürgerte und Konvertiten). Nach sehr ungenauen Schätzungen soll die Zahl der Konvertiten deutscher Herkunftssprache gegenwärtig ungefähr 15 000 betragen; die Mehrheit von ihnen sind Frauen.

Nur rund 25 Prozent der ca. vier Millionen Muslime in Deutschland sind „organisiert", d. h. gehören einem Moschee-Verein und/oder einem Verband an. Der geringe Organisationsgrad sagt jedoch wenig über den tatsächlichen gesellschaftlichen und politischen Einfluss dieser Organisationen aus. Die wichtigsten muslimischen Dachverbände sind: die *„Türkisch-Islamische Union der Anstalt für Religion"* (DITIB), gegründet am 5. Juli 1984, die größte Moschee-Organisation in Deutschland mit ca. 880 Vereinen und nach eigenen Angaben ca. 220 000 Mitgliedern; der ethnisch gemischte *„Zentralrat der Muslime in Deutschland"* (19 Mitgliedsorganisationen und offiziell ca. 20 000 Mitglieder, realistisch betrachtet 15 000), gegründet 1994, und der von Milli Görüs dominierte *„Islamrat"* (nach eigenen – sehr unrealistischen – Angaben ca. 130 000 Mitglieder, gegründet 1986). Wichtig sind ferner die mitgliederstarken Einzelverbände *„Islamische Gemeinschaft Milli Görüs"* (IGMG) mit ca. 29 000 Mitgliedern und der *„Verband Islamischer Kulturzentren"* (VIKZ) mit ca. 20 000 Mitgliedern. Am 11. April 2007 haben sich die vier größten Verbände zum *„Koordinationsrat der Muslime in Deutschland"* (KRM) zusammengeschlossen.

Erkundungen zum Islamismus

Höchst widersprüchliche Aussagen und kontroverse Meinungen über Art, Umfang und Gefährlichkeit des Phänomens Islamismus in Deutschland bestimmen unsere politischen Diskurse. „Man weiß nicht, was man glauben soll", so zitieren die Journalisten Frank Jansen und Armin Lehmann Ermittler des Verfassungsschutzes, die seit Langem islamistische Personen und Gruppen beobachten.[3] Die Bandbreite der Auffassungen reicht von „Ist ja alles nicht so schlimm", „Wird maßlos aufgebauscht" bis zu den regelmäßigen behördlichen Warnungen vor unmittelbar bevorstehenden islamistisch-terroristischen Aktionen, auch in Deutschland.[4]

Der Ausgangspunkt unserer Erkundung des Islamismus sind die materialreichen Berichte der Verfassungsschutzämter in Bund und Ländern. Sie erfassen „harte Fakten" und geben Informationen und

Bewertungen zu organisierten islamistischen Gruppen, Querverbindungen sowie nationalen und internationalen Netzwerken und Personen. Sie sagen allerdings wenig aus über die subjektiven Einstellungen und Denkweisen der Muslime und lassen nur mehr oder weniger begründete Vermutungen zu, wie weit der Einfluss islamistischer Ideologien, Personen und Gruppen in die muslimischen Gemeinschaften hineinreicht. Nehmen wir die vom Verfassungsschutz gezeichnete islamistische Landschaft nüchtern zur Kenntnis, so besteht weder Grund zu hysterischem Alarmismus noch zu unbekümmerter Zufriedenheit. Nach Aussagen des Bundesamtes gehörten 2009 rund ein Prozent von 3,5 Millionen Muslimen in Deutschland islamistischen Organisationen an, das sind 36 270 Personen in 29 Organisationen. Gegenüber 2008 (34 720) zeichnete sich ein leichter Anstieg ab. Das größte Potenzial bilden die Anhänger türkischer Gruppierungen mit 30 340 Personen (2008: 28 580), mit der „Islamischen Gemeinschaft Milli Görüs" als der mitgliederstärksten Organisation (rund 29 000 Personen) an der Spitze. 3794 Personen (2008: 4050) werden Gruppierungen aus dem arabischen Raum zugerechnet, wobei die Muslimbruderschaft mit ca. 1300 Anhängern die größte Gruppierung darstellt. Diese sind hauptsächlich in der „Islamischen Gemeinschaft in Deutschland" (Mitglied im ZMD) organisiert. Danach folgt die schiitische „Hisbollah" mit ca. 900 Anhängern.[5] Mehrere Tausend dieser Islamisten werden als gewaltbereit eingestuft und rund 100 Personen als terroristische „Gefährder" bezeichnet – ein Begriff, der nicht ganz präzise bestimmt wird. „Gefährder" sollen Personen sein, die Kontakte zu internationalen terroristischen Organisationen unterhalten und für fähig gehalten werden, logistische Vorbereitungen für terroristische Anschläge zu leisten oder diese selbst auszuführen. Darüber hinaus ordnet das Innenministerium rund 700 Personen islamistisch-terroristischen Sympathisantenkreisen zu. Etwa vierzig Moscheen von ca. 2600 werden als problematisch eingestuft, d.h. hier vermutet der Verfassungsschutz einen Ort, wo Islamisten sich treffen und/oder islamistische Ideologien verbreitet werden. Fünfzehn gelten als besonders schwierig, darunter die Al-Quds-Moschee (jetzt Taiba-Moschee) in Hamburg, die im August 2010 geschlossen wurde, die Al-Nur-Moschee in Berlin, die Al-Muhsinin-Moschee in Bonn sowie die Al-Rahman-Moscheen in Leipzig und Aachen.[6] Doch ist zu vermuten, dass weit mehr Moscheen Anlaufstellen oder bereits Zentren von Radikalisierung und Rekrutierung von Anhängern islamistischer Bewegungen geworden sind. Insofern sollten Auseinandersetzungen um Moscheebauten in Deutschland nicht einfach als fremdenfeindliche Verweigerung der „Anerkennung des Islam" stigmatisiert werden, sondern sie spiegeln auch gut begründete Befürchtungen und Sorgen vor der Etablierung von Sammelpunkten radikalisierter Muslime wider.

Katrin Brettfeld und Peter Wetzels vom Institut für Kriminalwissenschaften der Universität Hamburg haben im Auftrag des Bundesministeriums des Inneren 2007 eine gewichtige Studie mit dem Titel *Muslime in Deutschland* vorgelegt, die Licht in das Dunkel von Halbwissen, Vermutungen und Impressionen bringt.[7] Neben der soliden Aufarbeitung des Forschungsstandes bieten sie methodisch valides quantitatives Material und geben Hinweise zum Gefährdungspotenzial durch radikalisierte, demokratiedistante und gewaltbefürwortende muslimische Personen und Gruppen. Die Studie überwindet die Schwächen der bislang vorliegenden qualitativen Studien, die zwar einige aufschlussreiche Einblicke in die Orientierung einiger muslimischer Teilgruppen (z. B. Frauen, Jugendliche) erlaubten, aber keine Repräsentativität beanspruchen konnten. Brettfeld und Wetzels ermittelten „Einstellungen zu Demokratie und Rechtsstaat" sowie „Einstellungen zu politisch-religiös motivierter Gewalt" und identifizierten sogenannte „Risikogruppen", d. h. solche Personen, die möglicherweise anfällig für extremistisch-islamistische Positionen sind. Für die Beurteilung der Verbreitung und Gefährlichkeit des Islamismus in Deutschland sind ihre Einschätzungen daher bedeutsam. Sie verstehen den Islamismus auf der Einstellungsebene als „ein Konglomerat von religiös unterlegter Demokratiedistanz und -ablehnung verbunden mit autoritaristischen Zügen von Intoleranz und einer Ideologie der Ungleichheit".[8]

Die Autoren der Studie fragen nach Hinweisen und Belegen, ob und, wenn ja, in welchem Umfang religiöse Überzeugungen und Einstellungen eine Hinwendung zu islamistischen Positionen begünstigen können. Die Religion hat für die muslimische Gesamtbevölkerung einen hohen Stellenwert. 87,3 Prozent geben an, dass sie „sehr stark gläubig" bzw. „eher gläubig" sind. Das ist ein gewichtiger Indikator für die Zentralität der Religion im Leben der Muslime in Deutschland. Wenn diese Selbsteinschätzung auf die konkrete Religionspraxis bezogen wird (Beten, Moscheebesuch etc.) und ein Konstrukt „Religiosität" gebildet wird, so ergibt sich, dass 16,6 Prozent als „sehr religiös" und 39,4 Prozent als „religiös" einzuordnen sind, das sind 56 Prozent der befragten muslimischen Bevölkerung. Nur 8,9 Prozent bezeichnen sich als „nicht religiös" und 35,1 Prozent als „etwas religiös".[9]

Die Studie arbeitet unterschiedliche religiöse Orientierungsmuster heraus („gering religiös, orthodox, traditionalistisch-konservativ und fundamental") und kann zeigen, welche Orientierungen tendenziell eine größere Distanz zur Demokratie und eine Bereitschaft zur Legitimation religiös-politischer Gewalt mit sich bringen. Die größte Gruppe, d.h. rund 40 Prozent der muslimischen Bevölkerung, sind dem Muster „religiös-fundamental" zuzuordnen. Das sind hochgerechnet auf 3,4 Millionen Muslime immerhin 1,3 Millionen Personen. Sie sind dadurch gekennzeichnet, „dass sie sich besonders deutlich auf einen für wahr erachteten, historisch invarianten Islam beziehen und eine wortgetreue und rigide Befolgung der Ge- und Verbote auch durch andere Muslime fordern. Ihre hohe Religiosität und die hohe Relevanz der Religion in ihrem Alltag ist weiter gepaart mit Auffassungen von exklusiven Ansprüchen des Islam, der als einzig wahre Religion gegenüber anderen Religionen, die ihnen subjektiv minderwertiger erscheinen, für überlegen erachtet wird. Kennzeichen dieser Auffassung ist auch eine Ablehnung von Anpassungen des Islam an die Gegebenheiten moderner Gesellschaften, mit Verweis auf einen unverfälschten, in den heiligen Schriften immer schon so vorfindlichen und unveränderlichen Islam als einzig richtiges Bekenntnis."[10]

Es verwundert nicht, dass die „religiös-fundamental" Orientierten die am schlechtesten integrierte Gruppe sind und die höchste Quote von Segregationstendenzen aufweisen. Die Autoren der Studie präzisieren dieses Muster religiöser Orientierung, indem sie nach der Verbreitung extremer Ideologien der Ungleichwertigkeit in Form von pauschaler Abwertung anderer Religionen und Aufwertung der eigenen fragen. Dies trifft für Personen dieses Orientierungsmusters in überdurchschnittlichem Maße zu (Aufwertung der Eigengruppe = 60,2 Prozent; Abwertung anderer = 51,3 Prozent). Das ist ein beunruhigendes Ergebnis. Die Studie ist gleichwohl mit den umstrittenen Begriffen „fundamentalistisch" und „islamistisch" sehr vorsichtig. Anhänger einer fundamental-religiösen Orientierung sind nicht einfach dem Typus „Islamismus" zuzurechnen. Es wird angenommen, dass „das Potenzial der Anhänger der extremen Form fundamentaler religiöser Orientierung [...] zwischen 2 Prozent und 6 Prozent der mit dieser Befragung erreichten Grundgesamtheit der in Deutschland lebenden Muslime einzuschätzen ist".[11] Es ist also zwar eine noch kleine Gruppe aus der Gesamtheit der „religiös-fundamental" Orientierten, die derzeit ein aktuelles Mobilisierungs- und Rekrutierungspotenzial für Islamisten darstellt, aber man sollte den schon vorhandenen Resonanzboden für Islamisten nicht unterschätzen, der auch über diese Gruppe hinausreicht.

Wie anfällig sind muslimische Gemeinschaften für Demokratiedistanz und politischen Extremismus? Darüber gibt die zitierte Studie in dem Teil „Einstellungen zu Demokratie und Rechtsstaat – Demokratiedistanz und Autoritarismus" Auskunft.

Zwar lässt sich „nur bei ca. 10 Prozent der befragten Muslime eine ausgeprägte Distanz zu Grundprinzipien von Demokratie und Rechtsstaat erkennen", bedenklich ist aber, dass die „höchste Rate stark demokratiedistanter Personen" unter den Personen auszumachen ist, „die bereits in Deutschland geboren wurden, also unter Muslimen, die Migranten der zweiten Generation sind".[12] Es verwundert nicht, dass diejenigen die stärkste Demokratiedistanz zeigen, die am wenigsten

integriert sind, geringe Bildung besitzen, sehr religiös sind und „religiös-fundamentale" Orientierungen aufweisen. Eine Berücksichtigung weiterer Kombinationen von Merkmalen und eine weitere Differenzierung der Befunde führen zu dem Schluss, dass 5,4 Prozent der muslimischen Bevölkerung als „islamismusaffin" (nicht: „islamistisch") einzuschätzen sind. Das sind auf 3,4 Millionen Muslime hochgerechnet rund 183 000 Personen.[13] „Islamismusaffinität" wird dabei durch drei Merkmale definiert:
- hohe Demokratiedistanz
- starke Aufwertung der islamischen Eigengruppe
- deutliche Abwertung westlicher Gesellschaften.

Das Bild wird noch schärfer, wenn durch vertiefte Analysen verschiedene Einstellungsmuster zu Demokratie und Rechtsstaat herausgearbeitet werden. Auf das Statement „In der heutigen Zeit brauchen die Menschen einen starken politischen Führer" antworten 52,4 Prozent der Muslime positiv. Aber auch die herangezogenen Vergleichsgruppen (Nichtmuslime/Migranten = 48 Prozent und Nichtmuslime/Einheimische = 45,7 Prozent) zeigen hier ein relativ hohes Zustimmungspotenzial. Auf das Statement „Die Jugend braucht heute am nötigsten strenge Disziplin" reagieren 58,9 Prozent der Muslime positiv. Wieder liegt die Zustimmung auch bei den Vergleichsgruppen relativ hoch: Nichtmuslime/Migranten = 52,2 Prozent; Nichtmuslime/Einheimische = 40,7 Prozent). Die Studie ermittelt ein „islamisch-autoritatistisches" Einstellungsmuster in der muslimischen Gesamtbevölkerung, das „durch die Kombination einer starken moralischen Kritik an Demokratie und westlichen Gesellschaften mit einer hohen Befürwortung von Todes- und Körperstrafen" gekennzeichnet ist. Dieses Muster weisen 12,3 Prozent der Befragten auf (= auf 3,4 Millionen Muslime hochgerechnet 418 000 Personen). Bei Jugendlichen ist dieses Einstellungsmuster mit 16,9 Prozent noch deutlicher ausgeprägt. Bei Studenten ist der Wert mit 6,2 Prozent vergleichsweise niedrig, obwohl bei dieser gebildeten Gruppe eine ausgeprägt „religiös-rigide" Haltung auffällt.

Vor diesem Hintergrund ziehen die Autoren der Studie das Zwischenfazit, dass es ein *Radikalisierungspotenzial in einer Größenordnung von zehn bis zwölf Prozent* der muslimischen Gesamtbevölkerung gibt. Dieser Befund lässt sich nach ihrer Auffassung nicht alleine mit sozialer Exklusion oder alleine mit religiösen Orientierungen erklären – eine Vermutung, die auch von anderen Sozialwissenschaftlern geteilt wird. Im öffentlichen politischen Diskurs ist dagegen häufig eine fatale Polarisierung zu beobachten, wobei entweder der Religion die überragende Bedeutung für Radikalisierungsprozesse zugeschrieben oder eher die soziale Exklusion (Arbeitslosigkeit, Armut, Ausgrenzung, Diskriminierung) als Hauptfaktor betont wird. Offensichtlich gibt es aber eine Interdependenz der Faktoren, wobei der Islam in der konservativ-orthodoxen und islamistischen Variante den Betroffenen plausible Erklärungs- und Deutungsmuster für ihre aktuelle soziale und politische Lage, ihre Diskriminierungserfahrungen (persönlich und kollektiv), ihre Wahrnehmung verweigerter „Anerkennung" und die vermeintliche globale „Demütigung" der muslimischen Gemeinschaft (z. B. Irak-Krieg, Naher Osten) bereitstellt.

Die Autoren der Studie gehen davon aus, dass *14 Prozent der muslimischen Bevölkerung als „Problemgruppe"* einzustufen sind, weil sie hohe Distanz zu Demokratie und Rechtsstaatlichkeit und/oder eine hohe Akzeptanz von politisch-religiös legitimierter Gewalt aufweisen. Das sind auf 3,4 Millionen Muslime hochgerechnet immerhin 476 000 Personen.

„Insgesamt", so die Autoren der Studie, „führen die Ergebnisse dieser Befragung zu der Schlussfolgerung, dass in der muslimischen Wohnbevölkerung auf der Einstellungsebene ein relevantes Potenzial besteht, das sich als Resonanzboden und Rekrutierungsfeld für Radikalisierungen und Extremismen eignen kann." Dieses Potenzial umfasst, wenn es ausschließlich um „Akzeptanz und Legitimation massiver Formen politisch-religiöser Gewalt" geht, zwischen 4,5 Prozent und 7,5 Prozent der Muslime in Deutschland.[14] Bislang ging der Verfassungsschutz davon aus, dass ca. ein Prozent der 3,4 Millionen Muslime als „Islamisten" einzuordnen seien. Von diesem einen Prozent, also mehr als 30 000 Personen, wurde aber nur ein kleiner Teil (wenige Tausend) als gewaltbereit eingestuft. Wenn man nun von 4,5 Prozent bis 7,5 Prozent gewaltbereiten Muslimen ausgeht, kommt man, selbst bei Berücksichtigung der statistischen Unschärfen, auf mindestens ca. 153 000 Personen. Sie bilden das unmittelbare Mobilisierungspotenzial für die Islamisten. Gleichwohl muss auch festgehalten werden: Die Befürwortung von Gewalt muss nicht zwingend mit Islamismusaffinität verbunden sein. Das ist eine wichtige Erkenntnis, weil in der Diskussion um den Islamismus dieser häufig geradezu mit Gewaltbereitschaft identifiziert wird. Islamismus ist zwar immer ideologischer Extremismus, aber eben nicht notwendigerweise stets gewaltbereit: „Von daher ist die Gleichsetzung eines demokratiedistanten, politisch aufgeladenen Islam mit Gewaltbefürwortung und Sympathie für Terrorismus zu pauschal."[15] Von den 5,4 Prozent „islamismusaffinen" Personen der muslimischen Gesamtbevölkerung ist eine große Mehrheit gegen Gewalt, und von den 14 Prozent der „Problemgruppe" gehören 60 Prozent nicht dem islamistischen Spektrum an.

Dennoch muss unser besonderes Augenmerk derjenigen Gruppe gelten, die Islamismusaffinität mit hoher politisch-religiöser Gewaltlegitimation verbindet. Das sind 1,1 Prozent der Befragten, d. h. auf 3,4 Millionen Muslime bezogen immerhin rund 38 000 Personen! Sie sind empfänglich für islamistische Gewaltbotschaften und könnten zu Rekruten des militanten „dschihad" werden. Das ist eine sehr beunruhigende Zahl, vor allem wenn man bedenkt, dass allein 600 Beamte der Kriminalämter und des Verfassungsschutzes viele Monate lang intensiv beobachteten und ermittelten, um nur drei mutmaßliche Terroristen schließlich kurz vor ihrem geplanten verheerenden Terroranschlag im Sommer 2007 verhaften zu können („Operation Alberich").

Doch es gibt auch eine gute Nachricht, denn nach den Ergebnissen der Studie kann man festhalten: Eine deutliche Mehrheit der Muslime scheint keine Probleme mit der Demokratie des Grundgesetzes und den Lebensweisen in einer säkularen, pluralistischen, offenen Gesellschaft zu haben. Nach einer Studie des „Bundesamts für Migration und Flüchtlinge" (BAMF) artikulieren immerhin knapp 70 Prozent der deutschen Muslime eine „starke oder sehr starke Bindung mit Deutschland", 60 Prozent fühlen sich mit ihrem Herkunftsland „stark bzw. sehr stark" verbunden.[16] Offenbar ist das Bedürfnis der deutlichen Mehrheit, den Sirenenklängen der Islamisten zu folgen, gering. Gleichwohl gilt es vor dem Hintergrund der Ergebnisse der Studie wachsam zu bleiben und das Augenmerk auf die „Problemgruppe" zu richten.

Wer wird in Deutschland Islamist? Wenn wir die Ergebnisse der Studie idealtypisch und personalisiert zugespitzt zusammenfassen, können wir auf diese Frage so antworten: Männliche, junge, gering gebildete, von Exklusion betroffene Muslime, die sowohl persönliche Diskriminierungserfahrungen gemacht haben als auch eine angebliche globale Marginalisierung der islamischen Gemeinschaft als Kränkung wahrnehmen, die ferner eine starke Religiosität und fundamentale religiöse Orientierungen aufweisen, zeigen eine deutliche Tendenz zu geringer Integration, hoher Segregation, Demokratiedistanz und Gewaltbefürwortung. Sie sind anfällig für islamistische Optionen und damit ein potenzieller Problemfall für die Demokratie.

„Organisierter Islam", Demokratie und Islamismus

Diese quantifizierten Daten zur Ermittlung von Gefährdungslagen sind bei aller Wertschätzung der zitierten Studie „nur" eine grobe Momentaufnahme. Sie müssen durch Erkundungen in den Alltagswelten muslimischer Milieus ergänzt werden. Es ist wichtig nachzufragen, welchen Islam Muslime in Deutschland vor Ort erfahren und praktizieren und welche religiös-politischen Orientierungen in diesem Islamverständnis erkennbar werden. Gibt es möglicherweise eine Grauzone, d. h. fließende Übergänge von bestimmten Varianten und Interpretationen des Islam zum Islamismus? Es ist ja nicht abwegig, davon auszugehen, dass ein erheblicher Teil der „religiös-fundamental" orientierten Muslime auch „organisiert" ist. Welches sind im Blick auf das Islamverständnis des „organisierten Islam" die „Andockpunkte", an denen Islamisten ansetzen? Welche Zielgruppen werden angesprochen? Wann wird ein im demokratischen Spektrum noch tolerabler „konservativ-orthodoxer" Islam zum Fundamentalismus und ggf. zum Islamismus? Das sind Fragen, die beim gegenwärtigen Stand der Forschung nur annähernd, also in Tendenzaussagen, beantwortet werden können.

Eine kontextuelle Analyse kann sich z. B. auf die öffentlichen Bekundungen muslimischer Vereine und Verbände, auf ihr Führungspersonal, ihre Funktionäre und ihre Versammlungsorte, auf ihre organisatorischen Vernetzungen mit europäischen bzw. internationalen islamischen Institutionen und auf die Inhalte von Bildungsangeboten (Druckerzeugnisse, Websites) richten. Daraus entsteht ein zwar immer noch fragmentarisches, aber doch in der Grundtendenz aussagekräftiges Bild: Auch wenn man davon ausgeht, dass der „organisierte" Islam mehrheitlich nicht islamistisch orientiert ist, muss doch festgehalten werden, dass ein ausgeprägter pragmatischer Konservativismus mit fundamentalistischen Rändern dominiert. Dieser bietet für islamistische Einfluss-Strategien Andockpunkte und offene Flanken: Der Islam, wie er von den Verbänden präsentiert wird, zeigt sich ganz konservativ: als ein „ganzheitliches" System, geschlossen, vermeintlich rational erfassbar, alle Sinnfragen und praktischen Probleme des Lebens beantwortend. Sichtbar wird vielfach auch eine apologetische Grundhaltung, die wenig Raum für (selbst-)kritische Diskurse lässt. Die eigentümliche Abstinenz, wichtige Themen zu diskutieren, ist nicht nur beklagenswert, sondern auch gefährlich. Wenn z. B. im Blick auf das Verhältnis des Islam zur Trennung von Staat und Religion, zum Gewaltproblem oder zur Frage der Geschlechtergerechtigkeit und der Religionsfreiheit statt einer offenen, kritischen Debatte eine Abwehrhaltung, plakative Selbstgerechtigkeit, Opferposen und aggressive Gegenangriffe auf Kritiker dominieren, ohne dass der Versuch gemacht würde, sich tatsächlich tiefgehend mit diesen Fragen zu befassen, dann wird es den Islamisten leicht gemacht. Es ist z. B. völlig unverständlich, warum es im Rahmen der „Deutschen Islamkonferenz" (2006–2009) erst nach Jahren möglich war, das Thema „Islamismus" auf die Tagesordnung zu setzen, wobei die dann endlich erreichte Diskussion deutlich von Abwehr und apologetischen Positionen geprägt war. Nicht streitiger Dialog, sondern die Sicherung der eigenen „islamischen Identität" steht ganz im Vordergrund, und insofern ist der verbandlich verfasste Islam eher „Identitätswächter" eines überwiegend konservativen Islam denn „Integrationslotse" für die demokratische Gesellschaft. Das Bild, das viele der „Organisierten" von der „westlichen" demokratischen Gesellschaft haben, in der sie leben, weist zudem eine beunruhigende Tendenz zu Distanz und (mitunter abwertender) Abgrenzung auf.[17] Dies liegt keineswegs nur an tatsächlichen persönlichen Diskriminierungserfahrungen und/oder vermuteten Erscheinungen von gesellschaftlicher Exklusion, Ausgrenzung und Verweigerung von „Anerkennung". Es gibt auch eine hausgemachte Abschottung in die versiegelte Geisteswelt muslimischer Identitäten. Außenstehende, d.h. Nichtmuslime, werden letztlich keinen Zugang finden, allen „Dialogaktivitäten" und Bereitschaftserklärungen zu Offenheit und Transparenz zum Trotz. Wenn die Trennlinie zu den „Ungläubigen" scharf gezogen wird und ein massives Überlegenheitsbewusstsein zur Abwertung anderer Religionen führt, wenn bewusst oder unbewusst der Scharia-gelenkte Staat als islamisches Staatsideal in den Köpfen spukt, wenn ferner unter dem Druck islamistischer Gruppen eine dogmatische Orthopraxis als allgemeingültig „islamisch" durchgesetzt werden soll (der „Kopftuchstreit" 2003 war ein beredtes Beispiel dafür), dann haben die Islamisten Oberwasser. Sie können an einen solchen, von einem buchstäblichen Verständnis des Koran und einer traditionalistischen religiösen Praxis geprägten sowie zur gesellschaftlichen Abgrenzung tendierenden Islam problemlos anknüpfen.

Wenn muslimische Verbände im Verhältnis zu Demokratie und Rechtsstaat deutliche Unklarheiten zeigen, so ist hier ein weiteres Einfallstor für islamistische Ideologien geöffnet. Ein bedeutendes Beispiel ist die vom „Zentralrat der Muslime in Deutschland" (ZMD) am 20. Februar 2002 veröffentlichte „Islamische Charta".[18] Adressaten der

Charta sind Nichtmuslime und Muslime gleichermaßen, sie ist sowohl Selbstdarstellung des ZMD nach außen als auch Dokumentation des internen muslimischen Selbstverständnisdiskurses. Sie will Aufschluss über die Grundhaltung des ZMD zur Demokratie geben und fordert die „Anerkennung" des Islam in Deutschland. Obwohl die Diskussion über die Charta (anscheinend ganz im Sinne des ZMD) inzwischen weitgehend eingeschlafen ist, soll hier darauf eingegangen werden. Demokratietheoretisch ist die Charta ein höchst ambivalentes Dokument. Einerseits wird eine grundsätzliche Bejahung der Demokratie des Grundgesetzes formuliert, andererseits wird dieses positive Votum durch eine Reihe von Unklarheiten verdunkelt und durch die Formulierung von Bedingungen wieder eingeschränkt: In § 11 wird die „vom Grundgesetz garantierte gewaltenteilige, rechtsstaatliche und demokratische Grundordnung der Bundesrepublik Deutschland, einschließlich des Parteienpluralismus, des aktiven und passiven Wahlrechts der Frau sowie der Religionsfreiheit" bejaht. Die auffällige Betonung des „aktiven und passiven Wahlrechts der Frau" lässt allerdings vermuten, dass der Artikel 3 des Grundgesetzes („Männer und Frauen sind gleichberechtigt") im ZMD nicht konsensfähig war. Das deckt sich mit Aussagen in Verlautbarungen und Publikationen muslimischer Verbände, in denen auf die „Gleichwertigkeit" der Frau vor Gott und die von Gott gegebenen unterschiedlichen Pflichten verwiesen wird. Die Rede von der „Gleichwertigkeit vor Gott" bedeutet jedoch keineswegs die Gleichheit vor dem Gesetz und die Akzeptanz gesellschaftlicher Gleichberechtigung in Familie und Gesellschaft, sondern geht von der schariarechtlich festgeschriebenen Ungleichbehandlung der Frau aufgrund gottgegebener biologischer Anlagen und dadurch begründeten unterschiedlichen Rechten und Pflichten aus.

Weiter heißt es in § 11: „Daher akzeptieren sie auch das Recht, die Religion zu wechseln, eine andere oder gar keine Religion zu haben. Der Koran untersagt jede Gewaltausübung und jeden Zwang in Angelegenheiten des Glaubens." Das Bekenntnis zum Religionswechsel ist ein durchaus mutiger Schritt, gilt doch der „Abfall" (Apostasie) vom

Islam als Sünde gegen Gott und „Verrat" an der muslimischen Gemeinschaft und wird in einigen islamischen Staaten strafrechtlich verfolgt. Gleichwohl scheint die Akzeptanz von Rechtsstaat und Demokratie in erster Linie von der Bedingung abhängig gemacht zu werden, dass den Muslimen eine Religionsfreiheit nach ihren Vorstellungen gesichert wird, was mit dem Wort „daher" angedeutet wird. Weil das Grundgesetz in Art. 4 den Muslimen Religionsfreiheit garantiert, sodass sie „ihren religiösen Hauptpflichten nachkommen können", deshalb akzeptiert der ZMD das Grundgesetz. Nur *deshalb*? Nur wegen der ihnen gewährten Religionsfreiheit?

Der religionsgeschichtliche Hintergrund dieser Argumentation ist die in der islamischen Tradition diskutierte Problematik, ob Muslime dauerhaft auch in einem nichtmuslimischen Land leben können. Die Debatte der Rechtsgelehrten dazu ist bis heute kontrovers.[19] Der ZMD signalisiert mit dieser Formulierung also, dass er die Akzeptanz von Rechtsstaat und Demokratie offenbar auf kollektive vertragliche Beziehungen zwischen dem Staat und der muslimischen Minderheit gegründet sieht. So heißt es in These 10: „Muslime dürfen sich in jedem beliebigen Land aufhalten, solange sie ihren religiösen Hauptpflichten nachkommen können. Das islamische Recht verpflichtet Muslime in der Diaspora, sich grundsätzlich an die lokale Rechtsordnung zu halten. In diesem Sinne gelten Visumserteilung, Aufenthaltsgenehmigung und Einbürgerung als Verträge, die von der muslimischen Minderheit einzuhalten sind."

Hier wird nicht von einzelnen Muslimen als Staatsbürgern im Rechtsstaat gesprochen, sondern von „der muslimischen Minderheit" als Kollektiv. Die Bezeichnung der genannten staatlichen Rechtsakte (Visumserteilung, Aufenthaltsgenehmigung und Einbürgerung) als „Verträge" zur Bestimmung des Verhältnisses von Staatsbürgern und Staat ist unserer Rechtsauffassung fremd und außerdem für als Deutsche geborene Muslime ohne Bedeutung. Die Bundesrepublik Deutschland schließt in diesen Rechtsangelegenheiten keine Verträge mit Individuen und/oder Kollektiven („den Muslimen"), sondern sie erwartet selbstverständlich die Akzeptanz der Rechtsordnung und Gesetzesgehorsam. Visumserteilung, Aufenthaltsgenehmigung und Einbürgerung beruhen auf gesetzlichen Regelungen und Verordnungen, die für alle, die diese hoheitlichen Rechtsakte begehren, in gleicher Weise gelten. Davon zu unterscheiden sind vertraglich vereinbarte Kooperationen zwischen dem Staat und nicht-staatlichen Akteuren – z. B. wenn der deutsche Staat im Rahmen seines staatskirchenrechtlichen Regelwerkes vertragliche Vereinbarungen mit Religionsgemeinschaften trifft, etwa im Blick auf soziale Dienstleistungen (z. B. Diakonie und Caritas), die Bildung (Religionsunterricht, theologische Fakultäten) oder die Militärseelsorge. Dieses Regelwerk steht – bei Vorliegen der rechtlichen Voraussetzungen – auch muslimischen Religionsgemeinschaften offen. An diesem Punkt wird besonders deutlich sichtbar, dass der ZMD bemüht ist, der eigenen Klientel in der Sprache islamischen Rechts, d. h. mit den Kategorien islamischer Rechtstheorien, die Akzeptanz der deutschen Rechtsordnung nahezubringen. Doch geht dieser – durchaus wohlmeinende und im Blick auf den innerislamischen Klärungsprozess verständliche – Kompromissversuch an den grundlegenden Legitimationsgrundlagen des demokratischen Staates vorbei. Er erzeugt den fatalen Eindruck, der ZMD betrachte staatliche Rechtsakte unter einem kollektiven Vertragsvorbehalt, d. h. auch als kündbar, und somit die deutsche Rechtsordnung nur als Provisorium auf dem Weg zu einem islamischen Staat und Gemeinwesen.

Dieser Kritik beggnete der ZMD mit dem Hinweis, dass das islamische Recht unbedingt zur Einhaltung von Verträgen verpflichte. Er zeigte damit, dass er tatsächlich die islamrechtliche Vertragskonstruktion als Legitimationsgrundlage muslimischer Existenz im nichtmuslimischen Staat betrachtete.[20] Doch eine solche Rechtsauffassung ist nicht akzeptabel. Es wäre ja nicht auszuschließen, dass die „im Zentralrat vertretenen Muslime" (so die Charta) zu der Meinung gelangen könnten, dass die Vertragsbedingungen von dem „Vertragspartner" (der Bundesrepublik Deutschland) verletzt worden seien, etwa durch Versagung einer Baugenehmigung für den Bau einer Moschee oder ein Kopftuchverbot. Eine solche vermeintliche Behinderung der Religionsfreiheit könnte als „Vertragsverletzung" interpretiert werden, ja wäre gemäß Sure 8,56–58 „Verrat" und zöge die Vertragsaufkündigung seitens der Muslime zwingend nach sich.[21]

Hier zeigt sich eine befremdliche Demokratieauffassung: Es kann ja nicht sein, dass eine religiöse Minderheit die Bedingungen diktiert, unter denen sie bereit ist, fundamentale Verfassungsprinzipien anzuerkennen, und sich vorbehält, diese Anerkennung auch wieder zurückzunehmen, wenn der „Vertragspartner" angeblich die „Geschäftsgrundlage" verlässt. Dies liefe darauf hinaus, den Muslimen eine islamrechtliche Deutungshoheit über die Beziehungen zwischen dem Staat und dem Islam in Deutschland zuzugestehen. Völlig ungeklärt bliebe auch die Frage, wer denn legitimiert sei, im Namen „der" Muslime mit dem nichtmuslimischen demokratischen Rechtsstaat „Verträge" zu schließen und auch wieder zu lösen. Die „lokale Rechtsordnung" (das Grundgesetz) wird vom ZMD somit nur deshalb akzeptiert, weil das islamische Recht sie dazu vertraglich verpflichtet und man offensichtlich darauf hofft, ggf. durch vertragliche Vereinbarungen weitere Spielräume für die Anwendung islamrechtlicher Bestimmungen (z.B. im Ehe-, Familien- und Erbrecht) zu gewinnen.[22] Das wird durch die Formulierung, dass das islamische Recht die Muslime verpflichte, die „lokale Rechtsordnung grundsätzlich" anzuerkennen, noch bekräftigt.

Die einschränkende Formulierung „grundsätzlich" ist erklärungsbedürftig. Welche Bestimmungen der Rechtsordnung können Muslime ggf. nicht anerkennen? Welche „Sonderregelungen" soll es für „die im ZMD vertretenen Muslime" geben? Der ZMD bleibt eine konkrete Antwort schuldig. „Grundsätzlich" scheint zu gelten: Das „islamische Recht" bildet, wie es in These 3 heißt, zusammen mit der „islamischen Lebensweise" die „Grundlage des islamischen Glaubens". Ist dieser Bezug auf das islamische Recht, die Scharia, eine islamistische Position? Sicherlich nicht, denn dann wären alle Muslime Islamisten. Aus der Sicht des ZMD ist die Scharia aber die maßgebliche und verbindliche Grundregel muslimischen Lebens in Deutschland, obwohl in der Charta die Reizvokabel „Scharia" bewusst vermieden wird. Die Rede von dem „islamischen Recht" und der „islamischen Lebensweise" als Basis des „islamischen Glaubens" deutet darauf hin, dass der ZMD die Scharia als ein ganzheitliches Korpus von Glaubensprinzipien, moralisch-ethischen Orientierungen und rechtlichen Bestimmungen versteht, der von den Anweisungen für den Gottesdienst über Speise- und Bekleidungsvorschriften bis zur Regelung von Rechtsmaterien wie Straf-, Vertrags-, Ehe-, Familien- und Erbrecht reicht. Wie ist eine solche Position, in der auch ein politischer Geltungs- und Gestaltungsanspruch steckt, mit den fundamentalen Verfassungsprinzipien des Grundgesetzes in Einklang zu bringen? Ist die Scharia teilbar, und zwar in einen hier im säkularen Staat frei praktizierten „rituellen Pflichtteil" (Glaubensbekenntnis, tägliches fünfmaliges Gebet, Fasten, Almosengeben und die Pilgerfahrt nach Mekka) und einen zurzeit suspendierten Teil (Ehe-, Familien-, Erb- und Strafrecht), der aber im Falle einer muslimischen Mehrheit zur Anwendung käme? Eine höchst ungemütliche Vorstellung!

Das Spannungsfeld zwischen Scharia und säkularer Rechtsordnung wird durch die Formulierungen in der These 13 noch einmal unterstrichen: „Zwischen den im Koran verankerten, von Gott gewährten Individualrechten und dem Kernbestand der westlichen Menschenrechtserklärung besteht kein Widerspruch. Der beabsichtigte Schutz des Individuums vor dem Missbrauch staatlicher Gewalt wird auch von uns unterstützt. Das islamische Recht gebietet, Gleiches gleich zu behandeln, und erlaubt, Ungleiches ungleich zu behandeln. Das Gebot des islamischen Rechts, die jeweilige lokale Rechtsordnung anzuerkennen, schließt die Anerkennung des deutschen Ehe-, Erb- und Prozessrechts ein."

Der ZMD sieht Individualrechte im Koran verankert und „von Gott gewährt". Es ist zu fragen, ob die Formulierung „von Gott gewährt" auf eine theologische Letztbegründung der unverlierbaren Würde des Menschen abzielt. Bekanntlich lässt die Allgemeine Erklärung der Menschenrechte von 1948 die Begründung der „Würde" des Menschen offen, ja musste sie offenlassen, weil die Erklärung ein Kompromiss von Staaten war, deren Vertreter aus sehr verschiedenen religiösen und philosophischen Traditionen kamen. Die einen begründeten die Menschenrechte religiös, die anderen philosophisch (z. B. Naturrecht, Aufklärung). Muslimische Rechtsgelehrte haben auch eine Begründung der Menschenwürde vorgelegt und dabei auf den Gnadenakt Gottes gegenüber dem Menschen abgehoben. Der Mensch sei von Gott mit einer Vorzugsstellung gegenüber allen anderen Geschöpfen ausgestattet und als „Stellvertreter Gottes" („khalifa") „geehrt" worden.[23] Daraus könnte die „gleiche Würde" der Menschen ungeachtet der Differenzen von Geschlecht, Rasse und ethnischer Herkunft abgeleitet werden. Doch an diese bedeutsamen Überlegungen schließt die Charta nicht an und konkretisiert sie nicht, sondern formuliert zwei grundlegende Einschränkungen, die in den Formulierungen „Kernbestand" und „westlich" sichtbar werden. Was versteht der ZMD unter „Kernbestand"? Welche Teile der Allgemeinen Erklärung der Menschenrechte gehören nicht dazu?

Ferner verweist die Einschränkung „westlich" darauf, dass die Autoren der Charta den Universalismus der Menschenrechte, der nicht kulturalistisch auf „christlich-abendländische" Werte reduziert werden darf, unberücksichtigt lassen. Sie verkennen, dass der Universalismus der Menschenrechte nicht allein das Ergebnis „westlichen" Menschenrechtsdenkens ist, so sehr auch „westliche" Prägungen in der historischen Genese der Menschenrechtsidee aufscheinen mögen. Der Universalismus der Allgemeinen Erklärung der Menschenrechte ist ein politisch-pragmatischer Konsens zwischen Partnern, die aus verschiedenen religiösen und philosophischen Strömungen und Traditionen kommen. Sie haben sich auf den Begriff der „Menschenwürde" als ein anthropologisches Minimum verständigt: „Alle Menschen sind frei und gleich an Würde und Rechten geboren. Sie sind mit Vernunft und Gewissen begabt und sollen einander im Geiste der Brüderlichkeit begegnen" (Art. 1). Im Konsens ist ferner ein Katalog von unverlierbaren und unveräußerlichen Menschenrechten definiert worden, wobei die Menschenwürde sowie Ursprung und Herkunft der Menschenrechte unterschiedlich (religiös und/oder philosophisch) begründet werden.

Der ZMD steht mit seiner Charta ganz offensichtlich in der Tradition der Islamischen Menschenrechtserklärungen von 1981 und 1990, welche die Geltung der Menschenrechte unter einen Scharia-Vorbehalt stellen.[24] Es ist sehr aufschlussreich, wenn Axel Ayyub Köhler, der Vorsitzende des ZMD, der auch an der Charta beteiligt war, zur Begründung von Menschenwürde schreibt: „Die Würde ist dem Menschen unter erheblichen Auflagen von Gott verliehen worden. Alle Rechte des Menschen – auch die Menschenrechte [!] – sind damit an Pflichten gebunden. Die Vermittlung und Verinnerlichung der Regel, dass islamische Rechte immer an Pflichten gebunden sind, gehört zu den wesentlichen Erziehungszielen."[25] Dass Köhler die Würde des Menschen als von Gott, dem Schöpfer menschlichen Lebens, „unter erheblichen Auflagen" (welchen?) verliehen betrachtet, ist eine noch legitime „Letztbegründung". Problematisch wird es aber, wenn der Eindruck erzeugt wird, dass die Erfüllung von „Pflichten" gegenüber Gott zur Bedingung der Berufung auf die und der tatsächlichen Wahrnehmung von universal geltenden Menschenrechten erklärt wird. Dieser Argumentation zufolge können dann areligiöse Menschen, zumindest in einem islamischen Staat, nicht in den Genuss von Menschenrechten kommen, denn sie akzeptieren ja weder die religiöse Letztbegründung noch die sich aus dieser ergebenden Verpflichtungen. Auch Andersgläubige kämen nicht in den vollen Genuss der Menschenrechte, da sie zwar eine „religiöse Letztbegründung" anerkennen, aber in der Frage der Pflichterfüllung den islamischen Geboten und Verboten natürlich nicht folgen können. Einer der Mitautoren der Islamischen Charta, der Konvertit Murad Wilfried Hofmann, in dessen Schriften der Ausdruck „Kernbestand" der Menschenrechte vorkommt, stellt fest, „dass die Menschenrechte im Islam nicht voll mit den Menschenrechtspakten übereinstimmen". Der Islam ist für ihn ein „komplementäres Menschenrechtssystem". Er behauptet gar, dass der Islam nicht nur „alle klassischen Menschenrechte schon seit 1400 Jahren" kenne, sondern diese „besser verankert" habe „als der Okzident mit allen seinen Pakten".[26] Auch er formuliert die *Bedingung* des Glaubens an Gott als *Voraussetzung* für die Respektierung und die Gewährleistung von Menschenrechten: Die „Respektierung der Menschenrechte steht und fällt damit letztlich mit dem Glauben an Gott".[27] Wenn somit die Scharia, die nach Hofmann „als göttliches Recht letztlich nicht zur Disposition steht"[28] und die *Berufung auf* und die *Inanspruchnahme von Menschenrechten* an die *Erfüllung von religiösen Pflichten* gebunden wird, so gelten diese nur für religiöse Menschen. Insofern bleibt ein grundlegender Widerspruch zwischen der Scharia, dem göttlichen „Grundgesetz" für die Muslime, und den universalen Menschenrechten bestehen.

Weder der ZMD noch der „Koordinationsrat der Muslime in Deutschland" haben es bis heute für notwendig befunden, die hier aufgezeigten Schwächen vertrauensbildend zu korrigieren. Auch die Diskussionen in der ersten „Deutschen Islamkonferenz" 2006–2009 haben an der Charta nichts verändert.

---

[1] Da Daten zur Religionszugehörigkeit nicht systematisch erfasst werden, beruhen alle genannten Zahlen auf Schätzungen. Zahlen nach einer Studie des Bundesamts für Migration und Flüchtlinge im Auftrage der Deutschen Islamkonferenz. SONJA HAUG/STEPHANIE MÜSSIG/ANJA STICHS, Muslimisches Leben in Deutschland. Nürnberg 2009, 57ff. Zu Nordrhein-Westfalen vgl. VOLKHARD KRECH, Religiöse Vielfalt in NRW. http://ruhr-uni-bochum.de/relwiss/rp/Erste%20Ergebnisse.pdf

[2] Muslimisches Leben in Deutschland, 134ff. Zur Ahmadiyya vgl. JOHANNES KANDEL, Die Ahmadiyya-Bewegung. Geschichte – Selbstverständnis – Einschätzung. In: EZW-Materialdienst. Zeitschrift für Religions-und Weltanschauungsfragen 8/2006, 292ff.

[3] Tagesspiegel, 3. September 2006.

[4] Die Experten sind sich nicht einig. Das wurde z. B. bei der ersten öffentlichen Anhörung zum Islamismus im Bundestag vom 20. September 2004 deutlich. Vgl. Deutscher Bundestag, 15. Wahlperiode. Innenausschuss, Protokoll Nr. 15/42.

[5] VS-Bericht Bund 2009, 188.

[6] Mitteilung von Staatssekretär August Hanning. Die Welt, 1. November 2008. Vgl. z. B. die Reportage von Albrecht Metzger über die Aachener Rahman-Moschee, die dem

salafitischen Netzwerk des Leipziger Prediger Hassan Dabbagh zugerechnet wird. ALBRECHT METZGER, Unter strengen Brüdern. Die Zeit, Nr. 14, 27. März 2008.

[7] KATRIN BRETTFELD/PETER WETZELS, Muslime in Deutschland. Integration, Integrationsbarrieren, Religion und Einstellungen zu Demokratie, Rechtsstaat und politisch-religiös motivierter Gewalt. Ergebnisse von Befragungen im Rahmen einer multizentrischen Studie in städtischen Lebensräumen. Hamburg 2007.

[8] Ebd., 59.

[9] Ebd., 112f. Das entspricht den Befunden der Bertelsmann-Stiftung, die in ihrer Studie „Religionsmonitor 2008" ermittelte, dass 90 Prozent der befragten Muslime religiös sind, davon 47 Prozent hochreligiös. Zum Vergleich: 70 Prozent der Deutschen sind nach eigener Einschätzung religiös, 18 Prozent davon sogar „hochreligiös". Im internationalen Vergleich der 21 Länder befindet sich Deutschland damit jedoch im unteren Viertel (Religionsmonitor 2008).

[10] Ebd., 138f.

[11] Ebd., 126f.

[12] Ebd., 173, 146.

[13] Ebd., 174.

[14] Ebd., 201.

[15] Ebd., 190.

[16] Muslimisches Leben in Deutschland, 207ff., 337. Der „Gallup-Koexistenz-Index 2009" ermittelte, dass 40 Prozent der Muslime in Deutschland sich „äußerst stark" oder „sehr stark" mit ihrem Land identifizieren. GALLUP COEXIST INDEX 2009, 19; http://www.muslimwestfacts.com/mwf/118249/Gallup-Coexist-Index-2009.aspx.

[17] SILVIA KAWEH, Integration oder Segregation. Religiöse Werte in muslimischen Printmedien. Nordhausen 2006, 191ff.

[18] Islamische Charta. Hrsg. vom Zentralrat der Muslime in Deutschland. 20. Februar 2002, Vorwort. Zur Charta vgl. JOHANNES KANDEL, Die Islamische Charta. Fragen und Anmerkungen. Berlin 2002. Hrsg. von der Friedrich-Ebert-Stiftung (=Islam und Gesellschaft, Nr. 1). Vgl. z. B. weitere substanzielle Kommentare: TILMAN NAGEL, Zum schariatischen Hintergrund der Charta des Zentralrats der Muslime in Deutschland. In: Koexistenz und Konflikt von Religionen im vereinten Europa. Hrsg. von HARTMUT LEHMANN. Göttingen 2004. 114ff. THOMAS LEMMEN, Die Islamische Charta des Zentralrats der Muslime in Deutschland. In: HANS WALDENFELS/HEINRICH OBERREUTER (Hrsg.), Der Islam – Religion und Politik. Paderborn u. a. 2004. 107. RAINER BRUNNER, Beitrag zur Integration oder Mogelpackung? Die „Islamische Charta" des Zentralrats der Muslime in Deutschland. www.bpb.de/veranstaltungen/NTGHNT,0,0,Die Islamische_Charta_des_Zentralrats_Muslime in_deutschland.html. RAINER GLAGOW, Die Islamische Charta des Zentralrats der Muslime. Eine kritische Wertung. In: ULRICH DEHN (Hrsg.) Islam in Deutschland – quo vadis? Berlin 2005. 28ff. (=EZW-Texte, Nr. 180) MARTIN AFFOLDERBACH, Die „Islamische Charta" – Ein Meilenstein für den Islam in Deutschland? In: Christen und Muslime. Verantwortung zum Dialog. Hrsg. von den Evangelischen Akademien in Deutschland. Darmstadt 2006. 71ff.

[19] In der islamischen Rechtstradition wurde die Welt in das Gebiet des Islam („dar-al-Islam"), das „Land des Friedens", und das nichtmuslimische Gebiet des Krieges („dar-al-harb"), eingeteilt. Im „dar-al-Islam" herrsch der Islam religiös und politisch, es gilt

islamisches Recht. Im „dar-al-harb" herrschen nichtmuslimische Gewalten, und es gilt die nichtmuslimische Rechtsordnung. Entscheidend sind also nicht die Mehrheitsverhältnisse, sondern die politischen Machtverhältnisse. „Dar-al-Islam" und „dar-al-harb" befinden sich im Prinzip im permanenten Kriegszustand, obwohl es in der Praxis immer Phasen des Waffenstillstandes gibt. Diese Einteilung hat keine koranische Grundlage, sie ist reine Rechtskonstruktion islamischer Rechtsgelehrter. Dauerhaft dürfen Muslime in einem nichtmuslimischen Land leben, wenn sie ihren religiösen Grundpflichten nachkommen dürfen. Ein solches Land ist ein „dar-al-ahd" (Land des Vertrages). Insofern sind die Demokratien des Westens „Länder des Vertrages". Vgl. dazu TILMAN NAGEL, Das Islamische Recht. Eine Einführung. Westhofen 2001, 93ff. LUDWIG HAGEMANN/ADEL THEODOR KHOURY, Dürfen Muslime auf Dauer in einem nicht-muslimischen Land leben? Würzburg/Altenberge 1997. A. ABEL, Dar-al-Harb. In: Encyclopedia of Islam, Bd. 2, 126a ff. DERS., Dar-al-Islam. In: Ebd., Bd. 2, 127b ff. HALIL INCALIK, Dar-al-Ahd, In. Ebd., Bd. 2, 116a ff.

[20] NADEEM ELYAS, Integration und Dialog – Stiefkinder unserer Generation. Lassen sich Muslime in eine nichtislamische Gesellschaft integrieren? In: Evangelische Akademien in Deutschland (Hrsg.), Christen & Muslime. Verantwortung zum Dialog. Darmstadt 2006. 83.

[21] „Und wenn du von bestimmten Leuten Verrat fürchtest, so kündige ihnen (den Vertrag) so eindeutig auf, dass Gleichheit zwischen euch besteht. Gott liebt ja die Verräter nicht" (Sure 8,58, Übersetzung nach Khoury).

[22] Es gibt eine Reihe von Äußerungen des ZMD-Vorsitzenden Nadeem Elyas, die darauf hindeuten, dass für die Autoren der Charta der „islamische Staat" im Prinzip das Lebensideal eines frommen Muslim bleibt. NADEEM ELYAS, Das weiche Wasser wird besiegen den harten Stein. Aachen 1997. DERS., Muslime ohne islamischen Staat? In: Das Verhältnis von Staat und Kirche. Rupert Mayer Lectures 2001. Hrsg. von JOHANNES BECKERMANN und HELMUT ENGEL SJ. Frankfurt a. M. 2002.

[23] Z. B. Sure 2,30; 17,70; 33,72; 95,4–6; ROTRAUD WIELANDT, Menschenwürde und Freiheit in der Reflexion zeitgenössischer muslimischer Denker. In: JOHANNES SCHWARTLÄNDER (Hrsg.), Freiheit der Religion. Christentum und Islam unter dem Anspruch der Menschenrechte. Mainz 1993. 179ff.

[24] Vgl. die „Allgemeine Erklärung der Menschenrechte im Islam" des in London ansässigen „Islamrats für Europa" vom 19. September 1981 und die „Kairoer Erklärung" der Organisation der Islamischen Konferenz (OIC) vom 5. August 1990. Vgl. dazu vor allem ANNE DUNCKER, Menschenrechte im Islam. Eine Analyse islamischer Erklärungen über die Menschenrechte. Berlin 2006.

[25] AYYUB A. KÖHLER, Islam kompakt. Köln 2000. 90.

[26] MURAD HOFMANN, Der Islam im 3. Jahrtausend. Kreuzlingen 2000, 104, 97. An anderer Stelle heißt es, dass der Islam „eines der frühesten und umfassendsten klassischen Menschenrechtssysteme der Welt" sei. MURAD HOFMANN; Der Islam als Alternative. München 1994, 157.

[27] HOFMANN, Der Islam als Alternative, 156.

[28] HOFMANN, Der Islam im 3. Jahrtausend, 104.

5. Islamistische Ideologien und Gruppen in Deutschland

Der „Kalif von Köln" – die Kaplan-Gruppe

„Ich bin der Kalif desjenigen Kalifatsstaates, der durch unseren Propheten (Friede und Segen Allahs sei auf ihm!) in Medina errichtet und durch die Gefährten des Propheten fortgeführt und dann seit 1924 (mit Gewalt) unterbrochen worden ist und dessen Wiederbelebung in der Nacht der Bestimmung des Monats Ramadan im Jahre 1994 ausgerufen wurde."[1]

Derjenige, der sich hier so selbstbewusst als Kalif (Stellvertreter des Propheten) von rund einer Milliarde Muslime bezeichnete, war ein des Mordes Angeklagter: Metin Kaplan. Im März 1999 verhaftet, musste sich der kleine, bärtige, unscheinbare Mann (Spitzname: „der kleine Muck") im Februar 2000 vor dem Oberlandesgericht Düsseldorf verantworten. Er wurde verdächtigt, am 19. Juli 1996 in einer Fatwa (Rechtsgutachten) und einer Hochzeitsrede zum Mord an seinem Rivalen, dem Arzt Dr. Halil Ibrahim Sofu aus Berlin, aufgerufen zu haben: „Was geschieht mit einer Person, die sich, obwohl es einen Kalifen gibt, als einen zweiten Kalifen ausrufen läßt? Dieser Mann wird zur Reuebekundung gebeten. Wenn er nicht Reue bekundet, wird er getötet."[2] Sofu, der Kaplan als „Gegenkalif" entgegengetreten war, wurde am 8. Mai 1997, neun Monate nach der Todesdrohung, von drei Unbekannten vor den Augen seiner Familie erschossen. Die Täter sind bis heute nicht ermittelt worden, aber es bestehen kaum Zweifel, dass sie aus dem Umfeld Kaplans kamen. Kaplan stritt vor Gericht alle Vorwürfe ab und gab die verfolgte Unschuld. Er rechtfertigte sich in einer Weise, die kaum verhüllt die politisch-ideologischen Ziele seiner Vereinigung zum Ausdruck brachte: die Errichtung eines islamischen Scharia-Staates.

Das OLG Düsseldorf sah den Mordaufruf als erwiesen an. Die Anhänger des „Kalifen", tief verschleierte Frauen und traditionell islamisch gewandete Männer mit Bärten, protestierten heftig und lösten bei Prozessbeginn Tumulte vor dem Gerichtsgebäude aus. Es gab mehrere Festnahmen und verletzte Polizisten.[3] Verschiedene Zeugen nutzten das Gericht als Bühne zur Verbreitung ihrer islamistischen Botschaften und machten keinen Hehl aus ihrer zutiefst antidemokratischen und antisemitischen Grundhaltung. Für sie galt nur die Scharia, nicht das deutsche Grundgesetz. Das Ausmaß des Hasses auf den Staat, der ihrem „Kalifen" viele Jahre Asyl gewährt und Sozialhilfe gezahlt hatte, war erschreckend. Es ist schon erstaunlich, mit welcher Langmut und Nachsicht das Gericht die Ausfälle des Angeklagten und seiner Anhänger aus Furcht, „Ausländerhass" zu begünstigen, ertrug und das skandalöse Benehmen der „Kaplanci" duldete.

Kaplan erhielt am 15. November 2000 eine vierjährige Freiheitsstrafe wegen Anstiftung zum Mord, die der Bundesgerichtshof am 25. Oktober 2001 bestätigte. Der Vorsitzende Richter des OLG übte scharfe Kritik an den deutschen Behörden, die den Aktivitäten der Islamisten tatenlos zugesehen hätten, obwohl die Kaplan-Gruppe ganz offensichtlich viele Jahre lang „bewusst außerhalb unserer Rechtsordnung" agiert habe. Er habe während des Prozesses „mit Verblüffung" zur Kenntnis nehmen müssen, dass den Anhängern Kaplans „unsere demokratische Gesellschaftsordnung, ja die Wertordnung des Grundgesetzes insgesamt völlig gleichgültig" sei. Sie seien in die Bundesrepublik gekommen, weil hier eine größere Religionsfreiheit herrsche als in der Türkei und die soziale Absicherung gewährleistet sei. „Durch derartiges ängstliches Wegschauen [...] führt sich der Rechtsstaat geradezu ad absurdum und man darf sich nicht wundern, wenn Fragen hinsichtlich seiner Wehrhaftigkeit aufkommen."[4]

1995 war Metin Kaplan von seinem Vater, Cemaleddin Kaplan, bekannt als der „Khomeini von Köln" (Journalisten-Jargon), noch auf dem Sterbebett für das Amt des „Kalifen" „designiert" worden. Cemaleddin Kaplan, 1926 in einem Dorf in der Provinz Erzurum als Sohn eines Hodschas geboren, wurde ebenfalls Imam. Von 1966 bis 1969 amtierte er als Mufti von Adana. Von 1965 an machte er Karriere im türkischen Präsidium für Religionsangelegenheiten (Diyanet). Er wurde zunächst Inspektor, dann Leiter der Personalabteilung und schließlich Vizepräsident. 1977 hatte er ohne Erfolg für die „Nationale Heilspartei" (MSP) kandidiert. Nach Khomeinis „Revolution" im Iran 1979 und dem Militärputsch in der Türkei 1980 verschärfte er seine Attacken gegen die laizistische Regierung. Diese leitete ein Verfahren wegen staatsfeindlicher Umtriebe ein und versetzte ihn in den Ruhestand. Im Dezember 1981 floh er nach Deutschland, wo er politisches Asyl erhielt und sich als führendes Mitglied der Milli Görüs betätigte, u.a. als Vorstandsmitglied in der Fatwa-Kommission. 1983 kam es zum Bruch mit Milli Görüs, da deren Mentor Necmettin Erbakan in der Türkei die Gründung der Refah-Partei (Wohlfahrts-Partei) und die Beteiligung an Parlamentswahlen betrieb, Kaplan aber den Parlamentarismus ablehnte und für die iranische Methode plädierte, d.h. einen „revolutionären" Umsturz in der Türkei. Seit 1983 baute er eine eigene Organisation auf. Unter dem Namen „Verband Islamischer Vereine und Gemeinden" (ICCB), später in „Kalifatsstaat" umbenannt, agitierte die Gruppe für die Errichtung eines islamischen Staates.[5] Mitte der Achtzigerjahre war die Organisation mit (geschätzten) über 10 000 Mitgliedern auf dem Höhepunkt ihres Einflusses auf die türkische Kommunität, geriet aber bald in eine Krise. Kaplan entschloss sich sozusagen zur Vorwärtsverteidigung und baute seine „bis dahin relativ offene charismatische Bewegung" zu einer geschlossenen, elitären und zentralistisch-hierarchischen Sekte um.[6] 1991 erklärte Kaplan den „Glaubenskrieg" gegen die Türkei, 1992 proklamierte er auf einer Großveranstaltung in Koblenz den „Islamischen Bundesstaat Anatolien" mit der Hauptstadt Istanbul. 1994 ernannte er sich selbst in der Kölner Ulu-Moschee zum „Emir der Gläubigen und Kalif der Muslime". Sein Tod 1995 traf die Gemeinde hart. Metin Kaplan konnte seinen Vater nicht ersetzen, er war zu ungebildet, es fehlten ihm dessen Charisma und organisatorische Fähigkeiten. Seine offenkundigen

Mängel suchte er mit extremistischer Rhetorik auszugleichen. So reiste er im Mercedes der Superklasse durch die Kaplan-Gemeinden, hielt aufrührerische Reden und sammelte Geld für den „dschihad" gegen Juden und Christen. Als er schließlich verhaftet wurde, fand die Polizei bei einer Durchsuchung in der Wohnung des Sozialhilfeempfängers Schmuck und Geld im Wert von zwei Millionen Mark.

Wie die Bundesanwaltschaft von den türkischen Behörden erfuhr, sollen die „Kaplanci" 1998 in der Türkei zwei Selbstmordattentate geplant haben. Ein mit Sprengstoff beladenes Sportflugzeug sollte während der offiziellen Feiern zum 75-jährigen Bestehen der Türkischen Republik auf das Atatürk-Mausoleum stürzen. 23 Verdächtige wurden in der Türkei festgenommen. Deutsche Geheimdienstexperten bezweifelten allerdings, ob die Kaplan-Gruppe tatsächlich über die logistischen Fähigkeiten zu einem solchen Anschlag verfügt hätte. Doch ist klar, dass Kaplan vor Gewaltanwendung, auch mit terroristischen Mitteln, nicht zurückschreckte. Im Zuge der Ermittlungen der bundesdeutschen Justiz wurde bekannt, dass er 1997 Kontakte zu dem Al-Qaida-Chef bin Laden aufgenommen hatte, um eine mögliche Zusammenarbeit auszuloten. Bei genaueren Recherchen über die Gruppe hätte auffallen müssen, dass im Zentralorgan der Gruppe „Ümmet-I-Muhammed" 1997 ganz offen über eine Reise nach Afghanistan und Kontakten zu Taliban-Führern berichtet worden war. „Ganz zufällig" habe man sich mit bin Laden getroffen. Die ideologische Nähe des „Kalifatsstaates" zu dem menschenverachtenden Taliban-Regime wurde erneut im März 2001 sichtbar, als im Zentralorgan die Zerstörung der Buddha-Statuen von Bamiyan gefeiert wurde. Doch die deutschen Behörden hörten und sahen nichts, wie es schien.[7] Dass es terroristische Sympathien in der Kaplan-Gruppe gab, zeigte die Abspaltung der „Islami Haraket" (= Islamische Bewegung), die den gewaltsamen Kampf gegen die „kapitalistischen und zionistischen Teufel" propagierte.

Nach dem 11. September 2001 wuchs der politische Druck auf die Behörden, ein Verbot der Kaplan-Gruppe auszusprechen, nicht zuletzt auch wegen der kaum verhohlenen Zustimmung in Kaplans Anhängerschaft zu den Attentaten. Am 12. Dezember 2001 verbot Innenminister Schily den „Kalifatsstaat", die in den Niederlanden (!) eingetragene Stiftung „Diener des Islam" und 19 Unterorganisationen (das Verbot erstreckte sich später auf insgesamt 36 Teilorganisationen). Schily bezeichnete dabei die antisemitischen und antiisraelischen Tiraden in den Propagandaschriften der Gruppe als besonders „widerwärtig und abscheulich".[8] Im Zuge des Verbots wurden über 200 Objekte (Moscheen und Wohnungen) durchsucht, darunter die Kölner Zentrale der Gruppe. Ihr Vermögen konnte nicht mehr beschlagnahmt werden: Kaplans Anhänger hatten es längst in Sicherheit gebracht. In Kreisen des organisierten Islam blieb es relativ ruhig, es gab kaum Kommentare zu dem Verbot. Die extreme Kaplan-Truppe war nicht gerade beliebt, strafte doch ihre rabiate islamistische Propaganda so manche Integrationsrhetorik Lügen und gefährdete wichtige „Dialogaktivitäten". Die „Islamische Gemeinschaft Milli Görüs" (IGMG) z. B. sah keine Veranlassung, sich mit den Gründen für das Verbot, d. h. den demokratiefeindlichen Positionen Kaplans, zu befassen, sondern kritisierte den „unsensibel gewählten Zeitpunkt" des Verbots (drei Tage vor dem Ramadanfest). Statt der Frage nachzugehen, warum sich selbst Intellektuelle von der islamistischen Sekte umgarnen ließen, sorgte sich Milli Görüs um die potenzielle Instrumentalisierung des Verbots zur „anti-islamischen Stimmungsmache".[9] Im Webportal „Muslim-Markt" empörte man sich nicht über Kaplans antidemokratische und antisemitische Hetze, sondern darüber, dass Polizisten bei den Durchsuchungsaktionen die Moschee in Köln mit Schuhen betreten hätten! Das habe man bisher „nur von Zionisten" (!) erlebt. Der „Muslim-Markt", selbst tief in rabiate antizionistische und antiisraelische Propaganda verstrickt (siehe unten S. 200), stilisierte das Verbot zum Auftakt für einen Generalangriff gegen alle Muslime in Deutschland.[10]

Die Verurteilung des „Kalifen" und das Verbot zeigten Wirkung und verstärkten den Niedergang des nach dem Tod von Cemaleddin

Kaplan ohnehin angeschlagenen Vereins. Weitere polizeiliche Maßnahmen gegen rund 1200 Abonnenten des (inzwischen eingestellten) Vereinsorgans „Beklenen Asr-i Saadet" („Das erwartete Jahrhundert der Glückseligkeit") erhöhten den Druck. Während viele Mitglieder die Gruppe verließen, bemühte sich eine Reihe von Mitgliedern um die Reorganisation des Vereins im Untergrund. Sie verbreiteten von den Niederlanden aus die Zeitung „Barika-i Hakikat" („Das Aufleuchten der Wahrheit") mit den bekannten islamistischen Botschaften. Reste der Gruppe sind weiterhin aktiv. Im Januar 2006 urteilte der Bundesgerichtshof, dass der Bezug der verbotenen Zeitschrift allein keine „Unterstützungshandlung" für den verbotenen Verein darstelle. Eine Spende sei strafbar, ein Abonnement nicht, weil Letzteres ein „Entgelt für eine Leistung" sei. Dieses Urteil offenbarte zum wiederholten Male die Unfähigkeit der deutschen Justiz, islamistische Tendenzen wirksam zu bekämpfen. Denn das „Entgelt", das der angeklagte Abonnent des verbotenen Vereinsorgans entrichtete, bezog sich auf genau die verfassungswidrige „Leistung", für die der Kaplan-Verein verboten worden war.

Kaplan sollte im März 2003 wegen guter Führung entlassen werden, doch waren sich Regierung und Opposition inzwischen einig, Kaplan nicht länger in Deutschland zu dulden, sondern in die Türkei abzuschieben, vorausgesetzt ihm werde dort ein rechtsstaatliches Verfahren garantiert. (In der Türkei hatte er eine Klage wegen Hochverrats zu erwarten.) Weil diese Bedingung nach Auffassung des OLG Düsseldorf nicht gegeben war, scheiterte Kaplans Ausweisung im Mai 2003, nachdem er aus der Haft entlassen worden war. Der „Kalif" konnte in Ruhe zusehen, wie sich der deutsche Rechtsstaat intensiv um ihn kümmerte. Zunächst wurde er (durch ein Urteil des Verwaltungsgerichts Köln vom 27. August 2003) weiterhin in Deutschland geduldet, doch wenig später schwanden seine Aussichten, weiterhin Sozialhilfe von der Stadt Köln zu beziehen. Der politische Druck nahm zu, und die deutschen Behörden verhandelten mit Ankara über seine Ausweisung und ein rechtsstaatliches Verfahren – offensichtlich erfolgreich. Denn im Mai 2004 entschied das Oberverwaltungsgericht Münster, dass es jetzt keine Hinderungsgründe mehr für die Abschiebung Kaplans gebe. Kurz nach dem Richterspruch und dem Erlass eines Haftbefehls verschwand Kaplan für einige Tage spurlos. Die peinliche Panne der Fahnder geriet bald zur Provinzposse, als bekannt wurde, dass sich der „Kalif" offensichtlich die ganze Zeit in seiner Wohnung in Köln aufgehalten hatte. Und wieder zeigte der Rechtsstaat eine unbegreifliche Langmut mit dem „Kalifen". Der Haftbefehl wurde aufgehoben und die Abschiebung für zwei Monate ausgesetzt. Kaplan konnte unter strengen Auflagen in seiner Wohnung bleiben, wurde jetzt aber rund um die Uhr observiert. Bitter beklagte er sich über die Behandlung als „Gefangener" und gab sich harmlos: Keineswegs sei er ein „Hassprediger", nur ein zurückgezogen lebender „islamischer Gelehrter", der auch gar nicht politisch tätig sei. Diese Sirenenklänge und seine unablässigen Bemühungen, seine Abschiebung zu verhindern, nutzten ihm nichts. Aufgrund einer Entscheidung des Kölner Verwaltungsgerichts wurde er am 14. Oktober 2004 aus der Bundesrepublik in die Türkei abgeschoben und dort unverzüglich inhaftiert, und am 21. Juni 2005 wurde er wegen Hochverrats zu lebenslanger Haft verurteilt. Die Akte Kaplan ist damit geschlossen, doch sein Gedankengut lebt in den Köpfen seiner versprengten Anhänger fort, die sich entweder ganz zurückgezogen oder anderen Organisationen angeschlossen haben.

Sicherlich gab und gibt es wesentlich gefährlichere Islamisten in Deutschland, als es der sektiererische Kaplan mit seiner Anhängerschaft war. Dennoch war es richtig, die Kaplan-Bewegung zu verbieten und Kaplan auszuweisen, weil eine streitbare Demokratie es nicht dulden kann, dass Feinde der Demokratie offen zum Umsturz aufrufen. Der Rechtsstaat darf nicht erst handeln, wenn die böse Saat der Extremisten aufgegangen ist.

Die „Islamische Gemeinschaft Milli Görüs"

Geschichte, Entwicklung, ideologische Grundlagen

„Milli Görüs" ist die Bezeichnung für die Ideologie und Politik einer islamistischen Bewegung in der Türkei, deren Anfänge in den Fünfzigerjahren liegen.[11] „Milli Görüs" bedeutet die „nationale Sicht" und beschreibt die Prinzipien der islamistischen Bewegung. Die Organisation selbst übersetzt „Milli Görüs" aber mit „neue Weltsicht", da, wie man behauptet, „national" das Missverständnis befördere, die Ziele der Milli Görüs richteten sich allein auf einen Nationalstaat. Der Ausdruck sei vielmehr im Sinne der „Nation der Muslime", d. h. der weltweiten „umma", gemeint, habe also eine panislamische Ausrichtung.[12] Das ist im Blick auf die Geschichte der Organisation nur eine Seite der Medaille, denn die politischen Bestrebungen der Milli Görüs in der Türkei waren und sind auf Staat und Nation fokussiert. Gerade die Verbindung von Nation, Türkentum und Islam soll der Türkei zur nationalen Größe früherer Zeiten (wie im Osmanischen Reich) verhelfen.

Die islamistische Bewegung war in der Türkei in den turbulenten Siebziger- und Achtzigerjahren an der Gründung einer Reihe politischer Parteien beteiligt. Diese Parteien verfolgten das Ziel, die im Entstehungsprozess der Türkischen Republik 1923 etablierte kemalistisch-laizistische Ordnung zugunsten eines von islamischen Grundsätzen (Scharia) geleiteten Staatswesens zu „reformieren". Nationalistische, kemalistisch-laizistische Parteien und Gruppen sowie das Militär sahen die Grundwerte der Türkischen Republik zugleich durch die Linke und die im Aufschwung begriffenen Kräfte des Islamismus bedroht. Die Regierung versuchte daher, der wachsenden Popularität der islamistischen Bewegung u. a. durch Parteiverbote Herr zu werden. Von diesen Verboten waren vor allem die verschiedenen islamistischen Parteigründungen[13] des Necmettin Erbakan betroffen, eines Maschinenbauingenieurs, der seine spirituellen und politischen Orientierungen aus der Muslimbruderschaft und der Welt der religiösen Orden (insbesondere der „Nakşibendi") gewonnen hatte. Der Titel seines 1973 veröffentlichten Buches *Milli Görüs* wurde zur zentralen Inspirationsquelle seiner islamistischen Bewegung und gab ihr Namen und Motto. Unter seiner charismatischen Führung verzeichnete sie rasch wachsenden Zulauf. In den Siebzigerjahren war Erbakan an mehreren Koalitionsregierungen beteiligt. Am 12. September 1980 putschte das Militär angesichts der bürgerkriegsartigen Auseinandersetzungen zwischen „Rechten" und „Linken" (zwischen 1975 und 1980 über tausend Tote und zahllose Verletzte), verbot alle politischen Parteien und inhaftierte ihre Führer. Mit dem Militärputsch von 1980 wurde eine staatspolitische Zäsur im Sinne der „türkisch-islamischen Synthese" (TIS) eingeleitet: Die Ausweitung der religiösen Dienstleistungen vonseiten des Staates, die Einführung des Religionsunterrichts als Pflichtfach und die Instrumentalisierung der staatlichen Religionsbehörde zur „Förderung der nationalen Solidarität und Integration" führten nicht nur zu einer Nationalisierung des Islams, sondern auch zur Islamisierung der Nation. Die Militärs räumten dem sunnitischen Islam eine eigenständige und wichtige, aber kontrollierte Rolle in der gesellschaftlich-politischen Entwicklung ein; er diente dem kemalistischen Staat als „neu"-alte Legitimationsressource.[14] Erst 1987 kehrten die politischen Aktivisten der alten Parteien wieder in das politische Leben zurück. Erbakan feierte als unbestrittener Führer seiner 1983 gegründeten „Wohlfahrtspartei" (Refah Partisi, RP) einen kometenhaften Aufstieg. Die „Wohlfahrtspartei" etablierte sich erfolgreich als Anwalt der „Modernisierungsverlierer" der Achtzigerjahre (von den Arbeitslosen bis zum Mittelstand). Nach ersten großen Erfolgen bei den Kommunalwahlen 1994 (fast 20 Prozent der Stimmen) wurde die RP bei den Parlamentswahlen von 1995 mit 21,5 Prozent und 157 von 550 Parlamentssitzen stärkste Fraktion. Im Juni 1996 gelang es Erbakan, in einer Koalitionsregierung Ministerpräsident zu werden, doch schon ein Jahr später musste er auf Druck der Militärs zurücktreten, was faktisch den Abbruch seiner nach innen gerichteten „Islamisierungspolitik" bedeutete. Im Januar 1998 wurde die Wohlfahrtspartei verboten und Erbakan mit einem mehrjährigen Verbot politischer Betätigung belegt. Nach dem kurzlebigen Intermezzo der als Auffangbecken für die heimatlosen RP-Mitglieder gegründeten „Tugendpartei" (Fazilet Partisi, FP, verboten am 22. Juni 2001), kam es schließlich zu einer Spaltung der islamistischen Bewegung. Die „Traditionalisten", d. h. Erbakans Anhänger, sammelten sich in der „Glückseligkeitspartei" (Saadet Partisi, SP). Die „Reformisten", die Erbakans Kurs der Islamisierung zwar nicht grundsätzlich verwarfen, aber aus taktischen Gründen einen pragmatischen Kurs befürworteten, gründeten die „Gerechtigkeitspartei" (Adalet ve Kalkınma Partisi, AKP). Vorsitzender wurde der Erbakan-Zögling Recep Tayyip Erdoğan, der mit seinem überzeugenden Wahlsieg am 3. November 2002 (34,2 Prozent) die AKP erfolgreich als Regierungspartei etablierte und das Amt des Ministerpräsidenten übernahm. Sein zweiter fulminanter Wahlsieg am 22. Juli 2007 (47 Prozent der Stimmen) hat die Position der AKP als einer „islamistischen" – nach eigener Einschätzung eher „islamisch-konservativ-demokratischen" – Partei weiter gefestigt. Die „Saadet Partisi" ist dagegen zu einer politischen Sekte degeneriert. (Sie erreichte 2002 nur 2,5 Prozent und 2007 2,3 Prozent der Stimmen.)

Die Spaltung der islamistischen Bewegung hat die Milli Görüs in Europa stark beeinflusst. Auch hier kam es – begrenzt – zur Auseinandersetzung zwischen „Traditionalisten" und „Reformern". Der Ausgang des anhaltenden Kampfes um Einfluss, Machtpositionen und die „richtige" (islamische) Linie ist offen. Die derzeitige IGMG-Führung wagt letztlich den Konflikt mit der „alten Garde" der glühenden Erbakan-Anhänger nicht – wohl in der richtigen Einschätzung, dass dies zu einer Spaltung der Bewegung führen könnte.

Das islamistische Programm der Milli Görüs wurde in den Achtzigerjahren von einigen islamistischen Intellektuellen unter Erbakans Federführung ausgearbeitet („Adil Düzen" – „Die gerechte Ordnung") und 1991 in einer Parteipublikation der Öffentlichkeit vorgestellt.[15] *Adil Düzen* war seit Mitte der Achtzigerjahre das offizielle Programm der Refah-Partei und ist es bis heute für die weltweite Milli-Görüs-Bewegung. Es umreißt in groben Zügen eine korporatistische Staats-

und Gesellschaftsordnung mit vagen Vorstellungen von einem regulierten Kapitalismus mit etatistischen, staatsinterventionistischen Elementen und einer religiös-moralischen Ordnung als ideologischer Basis und integrativer Klammer. „Adil Düzen" soll als ein „dritter Weg" zwischen Kapitalismus und Sozialismus, ja als eine neue „Zivilisation" die kemalistisch-laizistische „Sklavenhalterordnung" („köle düzen") und die „nichtige Ordnung" („batil düzen") des Westens überwinden. Die „gerechte Ordnung" fußt auf dem (islamischen) „wirklichen Rechtsverständnis" („hakiki hak anlayışı") und wendet sich gegen „Säkularismus", Unmoral und Religionslosigkeit. Nach Erbakans Vorstellung war die „gerechte Ordnung" in vorbildlicher Weise im Osmanischen Reich verwirklicht. Die Türkei soll auf der Basis der gerechten islamischen Lebensordnung zu neuer Größe auferstehen. Der Einzelne soll sich „freiwillig" in verschiedene soziale Blöcke und Rechtsgemeinschaften einordnen, die in einer Art vertraglich organisiertem Netzwerk ihre Verhältnisse zueinander ordnen und friedlich-harmonisch die „Zivilgesellschaft" organisieren. Im Blick auf die zu schaffende politische Ordnung teilen Erbakan und seine Jünger die konzeptionellen Defizite anderer islamistischer Bewegungen. Der antipluralistische, antidemokratische Charakter der „Adil Düzen" ist aber deutlich zu sehen. Sie steht in diametralem Kontrast zur Demokratie als rechtsstaatlicher, dem Individuum Menschen- und Grundrechte sowie politische Partizipation garantierender Verfassungsordnung. Unklar ist, welche Rechte anderen Religionen oder gar Atheisten in einem islamistischen Staat nach dem Muster der „Adil Düzen" zugestanden werden sollen, denn der Islam bildet die unbezweifelbare moralische Grundlage der Ordnung.

Reichlich unscharf bleibt auch die Wirtschaftskonzeption, obwohl sie das Herzstück der „Adil Düzen" darstellt. Erbakan befürwortet eine umfassende Industrialisierung, wobei die Schwerindustrie die Basis für den gesellschaftlichen Wohlstand bilden soll. „Islamisch" soll diese Ordnung vor allem durch die Beachtung des Zinsverbots und alternative Formen der Gewinnbeteiligung sein. Erbakans wirtschaftliche Ordnungsvorstellungen sind zudem von einem kaum verhüllten Antisemitismus geprägt. So erklärt er in seiner Schrift *Adil Ekonomik Düzen* („Gerechte Wirtschaftsordnung"): „Die heutige Ordnung ist nicht frei von äußeren Einflüssen gewachsen, sondern vor allem durch den Zionismus gefördert worden. Der Zionismus ist ein Glaube und eine Ideologie, dessen Zentrum sich bei den Banken der New Yorker Wall Street befindet. Die Zionisten glauben, dass sie die tatsächlichen und auserwählten Diener Gottes sind. Ferner sind sie davon überzeugt, dass es ihre Aufgabe ist, die Welt zu beherrschen. Sie verstehen die Ausbeutung der anderen Menschen als Teil ihrer Glaubenswelt. Die Zionisten haben den Imperialismus unter ihre Kontrolle gebracht und beuten mittels der kapitalistischen Zinswirtschaft die gesamte Menschheit aus."[16]

Das Zitat spricht für sich: Erbakan verwendet den Begriff „Zionisten" ganz offensichtlich synonym zu „Jude" und „Judentum". An Erbakans antisemitischen Orientierungen, die, wie man annehmen muss, von seiner Anhängerschaft weit über die „Saadet"-Partei hinaus geteilt werden, hat sich nichts geändert, wie die folgenden Zitate zeigen. Im Sommer 2006 führte er in einer Rede aus: „Wir sprechen hier vom Weltzionismus und seiner Falle der Zerstörung. […] Zu einer anderen Zerstörungsmethode des Zionismus gehören direkte Waffenlieferungen, Mord, Terror, Krieg und die Überlistung der Nation durch kollaborierende Regierungen, Medien und Geschäftsleute. […] Die Medien sind sowieso in den Händen der Zionisten."[17] In einem Zeitungsinterview wenige Wochen vor den Parlamentswahlen in der Türkei im Juli 2007 erklärte Erbakan unverblümt: „Wenn wir die Weltkarte betrachten, sehen wir 200 verschiedenfarbige Länder, und wir glauben, es handle sich um verschiedene Rassen, Religionen und Völker, doch wir täuschen uns. Fakt ist, dass in den letzten 300 Jahren diese 200 Länder von einem Zentrum auf dieser Welt beherrscht wurden, und damit meine ich den rassistischen und imperialistischen Zionismus […] Solange wir kein Mittel dagegen finden, können wir die Krankheit nicht zerstören." Und er fügte hinzu: „An was glauben diese Menschen [also die Juden]? Sie glauben, dass sie das auserwählte Volk Gottes und alle anderen Menschen ihre Sklaven sind. Die Juden wurden zu Menschen erschaffen und die anderen Völker zu Eseln, die schließlich zu Menschen wurden. Die Juden glauben, sie sind die Meister der Welt. Eine weitere Pflicht der Juden ist, dass alle ihre verlorenen Söhne nach Jerusalem kommen müssen, um danach das Großisrael vom Euphrat bis zum Nil zu errichten."[18]

Es ist nicht zu leugnen, dass Erbakans Antisemitismus in der gegenwärtigen IGMG verbreitet ist – in welchem Umfang dies der Fall ist, darüber wird kontrovers diskutiert (siehe unten S. 196 ff.).

Vor allem bei türkischen Arbeitsmigranten aus ländlichen Gebieten, die in der Fremde ein Stück Heimat zu bewahren suchten, fanden Erbakans Visionen große Zustimmung, trotz oder gerade wegen der wenig konkreten Programmatik. So entstand in den Siebzigerjahren die „Islamische Gemeinschaft Milli Görüs" in Deutschland, zunächst auf regionaler Ebene. Die erste Milli-Görüs-Organisation wurde 1972 in Braunschweig unter dem Namen „Türkische Union Deutschland e.V." gegründet. Am 14. August 1976 wurde in Berlin unter dem Namen AMGT e.V. („Avrupa Milli Görüş Teşkilatı Berlin Bölge e.V.", heute: Mevlana e.V.) der erste Regionalverband von Milli Görüs gebildet. Es folgte am 22. November 1976 die Gründung der „Türkischen Union in Europa e.V." mit Sitz in Köln. Dieser Verein gilt als Vorläuferorganisation und das Datum als das offizielle Gründungsdatum der Milli Görüs Deutschland. Erster Generalvorsitzender wurde der Mediziner Dr. Yusuf Zenel Abidin, Generalsekretär Hasan Damar. Abidin, der enge Verbindungen zum mutmaßlichen deutschen Ableger der Muslimbruderschaft (der Vorläuferorganisation der heutigen „Islamischen Gemeinschaft in Deutschland", IGD) unterhielt und 1978 das „Islamische Zentrum Köln" mitbegründete, war einer der charismatischen Führer der ersten Stunde. Er starb schon 1986. Seine Tochter Emel, die mit dem Milli-Görüs-Aktivisten Ahmed Algan verheiratet war, erregte 2005 in Berlin öffentliche Aufmerksamkeit. Die sechsfache Mutter und traditionalistisch erzogene Ehefrau, die für die

IGMG in der Kinder- und Frauenarbeit aktiv gewesen war, beschloss, demonstrativ das Kopftuch abzulegen und sich kritisch mit ihrer Vergangenheit auseinanderzusetzen, was in den Kreisen, aus denen sie kam, als „Verrat" bewertet wurde.[19]

Am 19. Dezember 1982 wurde der Kölner Verein umbenannt und hieß von da an „Islamische Union Europa". In den Achtzigerjahren schlossen sich die inzwischen entstandenen Milli-Görüs-Vereine Schritt für Schritt zu regionalen Verbänden zusammen. 1983 geriet Milli Görüs mit der Abspaltung der Kaplan-Gruppe in eine schwere Krise, da sich „zwei Drittel der Gemeinden von der Milli Görüs" lossagten und dem rigideren Kaplan folgten. Doch meisterte die Organisation mithilfe ihrer türkischen Brüder die ideologischen und organisatorischen Herausforderungen und leitete eine neue Phase der Reorganisation und Stabilisierung ein. Am 20. Mai 1985 wurde die „Vereinigung der neuen Weltsicht in Europa" (AMGT) in Köln gegründet. Sie wurde straff zentralistisch organisiert, und ihr Führungspersonal wurde per Eid auf Necmettin Erbakan verpflichtet. Ihr religiös-sozialer Zweig nennt sich seit dem 23. Januar 1995 „Islamische Gemeinschaft Milli Görüs" (IGMG).[20] Der Verein AMGT selbst wurde in „Europäische Moscheebau- und Unterstützungsgemeinschaft" (EMUG) umbenannt, die das Immobilienvermögen der IGMG verwaltet. Es gab von 1995 an zwei eingetragene Vereine, die aus der AMGT hervorgegangen waren: „Die EMUG mit Sitz in Köln trat [...] die Rechtsnachfolge der AMGT hinsichtlich der wirtschaftlichen und finanziellen Aufgaben an, während die religiösen Aufgaben an die IGMG mit Sitz in Bonn übergingen."[21] 1995 übernahm Mehmet Sabri Erbakan, ein Neffe Necmettin Erbakans, den Posten des Generalsekretärs. Er war in Köln aufgewachsen, studierte Medizin und wurde Arzt. Er führte die IGMG sehr erfolgreich, weil er sich sowohl in den politischen Diskursen der „Mehrheitsgesellschaft" auskannte als auch die konservativ-orthodoxen Mitglieder, die in der IGMG dominierten, geschickt zu integrieren wusste. Bis zu seinem jähen Fall im Jahre 2002 – wie es hieß, wegen einer außerehelichen Affäre, vor allem aber wegen interner Machtkämpfe, die nach außen als Auseinandersetzungen zwischen „Traditionalisten" und „Reformern" deklariert wurden – war er der von seinem Onkel (Necmettin Erbakan) eingesetzte und unterstützte geistige Mentor der IGMG.[22] Nicht zuletzt ihm verdankte die IGMG die neu erreichte Stabilität nach der Krise in den Achtzigerjahren.

Organisation und Selbstbild
Nach eigenen, über die Jahre immer wieder schwankenden Angaben[23] gehören zur Milli Görüs europaweit dreißig Regionalverbände (Deutschland, Frankreich, Niederlande, Belgien, Österreich, Italien, England, Dänemark, Schweden und Norwegen), 514 Moscheegemeinden, 1833 „lokale Einrichtungen" mit 87 000 Mitgliedern. Die Zahl der Personen, die jeweils am Freitag zum Gebet zusammenkommen („Freitagsgemeinde"), wird mit 300 000 angegeben. In Deutschland soll es in 15 Regionalverbänden 323 Moscheegemeinden mit 57 000 Mitgliedern geben (diese Zahl schließt auch Angehörige von zahlenden Mitgliedern ein). Der Verfassungsschutz gibt seit Jahren eine Mitgliederzahl zwischen von 26 500 bis 29 000 an.[24] Wir erfahren über die Mitglieder so gut wie nichts, denn die Organisation veröffentlicht über sie keine Listen oder Strukturdaten (z. B. Alter, Geschlecht, Bildungsniveau, ethnische und soziale Herkunft, sozialer Status etc.). Wir wissen nicht, wie viele Funktionäre die IGMG beschäftigt, und haben auch keine Strukturdaten über sie.

Die Geheimniskrämerei der Organisation ist ein wesentlicher Grund für das anhaltende Misstrauen in der Öffentlichkeit. Umso unverständlicher ist daher die beständige Klage der Funktionäre über vermeintliche „Verdächtigungen" und „Diskriminierungen". Die IGMG hat sich dem islamischen Dachverband „Islamrat" angeschlossen und dominiert ihn als die zahlenmäßig bei Weitem größte (bzw. einzige große) Gruppierung. Nach internen Auseinandersetzungen mit der nach der IGMG einzig relevanten (wenn auch zahlenmäßig kleinen) Mitgliedsorganisation des Islamrates, der „Nurculuk-Bewegung" („Lichtträger", „Schüler des göttlichen Lichts"), ist der Islamrat faktisch mit Milli Görüs identisch. Der 2007 im Amt bestätigte Vorsitzende des Islamrats, Ali Kizilkaya, war führendes Mitglied der IGMG. Die IGMG ist auch im „Europäischen Rat für Fatwa und Forschung" vertreten, der, wie schon erwähnt, von dem Islamisten Yussuf al-Qaradawi geleitetet wird.

Die IGMG sieht ihre Aufgabe in der umfassenden religiösen, kulturellen und sozialen Betreuung von Muslimen und tritt mit Bildungs- und Freizeitangeboten sowie Sozialberatung vor allem für Jugendliche und Frauen auf. Die Jugendarbeit der IGMG hat inzwischen durch die weit ausgefächerten muslimischen Jugendszenen und die populären salafitischen Prediger deutlich Konkurrenz erhalten. Die IGMG versteht sich auch als politische Lobby und streitet für die „Anerkennung" und „Gleichstellung" des Islam mit anderen Religionsgemeinschaften.

Ihr „Islamverständnis" beschreibt die IGMG als im Wesentlichen von den „Lehren von Koran und Sunna" bestimmt und formuliert ein ganzheitliches Religionsverständnis: „Der Islam ist im gesellschaftlichen und individuellen Bereich eine Lebensweise, die nicht an der Moscheetür endet, sondern auch im Alltagsleben der Muslime mit moralisch-ethischen Werten und Vorgaben eine maßgebliche Rolle spielt."[25] Sie versucht, eine auf die deutsche „Mehrheitsgesellschaft" gerichtete Orientierung („Integration") mit einer pointiert (türkisch-)islamischen Identitätssicherung und mit globaler Verantwortung zu verbinden. „Helping the poor – Serving the umma" steht auf Kugelschreibern, die zu PR-Zwecken verschenkt werden. Die IGMG formuliert einen gewaltigen Anspruch: Unbedingte Treue zu den islamischen Glaubensgrundlagen (Koran und Sunna), keine „Konservierung bestimmter regional-kultureller Formen der Religiosität", Arbeit zum Wohle der Gesellschaften, in denen die IGMG tätig ist, Bejahung von „Integration" (jedoch Ablehnung von „Assimilation") und zugleich Wahrnehmung „ihrer Verantwortung gegenüber der weltweiten muslimischen Gemeinschaft (umma)".[26] Ein solches Programm, das sich zudem an alle Muslime richtet, muss zu erheblichen Zielkonflikten führen, denn der Islam in Deutschland ist höchst differenziert und von tiefen Meinungsverschiedenheiten über das Leben in nichtmuslimischer Umgebung gekennzeichnet.

Die IGMG wird europaweit von ihrer Zentrale in Kerpen aus gesteuert. An der Spitze der Organisation steht seit 2002 der Vorsitzende Yavuz Celik Karahan mit dem offiziellen Namen Osman Döring (intern Yavuz Celik Karahan genannt, sein tatsächlicher Name ist Osman Yobas). Karahan ist dem traditionalistischen (Erbakan-)Flügel zuzurechnen.[27] Der Maschinenbauingenieur Öguz Ücüncü leitet das Generalsekretariat, unterstützt von seinem Stellvertreter, dem Juristen und Leiter der Rechtsabteilung Mustafa Yeneroglu. Beide gehören ideologisch zum AKP-orientierten Reformflügel und mühen sich nach Kräften, die IGMG aus der „Schmuddelecke" der ihr zugeschriebenen Verfassungsfeindlichkeit herauszuholen und sie als rechtstreue, integrationsbereite und zur politischen Partizipation in der Demokratie fähige Organisation darzustellen.

Das bedeutet neben der Organisationsarbeit: sich ständig mit dem Verfassungsschutz auseinanderzusetzen, Angriffe der Medien abzuwehren, im gesellschaftlichen Diskurs und in institutionalisierten „Dialogen" präsent zu sein und nicht zuletzt auch, sich mit den Traditionalisten im eigenen Lager anzulegen und die vielfachen Zielkonflikte auszugleichen. Ücüncü, der für den Islamrat von 2006 bis 2009 im „Gesprächskreis Sicherheit und Islamismus" der ersten „Deutschen Islamkonferenz" saß, ist im persönlichen Kontakt ein geschickter, eloquenter und charmanter Gesprächspartner, dem man glauben möchte, was er sagt. Seit Februar 2009 ermittelt die Staatsanwaltschaft in München jedoch gegen ihn (und sechs weitere Personen) wegen mutmaßlicher Mitgliedschaft in einer kriminellen Vereinigung. Generalsekretäre sollen streitbare Personen sein, die viel einstecken können, aber auch austeilen müssen. Dieses Geschäft im Umgang mit Medien und Behörden beherrscht Ücüncü perfekt, und auch Yeneroglu steht ihm darin nicht nach. Seine Spezialität sind die geschickt formulierten Schriftsätze zur Zurückweisung angeblich ungerechtfertigter Angriffe auf die IGMG und zur Verteidigung der eigenen Positionen.

Die IGMG nennt in ihrer Selbstdarstellung eine Reihe von „Tätigkeitsbereichen", die von verschiedenen Abteilungen betreut werden. Allerdings erfährt man auf der Website bis auf wenige Ausnahmen nicht, welche Personen welchen Abteilungen vorstehen. Genannt werden: Irshad (Religiöse Wegweisung), Bildung, Generalsekretariat, Gemeindeentwicklung, Frauen, Jugend, Finanzen. Unter der Rubrik „Kontakt" finden sich ferner: Vorsitzender, Menschenrechte, Verbandsmedien, Mitgliederverwaltung, Sterbekasse, Pilgerreisen, Studenten, Kinder. Die „Irshad"-Abteilung sorgt für geistlich-geistige „Rechtleitung" und gibt regelmäßig Freitagspredigten heraus, die erfreulicherweise auf Deutsch abgefasst sind. Sie sind natürlich „politically correct" und meistens in einem altmodischen Belehrungsstil gehalten. Für die Entwicklung der Organisation sind vor allem die Jugend-, Bildungs- und Frauenabteilung wichtig. Die Jugendabteilung betreut ein Gesprächskreis-Projekt, das als „zeitgenössische Dar-ul-Erkam-Schule" bezeichnet wird und Jugendliche ansprechen soll. In diesen Gesprächskreisen soll nach Aussagen von Jugendabteilungsleiter Mesud Gülbahar über „Religions- und Sinnfragen" gesprochen und das Gemeinschaftsbewusstsein der jungen Muslime gestärkt werden.[28] Es ist anzunehmen, dass es mehrere Tausend dieser Kreise gibt, die sich auch langfristig als Rekrutierungsorte für Sympathisanten und neue Mitglieder bewähren sollen. Ferner werden Koran- und Religionskurse sowie Sprachkurse angeboten, und die Jugendabteilung hilft auch in Fragen von Bildung und Ausbildung und organisiert sportliche Aktivitäten, Jugendreisen und große Jugendveranstaltungen. Ob alle diese Angebote Jugendliche bei Milli Görüs halten werden oder neue Zielgruppen erschließen können, ist offen, denn die muslimische Jugendszene wird bunter und pluralistischer. Je mehr Angebote es für junge Muslime gibt, umso schwieriger wird es für eine etablierte Organisation wie die IGMG, Schritt zu halten. Die Bildungsabteilung organisiert das Bildungsprogramm, vor allem in den Sommerferien: Ferien, Freizeit und Bildung. Es ist wahrscheinlich, dass jährlich mehrere Zehntausend Kinder und Jugendliche an den Sommerlagern der IGMG teilnehmen. Hinzu kommen Jugendreisen, Sprachkurse und besondere Angebote für Mädchen. Diese werden in großem Umfang vor allem von der Frauenabteilung organisiert, die sich der Förderung der Teilnahme von muslimischen Frauen und Mädchen am sozialen Leben widmet, über Bildung- und Ausbildungsmöglichkeiten informiert, Sprach- und Nachhilfekurse organisiert, religiöse Bildung und Seelsorge anbietet, Wohlfahrtsbasare sowie Seminare u. a. zu Fragen wie Ehe, Familie und Gesundheit veranstaltet und Hauskreise einrichtet. Nach eigenen Angaben soll der Frauenverband der IGMG „Vorurteile und Missverständnisse […] beseitigen" und „eine Brücke zwischen allen Kulturen" aufbauen: „Die Frauen der IGMG sehen ihre Aufgabe in dem Aufbau dieser Art von ‚kommunikativen' Brücken und plädieren für einen erfolgreichen interkulturellen und interreligiösen Dialog. Denn nur ein erfolgreicher Dialog kann dazu führen, dass die in Deutschland vorhandenen unterschiedlichen Kulturen aufeinander zugehen und sich gegenseitig als Bereicherung für die Gesellschaft empfinden."[29]

Was sind die Ziele der IGMG?
Viele Jahre lang betonten die Funktionäre die „Integrationsbereitschaft" des Verbandes und wiesen den Vorwurf zurück, die IGMG erstrebe sogenannte muslimische „Parallelgesellschaften". Nach dem umstrittenen Auftritt des türkischen Ministerpräsidenten Erdogan am 10. Februar 2008 in der „Köln Arena" präzisierte Yeneroglu, dass die IGMG unter Integration „größtmögliche Partizipation" verstehe. Die Muslime sollten „die Möglichkeit erhalten, das gesellschaftliche Leben in Deutschland mitzugestalten", und die „Mission" der Milli Görüs sei es, „einen Platz innerhalb der Führungsklasse der Gesellschaft" anzustreben. Das bedeute aber auch, dass die in Deutschland lebenden Muslime auch „juristische und soziale Pflichten" übernehmen müssten.[30] Inzwischen rückt der Verband vom Begriff „Integration" ab, weil man diesen im öffentlichen Diskurs mit „Assimilation" identifiziert sieht, d. h. mit der Forderung nach Aufgabe der eigenen religiösen und

kulturellen Identität. Statt Integration, so Generalsekretär Üçüncü, solle man eher von „Teilhabe" („katilim") sprechen.[31]

Wie soll die Integration – bzw. „Teilhabe" – konkret aussehen? Stets erklärt die IGMG ihre (eigentlich selbstverständliche) Rechtstreue: „Die IGMG bekennt sich zur freiheitlich-demokratischen Grundordnung und sieht in ihr die Basis für ein auf Pluralismus, Frieden, Toleranz und Harmonie aufbauendes gesellschaftliches Leben. Dabei erinnert die IGMG daran, dass die Mehrheit der Muslime in Europa von einer direkten demokratischen Partizipation ausgeschlossen ist, und fordert statt einer passiven eine aktive Teilnahme am gesamten öffentlichen Leben. Die Möglichkeit zur politischen Partizipation muss dabei unabhängig von gesellschaftlichen Unterscheidungsmerkmalen wie Migrationshintergrund oder Abstammung gegeben werden."[32]

Es ist aufschlussreich, dass das Bekenntnis zur freiheitlich-demokratischen Grundordnung mit dem Vorwurf verbunden wird, viele Muslime seien in Europa von einer direkten demokratischen Partizipation ausgeschlossen. Diese Vorhaltung ist angesichts der Qualität der Religionsfreiheit, die die Muslime in Europa genießen, absurd. Sie wird freilich verständlich, wenn man beobachtet, dass die IGMG-Funktionäre zumeist den Islam und Milli Görüs gleichsetzen. Andere Stellungnahmen verdeutlichen, dass die bekundete Bereitschaft zur aktiven „Teilhabe" an eine zentrale Bedingung geknüpft ist: Unverzichtbar sei für einen Muslim die Bewahrung seiner „islamischen Identität" und die Freiheit, seine „islamische Lebensweise" zu pflegen. Zur „islamischen Identität" und „islamischen Lebensweise" gehören nach Ansicht der IGMG (mindestens) der ungehinderte (auch innerstädtische) Moscheebau, die Gewährleistung des betäubungslosen Schlachtens von Opfertieren (Schächten), das Kopftuch (auch bei Lehrpersonal) in öffentlichen Schulen und Gerichten, die Möglichkeit der Befreiung von Mädchen vom Schwimm- und Sportunterricht, wenn die Schulen keinen geschlechtergetrennten Unterricht anbieten können, der islamische Religionsunterricht an öffentlichen Schulen und die Beteiligung von Muslimen an den Rundfunkräten.

*Zwischen „Beobachtung" und
„zivilgesellschaftlicher Auseinandersetzung"*
An Milli Görüs scheiden sich die Geister; die Organisation löst heftige Polarisierungen und Kontroversen aus. Für den Verfassungsschutz und viele kritische Beobachter der islamistischen Milieus aus Politik, Wissenschaft und Medien ist die IGMG eine schlagkräftige, zentralistisch-autoritär organisierte und für die Demokratie gefährliche Organisation. Sie verwerfe zwar die Anwendung von Gewalt, verfolge aber nach wie vor das Fernziel der Errichtung eines islamischen Staates mit einer raffinierten Strategie der „legalistischen" Islamisierung Deutschlands. Verteidiger und Freunde der IGMG warnen dagegen vor einer „Ausgrenzung" der IGMG aus dem gesellschaftlichen Dialog, so z. B. die frühere Ausländerbeauftragte des Landes Berlin, Barbara John, und der ehemalige Direktor des Deutschen Orientinstituts, Udo Steinbach, der schon 1999 bei Milli Görüs „dynamische junge Kräfte" entdeckt zu haben glaubte, „die mit unserer Verfassung und unseren Gesetzen klarkommen wollen. Da wächst etwas Neues."[33] Der ehemalige Bürgermeister der Stadt Bremen, Henning Scherf (SPD), erklärte im Mai 2003: „Milli-Görüs-Anhänger sind unsere Leute. Ich möchte was von ihnen lernen, ich sehe sie nicht als Gefahr" und fand nichts dabei, mit der IGMG bei der jährlichen „Islamwoche" zu kooperieren und, wie vermutet wird, sich von einem jungen IGMG-Funktionär beraten zu lassen.[34] Der Kulturanthropologe und Ethnologe Werner Schiffauer von der Europa-Universität Viadrina in Frankfurt/Oder, der über die islamistische Kaplan-Bewegung geforscht hat, widerspricht entschieden dem, wie er findet, willkürlichen und anmaßenden Vorwurf der Verfassungsfeindlichkeit der IGMG, für den es angeblich keine handfesten Belege – in der Sprache des Verfassungsschutzes: „tatsächliche Anhaltspunkte" – gebe. Milli Görüs sei eine einflussreiche Organisation in der türkischen Gemeinschaft, die in den gesellschaftlichen „Dialog" eingebunden werden müsse. Schiffauer vertritt die Auffassung, dass der Eindruck einer homogenen, zentralistischen, autoritären Organisation täusche. Die IGMG sei höchst differenziert, und es fänden

seit geraumer Zeit interne Diskussionen um die grundsätzliche Positionierung der Organisation in den europäischen Demokratien statt. Diese begründeten die Annahme, es gebe einen „Paradigmenwechsel" bei Milli Görüs. Hier überwinde eine islamistische Organisation schrittweise ihren traditionellen Islamismus, und zwar hin zu einem „Post-Islamismus", der mit Menschenrechten, Rechtsstaat, Demokratie und Pluralismus vereinbar sei. Weil hier „die Chance einer Überwindung der nach wie vor in den Gemeinden vorhandenen islamistischen Position von innen" gegeben sei, solle der Staat den „Außendruck" auf die IGMG vermindern, sie aus der Beobachtung durch den Verfassungsschutz entlassen und durch ihre Einbindung in den gesellschaftlichen „Dialog" die inneren Läuterungsprozesse befördern.[35] Schiffauer, der gelegentlich auch als Gutachter bei gerichtlichen Auseinandersetzungen um versagte Einbürgerungen von IGMG-Mitgliedern tätig war, geißelt die „präventive Sicherheitspolitik" des Staates gegenüber der IGMG als völlig verfehlt. Die Zurückweisung der Einbürgerungsbegehren von unbescholtenen und unauffälligen IGMG-Mitgliedern zeige, dass der Staat in Gestalt des Verfassungsschutzes willkürlich für die Organisation abträgliche Informationen sammele und zu einem Feindbild zuspitze. Von einer „schmalen Datenbasis" aus, die keine sicheren Schlüsse auf eine Verfassungsfeindlichkeit zulasse, stigmatisiere der Verfassungsschutz die gesamte Organisation, grenze sie aus, kriminalisiere sie und verhindere letztlich eine Integration. Diese Politik der Anwendung des Ausländerrechts als „Sonderrecht gegenüber Immigranten verbunden mit erheblichen Sanktionsdrohungen (u. a. Abschiebung, Versagung von Niederlassungserlaubnissen)" und „verdachts- und ereignisunabhängigen Kontrollen" von Moscheen hält er für integrationspolitisch fatal und sicherheitspolitisch verfehlt. Der „Druck des Staates" führe in den muslimischen Gemeinden „zu einer wachsenden Distanz gegenüber der deutschen Gesellschaft".

Doch sollte tatsächlich der Staat in erster Linie dafür verantwortlich sein, wenn sich Muslime radikalisieren und die Gefahr besteht, dass sie von einem „legalistischen" in einen „radikal-revolutionären" Islam abgleiten? Es ist nicht ganz auszuschließen, dass es einzelne staatliche Maßnahmen gegeben hat, bei denen das Prinzip der Verhältnismäßigkeit verletzt wurde, wie z. B. bei einigen „verdachtsunabhängigen" Durchsuchungen von Moscheen und bei der Versagung von Einbürgerungen. Doch es ist nicht gerechtfertigt, dem Staat im Allgemeinen und den Sicherheitsbehörden im Besonderen die Hauptverantwortung für die Radikalisierung und die zunehmende Distanz von Muslimen zum demokratischen Staat zuzuweisen. Obwohl Schiffauer die Existenz einer „radikal-revolutionären" Gruppe innerhalb der IGMG sehr wohl einräumt und in seinen Studien zur Kaplan-Bewegung einen „sektenkonstituierenden Zirkel" festgestellt hat,[36] bleiben bei ihm die intern entstandenen religiösen und kulturellen Ursachen für „Radikalisierungsprozesse" weitgehend ausgeblendet. Schiffauer hat den Islamismus mehrfach verniedlichend mit einer verbalradikalen Jugendbewegung verglichen und Parallelen zu den kommunistischen Kleinsekten („K-Gruppen") der Siebziger- und Achtzigerjahre bemüht. Nach seiner Lesart fand die linksradikale Jugend, nachdem sie sich politisch einmal richtig ausgetobt hatte, im Erwachsenenalter wieder in den Schoß der Gesellschaft zurück. Das könne für den Islamismus auch angenommen werden. Unter günstigen gesellschaftlichen Bedingungen, vor allem mithilfe einer „klugen Politik der Anerkennung", werde sich der Islamismus von innen her differenzieren und ggf. auflösen.[37]

Diese Analyse enthält eine Reihe von Unwägbarkeiten und zeichnet ein allzu optimistisches Bild. Zwischen dem Islamismus und der jugendbewegten linksextremistischen Szene der Siebziger- und Achtzigerjahre gibt es substanzielle Unterschiede, und insofern verharmlost ein solcher Vergleich den Islamismus in gefährlicher Weise. Der Islamismus hat *erstens* eine globale Dimension, er ist weltweit – mindestens virtuell – vernetzt, *zweitens* entfaltet er eine ungleich destruktivere, weil religiös begründete, ideologische und praktisch-politische Dynamik, und er verfügt *drittens* immerhin über schlagkräftige terroristisch-dschihadistische Fraktionen, die weder ideologisch noch im Blick auf ihre globalen strategischen Kompetenzen mit der deutschen „Rote Armee Fraktion" oder den italienischen „Roten Brigaden" in Analogie gesetzt werden können. Islamistische Aktivisten sind keine jugendbewegten Radikalinskis, die in verqualmten Hinterzimmern folgenlos über die „Weltrevolution" palavern und vielleicht, völlig isoliert von der Bevölkerung, einzelne Terrorakte unternehmen, sondern es sind religiös motivierte Extremisten, die in einem weit gefächerten muslimischen Umfeld agieren, das sie als Operationsbasis nützen und in dem sie auch – zumindest punktuelle – Unterstützung finden.

Die Verfassungsschutzberichte des Bundes und der Länder ordnen die IGMG seit vielen Jahren dem „Islamismus" bzw. dem islamischen Extremismus zu. Diese Einschätzung hat sich seit vielen Jahren im Kern nicht geändert, obwohl der Verfassungsschutz gelegentlich abweichende Begrifflichkeiten verwendete und auch Korrekturen vornahm. Seit einigen Jahren wird die IGMG unter dem Rubrum „Nichtgewaltorientierte Islamisten" oder auch „legalistische Islamisten" eingeordnet.[38]

Die IGMG weist es weit von sich, „islamistisch" zu sein. Stets spricht sie nur vom „sogenannten Islamismus" – so etwa ihr Rechtsabteilungsleiter, Mustafa Yeneroglu. Er hat sich kritisch mit einer Broschüre des Verfassungsschutzes Baden-Württemberg[39] auseinandergesetzt und will zahlreiche „Falschdarstellungen" herausgefunden haben. Da die Argumentation von Yeneroglu für die Verteidigungslinien der IGMG-Führungsspitze repräsentativ ist, soll sie hier etwas ausführlicher diskutiert werden.

Es empört Yeneroglu, dass der Verfassungsschutz die „beobachteten islamischen Religionsgemeinschaften in Deutschland mit terroristischen Organisationen wie Al-Qaida in einen Gesamtzusammenhang" bringe. Er hält diese „Vermengung" für unbegründet, die Definition von „Islamismus" für unzureichend und in ihrer Anwendung auf die IGMG für „suggestiv". Er unterstellt dem Verfassungsschutz mangels „tatsächlicher Anhaltspunkte" für eine Verfassungsfeindlichkeit der IGMG das Bestreben, unter „Umgehung der Beweispflicht" mit „wissenschaftlich unhaltbaren Kategorisierungen einen Rahmen" zu schaffen, in den die IGMG „eingefügt" wird, um sie sodann „durch abstrakte Zuordnung unter den unbestimmten – und damit einen großen Interpretationsspielraum bietenden – Begriff des ‚Islamismus'" zu fassen.[40] Kritisiert wird also zunächst der verwendete Islamismusbegriff und dann eine Reihe einzelner Vorwürfe.

In der Broschüre des Verfassungsschutzes wird der Islamismus durchaus differenziert dargestellt, bestimmte Typen werden unterschieden, gleichwohl wird aber auch von Gemeinsamkeiten ausgegangen: „Gemeinsam ist allen islamistischen Strömungen der universelle und unteilbare Geltungsanspruch, der Rückgriff auf als authentisch betrachtete Quellen sowie die Vision eines in der Vergangenheit einmal da gewesenen Idealzustands, der sich maßgeblich an der überlieferten Glaubenspraxis des Propheten Muhammad und der frühen Muslime orientiert. Um trotz dieser Gemeinsamkeiten der Komplexität aktueller islamistischer Tendenzen, die durchaus miteinander im Widerstreit liegen, gerecht zu werden und um deren unterschiedliche Methodik zur Implementierung und Durchsetzung ihrer Ziele auf einen gemeinsamen Nenner bringen zu können, definieren wir den Begriff ‚Islamismus' im weitesten Sinne als ‚die aktive Befürwortung und Durchsetzung von Glaubensinhalten, Vorschriften, Gesetzen oder Politikinhalten, die als islamisch betrachtet werden'."[41]

Yeneroglu hält das definierende Kriterium des „universellen und unteilbaren Geltungsanspruches" im Rückgriff auf von ihm als authentisch betrachtete Quellen und die Vision eines vergangenes Idealzustandes für „vage" und vermag auch bei der Definition von Islamismus als „aktive Befürwortung und Durchsetzung von Glaubensinhalten, Vorschriften, Gesetzen und Politikinhalten, die als islamisch betrachtet werden [...] kaum eine Abgrenzung zu verfassungsgemäß handelnden Religionsgemeinschaften" zu sehen.[42]

Zunächst ist festzustellen, dass der Verfassungsschutz Baden-Württemberg die zitierte Definition nicht selbst erfunden hat, sondern sich auf die Analysen der „International Crisis Group" (ICG) bezieht. Die Definition ist in der Tat formal und, isoliert gelesen, nicht trennscharf genug. Doch im Zusammenhang mit den Erläuterungen der ICG und in Bezug auf den „universellen und unteilbaren Geltungsanspruch" macht sie schon Sinn. Der Verfassungsschutz verfährt keineswegs willkürlich, sondern versucht, Gemeinsamkeiten aller islamistischen Bewegungen zu beschreiben. Ein „universeller und unteilbarer Geltungsanspruch" bei der Interpretation des Islam im Sinne islamistischer Staats- und Gesellschaftskonzeptionen, wie sie der Verfassungsschutz in zahlreichen Publikationen erläutert hat, und die Forderung nach ihrer globalen politischen Durchsetzung sind hinreichende Gründe, einen diametralen Gegensatz zu einer rechtsstaatlichen, pluralistischen Demokratie anzunehmen. Hier wird keineswegs eine „verfassungsrechtlich sehr bedenkliche Definitionshoheit" exekutiert, wie Yeneroglu meint, sondern verantwortungsbewusst nach begrifflicher Klarheit gesucht.

Yeneroglu erregt sich auch darüber, dass der Verfassungsschutz angeblich die „Missionierung, also das Werben für die eigene religiöse oder weltanschauliche Überzeugung" in die Ecke der Verfassungsfeindlichkeit stellen will. Er nimmt Anstoß an folgenden Ausführungen: „Des Weiteren gibt es eine Erscheinungsform des Islamismus, dessen zentrales Tätigkeitsfeld die Konvertierung durch Mission (daʿwa) sowohl Andersgläubiger (Christen, Juden, Atheisten) als auch säkular orientierter Muslime zu einem als authentisch betrachteten Islam darstellt (Missionarischer Islamismus). Die Ergreifung der politischen Macht ist hierbei nicht das primäre Ziel. Vielmehr geht es um den Erhalt der muslimischen Identität und um die Verbreitung des islamischen Glaubens, wobei in einem dualistischen Weltbild, das zwischen gut (islamisch) und schlecht (unislamisch) unterscheidet, dem so genannten Unglauben (kufr) eine als höherwertig betrachtete islamische moralische Ordnung gegenübergestellt wird. Die hoch strukturierte ‚Tabligh-i' Bewegung lässt sich beispielsweise diesem Islamismustyp zuordnen."[43]

Auch hier lehnt sich der Verfassungsschutz an die Kategorisierung der ICG an, die den Typus eines „missionarischen Islamismus" herausgearbeitet hat, und nennt als Beispiel die „Tablighi Jama'at" (TJ). Die TJ und andere missionarische Gruppen im Islam sind deshalb islamistisch, weil sie von einem „dualistischen Weltbild" und einer prinzipiellen Abwertung anderer Religionen ausgehen. Insofern können bestimmte Formen islamischer Mission durchaus als „Erscheinungsformen" des Islamismus bezeichnet werden.[44] Es ist bezeichnend, dass Yeneroglu in seiner Stellungnahme den Teil des Zitats auslässt, in dem auf das dualistische Weltbild und die Behauptung einer Höherwertigkeit der eigenen Religion durch den „missionarischen Islamismus" verwiesen wird. Der Verfassungsschutz stellt die Mission für den Islam als Religionsausübung im Sinne des Art. 4 Abs. 2 GG keinesfalls unter den Verdacht der Verfassungsfeindlichkeit. So läuft der Versuch Yeneroglus ins Leere, den Verfassungsschutz durch die Behauptung unsauberer Kategorisierungen zu diskreditieren. Für Yeneroglu und die IGMG darf es Islamismus einfach nicht geben. Wenn erst einmal genügend Zweifel an Rationalität und Verwendbarkeit des Begriffes gestreut sind, dann fällt es erheblich leichter, auch die konkreteren, an die IGMG gerichteten Vorwürfe als angeblich unbegründet zurückzuweisen.

Ein wirkliches politisches und rechtliches Problem liegt in der präzisen Bestimmung dessen, was die Verfassungsschutzgesetze mit „tatsächlichen Anhaltspunkten" meinen, die ein Tätigwerden der Behörden und eine Einordnung von Personen und Organisationen als verfassungsfeindlich rechtfertigen. Da dies im Einzelnen weder gesetzlich noch durch Rechtsverordnungen oder Gerichtsentscheidungen festgelegt ist, bleibt ein erheblicher Deutungsspielraum für die Verfassungsschutzbehörden und für alle, die sich entweder verteidigend oder kritisierend mit der IGMG beschäftigen. Es mag in Einzelfällen zu handwerklichen Ungenauigkeiten des Verfassungsschutzes und auch zu unverhältnismäßigen Aktionen deutscher Behörden gekommen sein. Die IGMG hat mit großem finanziellem Aufwand eine Reihe von Klagen gegen den Verfassungsschutz angestrengt und in einigen Fällen auch Recht bekommen, weil der von der deutschen Rechtsordnung geforderte konkrete Einzelnachweis verfassungswidrigen Verhaltens oft nicht so einfach zu erbringen ist und die Behörden aus Gründen des Quellenschutzes Erkenntnisse gelegentlich nicht gerichtsfest beweisen können. Es ist daher oft nur möglich, Verbindungen, Kontexte und Netzwerke aufzuzeigen, die allerdings schon begründete Werturteile zulassen. Doch kann sich die IGMG weiterhin empört als verfolgte Unschuld und „Opfer" behördlicher Willkür darstellen, wie ihre Schriftsätze und Dokumentationen zu angeblich diffamierenden Behauptungen der Verfassungsschutzämter zeigen.[45]

Die Verfassungsschutzämter haben die Beobachtung der IGMG unterschiedlich begründet, was nicht verwundert, denn der Beobachtungsgegenstand ist in Entwicklung begriffen, und dem müssen die Ämter Rechnung tragen. Abgesehen von diesen Einschätzungen gibt es jedoch m. E. eine Reihe von Gründen, die sowohl die Bezeichnung „islamistisch" für die Milli Görüs stützen als auch eine Beobachtung durch die Verfassungsschutzämter rechtfertigen:

- die von der IGMG erstrebte an der Scharia ausgerichtete, islamische Lebensordnung
- die nach wie vor engen Beziehungen der IGMG zu Erbakans Milli-Görüs-Bewegung
- die antisemitischen Orientierungen der in Kreisen der IGMG verbreiteten *Milli Gazete*
- die zwielichtigen islamischen Holdings
- problematische Bildungsinhalte in der Bildungsarbeit der IGMG.

Das Ideal der IGMG: die islamische Lebensordnung
In seinem Buch *Ratschläge an meine jungen Geschwister* schreibt der türkische Autor Mustafa Islamoglu: „Macht es euch zum Grundsatz, jeden Teil eurer Angelegenheit, mit dem ihr euch befasst oder zu tun habt, in der Schari'a ausfindig zu machen. Dies soll einen unerlässlichen Teil eures Muslimseins ausmachen."[46] Da dieses Buch, wie zu

vermuten ist, auch in IGMG-Kreisen weite Verbreitung findet, sollten diese Aussagen kritisch beleuchtet werden. Islamoglu, 1960 in Develi (Türkei) geboren, ist nicht nur Buchautor, sondern auch ein gern gesehener Redner in islamistischen Kreisen. Mehrfach referierte er bei IGMG-Veranstaltungen. In seiner Schrift *Yahudilesme Temayülü* („Die Tendenz, im Charakter jüdisch zu werden", 2006 bereits in 15. Auflage erschienen!), warnt er die „umma" vor dem „Jüdischwerden", das als Inkarnation von Unehrlichkeit, Doppelzüngigkeit und Abweichung vom rechten Weg, ja als „globale zeitlich unbegrenzte Krankheit des Glaubens" denunziert wird.[47]

In seinem populären „Ratschläge"-Buch verpflichtet er die jungen Geschwister auf „die Scharia", die er in einer Fußnote als „islamisches Wertesystem, das Gebote und Verbote festlegt" definiert.[48] Das ganze Buch ist ein Appell an die Einheit der „umma" und von der Grundidee bestimmt, sich nicht anzupassen und inmitten einer ungläubigen Umgebung, die die Gläubigen zu „vergiften" drohe, aktiv eine eigene, schariakonforme Gemeinschaft aufzubauen. Islamoglu äußert sich sehr klar: „Passt euch einer Gesellschaft und eurer Umgebung nicht an, falls sie unislamisch ist. Ändert die Gesellschaft entsprechend euren Glaubenssätzen. Bringt euren Lebensraum und euer Milieu mit, wenn ihr eure gewohnte Umgebung verlasst. Falls ihr nicht in der Lage seid, eine Umgebung nach euren Wertvorstellungen zu schaffen, dann könnt ihr gewiss sein, dass andere euren Lebensraum gestalten werden. [...] Der Muslim ist jemand, der sich nicht der Umwelt, in der er sich befindet, anpasst, sondern er ist eine Persönlichkeit, die ihr Umfeld entsprechend ihrer Überzeugung verändert."[49]

Erstrebt wird eine islamische Parallelgesellschaft, der irgendwann, so lässt sich nach Auffassung Islamoglus wohl hoffen, die Errichtung der islamischen Lebensordnung folgt. Die lapidare Aufforderung: „Führt ein Leben mit Fiqh" deutet darauf hin, dass die Scharia bzw. das islamische Recht („fiqh") als ein auch für die gläubigen Muslime in Europa verbindlich geltendes Regelsystem verstanden wird, ohne dass die Problematik eines schariakonformen Lebens in säkularen, demokratischen Gesellschaftsordnungen angesprochen wird. Das ist sehr aufschlussreich, denn an der Scharia-Frage entscheidet es sich, ob der Islam mit unserer demokratischen Grundordnung kompatibel ist. Nach Islamoglu zählt nur die Scharia als Richtschnur für den Muslim, und damit wird, so muss gefolgert werden, jede gesellschaftliche und politische Ordnung der Scharia im Vollsinne (inklusive des Strafrechts!) untergeordnet.

Diese „Ganzheitlichkeit" des Islam unterstrich auch der zu IGMG-Veranstaltungen häufig eingeladene Gastreferent Münib Engin Noyan. Noyan, ein ehemaliger Marxist mit Wohnsitz in Istanbul, zieht als Wanderprediger durch die muslimischen Gemeinschaften in Deutschland und Österreich. Für ihn ist klar, dass „Allah Te'ala" in „jedes Gebiet des Lebens" eingreift und „ein Muslim [...] nicht ohne Weiteres in einem Land leben" kann, „wo nicht Gesetze [...] entsprechend dem Koran" herrschen: „Natürlich muss ein Muslim in einem Land oder einem Milieu leben, wo die Gesetze Allahs gültig sind und nicht die Gesetze von irgendeinem Soziologen oder einem Juristen."[50]

Die IGMG erstrebt eine „islamische Lebensordnung" und will die „islamische Identität" ihrer Anhänger in Europa bewahren und verteidigen. Was ist mit „islamischer Identität und Lebensordnung" gemeint, und welche Bindungswirkung soll diese Ordnung für die Muslime in einer nichtmuslimischen Umgebung besitzen? Die IGMG bleibt in diesem Punkt recht einsilbig. Stattdessen lesen und hören wir häufig Beschwörungen der „islamischen Identität", die in unserer Gesellschaft zutiefst bedroht sei. In einer Freitagspredigt lässt uns die Irshad-Abteilung wissen, dass die „Gläubigen" in Deutschland „eine ähnliche Prüfung" durchlebten „wie die Gefährten des Propheten. Unser Glaube wird täglich auf die Probe gestellt. Man versucht, unsere religiöse Identität zu verunglimpfen. Manche von uns verlieren diese Prüfung. Deshalb müssen wir stets unsere Aufmerksamkeit und unsere Identität in jedem Zeitalter und unter jeden Umständen bewahren. Wir dürfen es nicht vernachlässigen, unseren Glauben zu beschützen und unseren Gebeten täglich nachzugehen."

Am Ende dieser deutlichen Ermahnung steht unmissverständlich die Drohung mit der Hölle, sollte ein Muslim in seinem Glauben wankend werden: Es ist ein Hadith aus der Sammlung „Muslim" (ohne genaue Quellenangabe): „Wer Allah teala erreicht, ohne Ihm andere Götter beizugesellen, der wird ins Paradies eintreten. Wer ihm aber andere Götter beigesellt und Ihn in diesem Zustand erreicht, der wird in die Hölle gehen."[51] Es ist kaum nachvollziehbar, dass die Irshad-Abteilung die Situation von Muslimen zur Zeit der Gefährten des Propheten, d. h. in einer Zeit der tribalen kriegerischen Auseinandersetzungen und erster islamischer Eroberungen, mit dem Leben von Muslimen in einem demokratischen Rechtsstaat vergleicht, in dem ein Maß an Religionsfreiheit gilt, wie es nirgendwo in der islamischen Welt anzutreffen ist. Hier wird ein deutlich negatives Bild von unserer Gesellschaft vermittelt, und die Gläubigen werden praktisch dazu aufgerufen, sich von den „Ungläubigen" fernzuhalten. Was sind vor diesem Hintergrund die wohltönenden Aufrufe zur „Integration" und „Partizipation" wert?

Wie eine „islamische Ordnung" aussehen kann, sowohl in der islamischen Welt als auch in Europa, dazu gibt es eine Bandbreite von Interpretationen und einen Diskurs um die Deutungshoheit über die Scharia, der es in hohem Maße erschwert, verbindliche Positionen zu formulieren. Die IGMG bemüht sich, Vorbehalte und Bedenken im Blick auf die Scharia zurückzuweisen und den Nachweis zu führen, Scharia und Grundgesetz seien vereinbar. Gibt es daran Zweifel? Sie drängen sich auf, wenn z. B. Mahmut Gül, ehemaliger Chef von Milli Görüs Berlin, anlässlich einer Veranstaltung im Oktober 2003 unter dem Titel „Das Jahrhundert der Glückseligkeit" in der Berliner Urania erklärte: „Wir sind eine Vereinigung, die dafür arbeitet, dass die absolute göttliche Wahrheit, der Islam, an die Macht kommt und in jedem Lebensbereich angewendet wird. Das unterscheidet sich von anderen."[52] Gül stellte den Islam praktisch als eine Ordnung vor, die sich von allen anderen durch ihre Totalität, insbesondere durch die Einheit von Religion und Staat, unterscheidet. Und es ist anzunehmen, dass

Güls Auffassung nicht die einsame Meinung eines Verbandsfunktionärs ist, sondern in der Organisation breiteste Unterstützung findet.

Das ist natürlich heikel, weil Gül zu dem Vorwurf der fehlenden Demokratiekompatibilität Anlass gibt. Deshalb bemühen sich einige Personen in der Führungsetage der IGMG, dieser Haltung zu begegnen und Anschluss an aktuelle zivilgesellschaftliche Diskurse über Islam und Demokratie zu finden. Sie haben verstanden, dass die Rolle des verfolgten Opfers Passivität, Wagenburgmentalität und Isolation fördert, was wiederum den Vorwurf des Rückzugs und der Abschottung seitens der „Mehrheitsgesellschaft" nach sich zieht und den „Misstrauensdiskurs" weiter anheizt. Dieser Teufelskreis soll durch aktive Teilnahme am praktischen Diskurs über Fragen des Islam durchbrochen werden. In einem Schreiben an den früheren bayerischen Innenminister Günther Beckstein trat Generalsekretär Üçüncü dem Vorwurf entgegen, die IGMG stelle den Islam über alle anderen Glaubensformen und räume der Scharia den Vorrang vor dem Grundgesetz ein.[53] Der Islam, so Üçüncü, vertrete „den Anspruch einer göttlichen Sendung" und beanspruche „für sich die Stellung einer Rechtleitung". Üçüncü bestreitet aber, dass dieser religiöse Wahrheitsanspruch im Sinne einer „Unter- oder Überordnung gegenüber anderen Religionen" zu verstehen sei. Der Islam gestehe anderen Religionen einen „Anteil an der Wahrheit" zu und sehe sogar die Möglichkeit, zu „einem Wort zusammenzukommen" (vgl. Sure 3,64). Der Islam plädiere also für eine „friedliche Koexistenz der Religionen", statt die „Dominanz einer Religion über die Angehörigen einer anderen Religion" zu behaupten. Der Gott der Christen und Muslime sei, wie es im Koran stehe, ein und derselbe (vgl. Sure 29,46).

Das klingt gut, und der uninformierte Leser vermag hier nichts Bedenkliches zu entdecken. Man muss aber schärfer hinsehen. Die Verwendung des politischen Begriffes „friedliche Koexistenz", der aus dem ideologischen Arsenal des Sowjetkommunismus stammt und für das prinzipiell antagonistische Verhältnis von Kommunismus und „Kapitalismus" formuliert wurde, ist nämlich überaus aufschlussreich.

Wenn Üçüncü das Verhältnis des Islam zu anderen Religionen mit diesem Begriff bezeichnet, dann heißt das: Der Islam und die anderen Religionen stehen sich nach ihrem geistigen Gehalt und ihren Zielen antagonistisch, d. h. letztlich unversöhnlich, gegenüber, so wie Kommunismus und Kapitalismus prinzipiell unvereinbar waren. Gleichwohl bedeutet „friedliche Koexistenz" auch eine *Absage an die Unvermeidlichkeit gewalttätiger Systemkonfrontation* und die *Entscheidung für friedliche Systemkonkurrenz.* Auf die Kerndoktrinen von Religionen bezogen, kann das nur heißen: Es gibt *ideologisch-theologisch* keine „friedliche Koexistenz" zwischen „Wahrheit" und „Irrtum", aber durchaus die Möglichkeit friedlichen Wettbewerbs, d. h. – in die Sprache der Religionen übersetzt – im Wetteifern um die Seelen der Gläubigen durch Mission und „da'wa".

Üçüncü weiß sehr genau: Der Islam vertritt einen exklusiven Wahrheitsanspruch. Klar wird im Koran gesagt: „Die Religion bei Gott ist der Islam" (Sure 3,19; 3,85; 5,3; 9,33). Scharf wird der Glaube dem Unglauben gegenübergestellt, Gläubige von Ungläubigen geschieden: „Mohammed ist der Gesandte Gottes. Und diejenigen, die mit ihm gläubig sind, sind den Ungläubigen gegenüber heftig, unter sich aber mitfühlend" (Sure 48,29). Der Islam erhebt den Anspruch, älter als das Judentum und das Christentum zu sein, indem er den „Gottsucher" („hanif") Abraham für sich in Anspruch nimmt. Die anderen monotheistischen Religionen haben insofern „Anteil an der Wahrheit" (Üçüncü), als sie eine Reihe von Propheten (z. B. Noah, Elia, Mose, Jesus) hervorgebracht haben, die den Menschen die Offenbarung Gottes vermittelten, dokumentiert in den Schriften des Alten und Neuen Testamentes. Nach islamischer Lehre haben Juden und Christen in ihren Schriften (Tora, Evangelium) gleichwohl die wahre Offenbarung verfälscht und korrumpiert („tahrif").

Die Sure 3,64, die Üçüncü anführt und die im christlich-muslimischen Dialog von muslimischer Seite gerne als freundliche Einladung an die christlichen „Schriftbesitzer" zum Dialog gepriesen wird, enthält, wie in dem Schreiben von 138 Rechtsgelehrten an den Papst und andere hohe christliche Würdenträger deutlich wurde, jedoch eine sehr ambivalente Botschaft.[54] Denn gleich neben der Einladung zu einem „zwischen uns und euch gleich angenommenen Wort" wird deutlich auf die Verfälschung der wahren Offenbarung durch die eingeladenen „Schriftbesitzer" verwiesen: „dass wir Gott allein dienen und ihm nichts beigesellen". Unter „Beigesellung" („shirk") verstehen Muslime die christliche Gottesvorstellung der Trinität, die für sie ein Gräuel und die Abkehr von der wahren Offenbarung darstellt. Die Sure fordert die Christen auf, diese Vorstellung fallen zu lassen und sich der wahren Offenbarung zuzuwenden, d.h. sie ist der „Ruf zum Islam" („da'wa"), die Aufforderung zur Konversion. Liest man in der Sure 3 nach Vers 64 weiter, so wird der Kontext noch deutlicher. So heißt es in Sure 3,71: „O ihr Leute des Buches, warum verkleidet ihr die Wahrheit mit dem Falschen und verschweigt die Wahrheit, wo ihr es wisst?" (vgl. auch 5,72; 19,34; 4,171). Üçüncü denkt wie alle Muslime genau in diese Richtung: Ein „Anteil an der Wahrheit" wird Christen und Juden zugestanden, aber die alleinige Wahrheit verkörpert der Islam. Dies kommt auch in der Sure 2,256 zum Ausdruck („Kein Zwang in der Religion"), die immer wieder als Beleg für die „Toleranz" des Islam, ja für die Befürwortung von Religionsfreiheit durch den Islam zitiert wird. In dieser Sure heißt es aber klar und deutlich im zweiten Satz: „Der rechte Wandel unterscheidet sich nunmehr klar vom Irrweg" (Übersetzung nach Adel Khoury). Während Muslime im „rechten Wandel" leben, befinden sich Juden und Christen auf dem „Irrweg". Es ist höchst zweifelhaft, dass diese Sure im Sinne eines Bekenntnisses zur menschenrechtlich garantierten Religionsfreiheit, d.h. der Anerkennung der Gleichberechtigung anderer Religionen, ausgelegt werden kann, wenn der historische Kontext des Verses berücksichtigt wird.[55]

Im Herrschaftsbereich des Islam ist schon die praktische „friedliche Koexistenz", die gegenüber Diskriminierung und offener Verfolgung ja einen Fortschritt darstellt, gefährdet. Die Angehörigen anderer Religionen befinden sich vorwiegend in einer prekären staatsbürgerlichen Position und in einer bedrängten gesellschaftlichen Lage. Sie haben keine oder nur sehr beschränkte Möglichkeiten freier Religionsausübung. Das gilt auch für Üçüncüs Herkunftsland, die Türkei.[56]

In demokratischen Staaten wird das Verhältnis der Religionen zueinander und ihr Verhältnis zum Staat nicht als „friedliche Koexistenz" beschrieben, sondern entspricht dem Prinzip der Gleichberechtigung. Es ist von besonderer Bedeutung, dass Üçüncü und die IGMG über ihre Vorstellungen von einem idealen Staat nur nebulöse Auskünfte geben. Nachfragen treffen auf beredtes Schweigen. Doch es ist genau dieses Schweigen über das Ideal eines islamischen Staates, die langfristigen Ziele, das Verständnis der Scharia und die Gesellschaftskonzeptionen, das Misstrauen hervorruft und zu nachhaltigen Irritationen beiträgt. Was bedeutet „friedliche Koexistenz" der Religionen im islamischen Kontext? Wie dürften denn Juden und Christen in einer islamischen Staats- und Gesellschaftsordnung ihre Religion tatsächlich leben? Wenn das Koexistenz-Modell auch auf die innerstaatliche Sphäre und das Verhältnis der Religionen zueinander bezogen werden soll, so muss der friedliche Wettbewerb der Religionen auch innerstaatlich praktisch-politisch gesichert werden, was hierzulande durch die Garantie individueller und kollektiver Religionsfreiheit nach Art. 4 GG und die Trennung von Staat und Kirche geschieht, aber in der islamischen Welt fast gänzlich fehlt. Wir finden dort bestenfalls eine Form von „Toleranz", die Rainer Forst treffend als die „Erlaubnis-Konzeption" von Toleranz bezeichnet hat.[57] Üçüncü lässt offen, an welches Toleranz-Modell er anschließen will. Denkt er prinzipiell, d.h. auch für die islamische Welt, an die institutionell gesicherte Gleichberechtigung aller Religionen und ihre ungehinderte Religionsausübung, wie er sie für den Islam in Deutschland einfordert? Soll es auch dort einen „friedlichen Wettbewerb" der Religionen geben? Das wäre überzeugend, aber darüber schweigt sich Üçüncü aus.

Üçüncü müht sich darum, das Schreckgespenst der Scharia zu bannen. Er distanziert sich von dem „Ruf" nach der Scharia, den er als „inhaltslosen Populismus" bezeichnet, und betont den variablen und anpassungsfähigen Charakter der Scharia, „denn für Muslime ist eine sich wandelnde und ändernde Scharia Normalität". Er sagt aber nicht, wie er sich diese Wandlungsfähigkeit der Scharia für die Zukunft vorstellt. Es wäre ja interessant zu erfahren, welche demokratiekompatiblen, flexiblen, variablen, anpassungsfähigen Scharia-Konzeptionen die IGMG für das Leben von Muslimen in nichtmuslimischer Umgebung zu bieten hat. Einerseits soll die Scharia nicht auf „staats- und strafrechtliche Regelungen reduziert" werden, andererseits umfasse dieser Begriff „die gesamte religiöse Leistung der muslimischen Gemeinschaften und Gesellschaften von der Zeit des Propheten bis heute". Die gesamte religiöse Leistung? Was ist darunter zu verstehen? Die Eroberungen im Namen des Islam? Die reale Geschichte islamischer Reiche und Staaten? Die religiösen und philosophischen Werke der Rechtsgelehrten? Alle oder nur ausgewählte? Die gesamte Literatur der Tradition mit allen menschenrechtlich höchst bedenklichen zeitbedingten Aussagen, vor allem zu Frauen, zum „dschihad", zur Apostasie und zu den „Ungläubigen"? Ücüncü lässt die Scharia-Frage wohl nicht von ungefähr im Nebel der Unklarheit und der Spekulationen. Eine wirklich substanzielle Scharia-Debatte findet bei der IGMG – wie auch insgesamt im verbandlich verfassten Islam – nicht statt. Angesichts dieses Befundes bleiben ernsthafte Zweifel, wie Muslime „im Rahmen des Grundgesetzes ein erfülltes zufriedenes Leben im Sinne des Islam zu führen" gedenken.

Bei einem Symposium der IGMG in Bonn im November 2007 hatte Ücüncü erklärt, dass es „nach wie vor eine tiefe, auch religiös begründete Überzeugung gibt, dass auf der Grundlage eines richtig praktizierten Islams Frieden und Gerechtigkeit hergestellt werden können".[58] Wenn mit dem „richtig praktizierten Islam" weiterhin das Konzept der „Adil Düzen" gemeint ist und die Scharia, wie anzunehmen ist, im konservativ-orthodoxen Sinne als umfassende Lebensordnung ohne konkrete Hinweise auf eine differenzierte Anwendbarkeit gefasst wird (wie es ja bei Islamoglu deutlich wird), so sollte sich die IGMG weder verwundern noch erregen, wenn ihr unter Verweis auf die Scharia Verfassungsfeindlichkeit vorgeworfen wird. Denn auch bei dem Symposium blieb die IGMG die Antwort schuldig, welche „alternativen Gesellschaftsmodelle" (Ücüncü) es denn seien, die Islam und Demokratie zu vereinen vermögen.

Necmettin Erbakan, die Milli Gazete und der Antisemitismus
Funktionäre der IGMG machen uns immer wieder glauben, dass die Bindung an das Herkunftsland Türkei und der damit häufig verbundene türkische Nationalismus die IGMG keineswegs einseitig präge. Doch es gibt ohne jeden Zweifel nach wie vor enge Verbindungen zwischen Erbakans „Saadet Partisi" und der IGMG.[59] Die IGMG hat sich bislang nicht öffentlich und explizit von der Ideologie und den politischen Zielen des Milli-Görüs-Chefs Necmettin Erbakan distanziert. Erbakan wird bis heute als Begründer, Ziehvater und geistiger Führer der Milli Görüs verehrt. Bei seinem Auftritt in Duisburg anlässlich des vierzigjährigen Bestehens der IGMG feierten ihn Tausende Anhänger begeistert mit minutenlangen Ovationen. Erbakan ist auch für die gegenwärtige Funktionärselite und Mitgliederschaft der IGMG weiterhin eine Vaterfigur, auch wenn sich einige zur Erdogan-Linie halten und „Adil Düzen" zu einer demokratiekompatiblen konservativen Gesellschaftskonzeption zurechtbiegen. Auf zahlreichen Großveranstaltungen der IGMG ist Erbakan per Videoschaltung zugegen. Generalsekretär Ücüncü hält ihn weiterhin für eine „Integrationsfigur", führt aber nicht aus, was er diesbezüglich unter „Integration" versteht.

Dass die IGMG zur „Saadet Partisi" des Necmettin Erbakan weiterhin enge Beziehungen pflegt, zeigen die Auftritte und Besuche von Führungspersönlichkeiten der SP bei IGMG-Veranstaltungen, darunter Mete Gündoğan und Numan Kurtulmus, der Letztere seit Januar 2009 Vorsitzender der SP, Yasin Hatipoğlu aus dem Führungsgremium der SP, Şevket Kazan, ehemaliger Arbeits- und Justizminister der Regierung Erbakan und Arif Ersoy, Führungsmitglied und Ideologe. Zahlreiche Delegationen der IGMG aus verschiedenen Organisationseinheiten sind im Laufe der Zeit in die Türkei gereist, wobei Besuche bei der SP, der „Milli Gazete" und dem Fernsehsender TV 5 zum Pflichtprogramm gehörten. Höhepunkt solcher Begegnungen war stets ein Besuch bei dem Ziehvater der Bewegung, Erbakan.[60] Die Nähe zur SP ist höchst problematisch, weil sie die ideologische Bindung der IGMG an die Milli-Görüs-Bewegung unterstreicht und die Behauptung, die IGMG-Organisation in Deutschland sei eigenständig, unglaubwürdig macht. Wenn sich die IGMG nicht als wirklich eigenständige muslimische Organisation in Deutschland konstituiert und sich klar und deutlich von den ideologischen und politischen Positionen Erbakans und der „Saadet Partisi" löst, dann werden Vorbehalte und Misstrauen gegenüber der IGMG fortbestehen. Doch dazu ist wohl die Furcht vor einer Spaltung zu groß.

Der Vorwurf des Antisemitismus gegen die Milli-Görüs-Bewegung stützt sich in erster Linie auf Äußerungen ihres Gründers Erbakan, dessen antisemitisches Weltbild in der Milli Görüs sehr präsent ist. Erbakan stellt die Türkei als Opfer einer zionistischen Weltverschwörung dar und dämonisiert Israel als „rassistischen Imperialismusstaat". Zahlreiche Artikel in der „Milli Gazete" enthalten antisemitische Äußerungen, die von der Relativierung des Holocaust bis zu religiös antisemitischen Positionen reichen.[61] Die „Milli Gazete" wird in den VS-Berichten als „Bindeglied zwischen der IGMG und der Milli-Görüs-Bewegung in der Türkei", „publizistisches Sprachrohr", „Forum" oder „Plattform" der Milli-Görüs-Bewegung bezeichnet, und es werden zahlreiche Zitate als Beleg für die Verbreitung der Ideologie Erbakans und antisemitischer Äußerungen sowohl in der Türkei als auch in der Europa-Ausgabe angeführt.[62] Mustafa Yahya Coskun z. B. leugnet in der „Milli Gazete" offen den Holocaust: „Und die große Lüge. Diese Lüge ist die Legende, dass sechs Millionen Juden ermordet worden seien. Diese Legende, die zu einem Dogma und (wie es das Wort Holocaust auch als Bedeutung beinhaltet) in eine heilige Legende verwandelt wurde, wird dafür missbraucht, um das Unrecht von Israel in Palästina, im ganzen Mittleren Osten, in den USA und mit Hilfe der USA in der gesamten Weltpolitik […] zu rechtfertigen. Die

Legende des Genozids an den Juden passte den Interessen von allen, denn von ihm als dem größten Genozid der Geschichte zu reden, bedeutete für die westlichen Kolonisatoren, ihre eigenen Verbrechen in Vergessenheit geraten zu lassen, für Stalin bedeutete das, seine grausamen Ungerechtigkeiten unter den Teppich zu kehren."[63]

Einzelne IGMG Funktionäre leugnen antisemitische Orientierungen in der „Milli Gazete" keineswegs, fühlen sich aber über den Vorwurf erhaben, diese seien im Funktionärskader und in der Mitgliederschaft der IGMG verbreitet. So gab der damalige IGMG Funktionär Hasan Özdogan im Jahre 2000 zu, dass in der „Milli Gazete" antisemitische Artikel veröffentlicht worden seien. Mustafa Yeneroglu bestreitet nicht, dass sich die Autoren von Kolumnen der „Milli Gazete" „wiederholt antisemitischer Stereotype und pauschal antiwestlicher Rhetorik" bedienen. Doch sogleich folgt die Distanzierung: Die „Autoren dieser Kolumnen" seien „weder Funktionäre noch Mitglieder der IGMG".[64] Die IGMG stehe mit der „Milli Gazete" in keiner institutionell-organisatorischen Verbindung. Das ist heute formal richtig, stimmte aber bis April 2001 nicht, denn bis zu diesem Zeitpunkt waren „leitende Personen der Europaausgabe dieser Zeitung identisch mit führenden Milli Görüs-Funktionären in Deutschland".[65] In IGMG-Moscheen und bei zahlreichen IGMG-Veranstaltungen wird die „Milli Gazete" angeboten, verteilt und beworben, und über IGMG-Veranstaltungen wird in der Zeitung regelmäßig informiert und berichtet. Entscheidend ist der ideologische Einfluss. Es ist völlig unerheblich, ob bestimmte Kolumnisten der „Milli Gazete" Mitglieder der IGMG sind. Sie sind aber in der Regel Mitglieder oder Sympathisanten der Milli-Görüs-Bewegung, zu der sich auch die IGMG rechnet. Die Versuche der IGMG, unter Hinweis auf formal-organisatorische Zugehörigkeiten bzw. Unterscheidungen eindeutige ideologische Verbindungen zu bestreiten, sind durchsichtige Ausflüchte. Es gibt eine geistige Nachbarschaft und Verbundenheit, und mit formalen Distanzierungen kann sich die IGMG nicht reinwaschen.

Auch die Schriften des türkischen Kreationisten Harun Yahya (alias Adnan Oktar), die von der jüdischen Weltverschwörung fantasieren und die Holocaust-Lüge verbreiten, tragen dazu bei, antisemitische Positionen in der Milli Görüs zu befestigen. Noch vor nicht langer Zeit war auch Yahyas Buch *Soykirim Yalani* („Die Holocaust-Lüge") in einigen Milli-Görüs-Moscheen erhältlich. In diesem Buch behauptet der Autor: „Der angebliche Judengenozid im 2. Weltkrieg ist nichts anderes als eine Übertreibung einiger kriegsbedingter Verluste. Mit anderen Worten hat ein Judengenozid zu keiner Zeit stattgefunden."[66]

Schließlich gibt es eine Reihe von Schriften und audiovisuellen Medien antisemitischen Inhalts, die in oder im Umfeld von Milli-Görüs-Moscheen gefunden wurden. Besonders drastische und abscheuliche Beispiele waren bei einigen „islamischen Buchmessen" im Umfeld der Mevlana-Moschee in Berlin-Kreuzberg (Träger: „Islamische Föderation Berlin") zu entdecken. Hier konnte der Besucher folgende Titel erwerben: Henry Ford, *The International Jew* (erschienen im Okumus Adam Verlag) sowie die berüchtigten *Protokolle der Weisen von Zion* (im selben Verlag). In dem ebenfalls erhältlichen Buch von Ahmed Kalkan mit dem Titel *Die Muslimisierung der Muslime* gibt es ein Kapitel über „unsere verjudeten Menschen und die Merkmale der Verjudung" („Yahudilesen Isanimiz ve Yahudilesme Özellikleri"), in dem ein angeblicher Abfall von der „islamischen Identität" als „Verjudung" bezeichnet wird. Unter Bezug auf die bekannten Koranstellen, wo die Juden als „Affen und Schweine" bezeichnet werden (Sure 2,65; 5,60; 7,166) wird gesagt: „Da sie wie Schweine leben, werden sie in Schweine verwandelt."[67]

Ein Höhepunkt antisemitischer Hetze war die auf DVD verbreitete mehrteilige iranische TV-Serie „Zehras blaue Augen" (türkisch: „Filistinli Zehranin Gözien"), die vom Offenbacher Okusan-Verlag vertrieben wurde. Dieses widerliche antisemitische Machwerk wurde z. B. auf der „islamischen Buchmesse" 2006 in Berlin (im Umfeld der Mevlana-Moschee), in einigen IGMG-Moscheen und am „Tag der Brüderlichkeit und Solidarität" am 4. Juni 2006 in Hasselt/Belgien am Stand des

IGMG-Buchclubs angeboten.[68] Die Serie wurde auch in dem Milli Görüs nahestehenden Satellitensender „TV 5" ausgestrahlt. Beim türkischen Internetportal „ankebut.net" konnte man den Film eine Zeitlang kostenlos herunterladen. Auf diese Vorfälle angesprochen, erklärte Generalsekretär Üçüncü im Sommer 2006, dass er auf die „inhaltliche Ausgestaltung von TV 5 keinen Einfluss" habe. Und weiter: „Ich kann nicht mehr als meinen Einfluss geltend machen, und der scheint beschränkt zu sein oder begrenzt zu sein."[69]

In der Hamburger „Centrums-Moschee" wurde die vierteilige antijüdische Zeichentrickserie „Die Kinder der Al-Aksa-Moschee" zeitweise zum Kauf angeboten. Der Hamburger Verfassungsschutz erklärte dazu: „Die Juden werden in diesem Film ausschließlich als despotische, menschenverachtende Besatzer und heimtückische Mörder dargestellt [...] Die Aussage dieses Films, mit dem in tendenziöser und böswilliger Weise die Abneigung gegen Juden geschürt wird, ist eindeutig: die Juden sind die Feinde der muslimischen Palästinenser und daher können und sollen sich auch Kinder am militanten Widerstand gegen die Besatzungsmacht Israel beteiligen."[70]

Aus Kreisen der IGMG werden gegen den Vorwurf des Antisemitismus mehrere Verteidigungslinien aufgebaut: *Erstens* wird ein schier unausrottbares, traditionelles „Argument" präsentiert, das auch von Antisemiten immer wieder verwendet wird: Der Begriff des „Semitismus" erfasse auch die Araber, und somit sei auch der Prophet Muhammad „Semit". Daher sei „anti-semitisch" „per definitionem" falsch.[71] Diese nur der Irreführung dienende Einlassung ist hinlänglich oft widerlegt worden. „Semitisch" ist ein Begriff aus der Sprachwissenschaft, der Juden und Araber in eine Sprachfamilie einordnet, wobei die Sprachfamilie oft mit „Rasse" verwechselt wird. Der Antisemitismus in Geschichte und Gegenwart richtete sich aber exklusiv gegen die Juden und nie gegen andere Ethnien, die zur gleichen Sprachfamilie gehörten. Insofern ist Antisemitismus mit Judenfeindschaft identisch.[72]

Zweitens wird behauptet, dass es in der Türkei kaum Antisemitismus gebe. Die durch die christliche Reconquista aus Spanien vertriebenen Juden hätten im Osmanischen Reich Zuflucht gefunden. Juden und Muslime lebten seit Jahrhunderten „friedlich" zusammen. Doch der schöne Schein trügt. Es gibt in der Türkei einen massiven Antisemitismus, der in den letzten Jahren deutlich zugenommen hat. Die Pew-Studie von 2005 ermittelte, dass 60 Prozent der Türken negative Einstellungen zu den Juden haben und 83 Prozent die jüdische Religion ablehnen. Nach einer repräsentativen Studie einer jüdischen Stiftung in der Türkei (April/Mai 2009), die von der EU unterstützt wurde, wollen 42 Prozent der Türken keinen Juden als Nachbarn.[73] Nach dem Beginn der israelischen Gaza-Operation im Dezember 2008 steigerten sich die antisemitischen Ausfälle in Teilen der türkischen Medien zum schrillen Crescendo. Der Antisemitismus bleibt auf hohem Niveau, und es ist nicht verwunderlich, dass die ohnehin winzige jüdische Religionsgemeinschaft (ca. 20 000) weiterhin jährlich um ca. sechzig Personen schrumpft, die nach Israel auswandern.

Schon in den Achtziger- und Neunzigerjahren gab es Anschläge auf Synagogen und einzelne Juden. Am 15. November 2003 wurden Selbstmordattentate auf zwei jüdische Synagogen verübt, bei denen 57 Menschen starben. Schändungen von jüdischen Friedhöfen und Synagogen sind ebenso bekannt wie eine anschwellende antisemitische Literatur. Die *Protokolle der Weisen von Zion* sind zwischen 1943 und 2004 mehr als hundert Mal (!) aufgelegt worden und erscheinen auch in „moderneren" Versionen. Hitlers *Mein Kampf* erreichte zwischen 1940 und 2005 45 Auflagen und steht bis heute in nationalistischen und islamistischen Kreisen hoch im Kurs. In der Zeitschrift „Vakit" (Auflage in der Türkei rund 70 000), deren Verkauf in Deutschland der damalige Bundesinnenminister Otto Schily am 25. Februar 2003 wegen systematisch betriebener Volksverhetzung und Verbreitung von Antisemitismus verbot, lobte der Kolumnist Abdurrahim Karakoc Adolf Hitler für seine „Einsichten" in das „Wesen" der Juden: „Man kann nicht umhin, die Weitsicht von Adolf Hitler zu bewundern, der der Weltöffentlichkeit als ‚Rassist, Sadist und Monster' vorgestellt wird [...] Weil er wusste, dass sie der Welt Unheil bringen werden, hat er die Gauklerjuden, die Rassismus als Religion deuten und Spaß daran finden, die Welt mit Blut zu verschmieren, gesäubert […]."[74] Der Kolumnist Hasan Karakaya leugnet den Holocaust: „Es gibt keinen Holocaust. Das Gerede von ‚Gaskammern' ist nichts anderes als ein zionistisches Geschwätz." Viele weitere Beispiele für derartige abscheuliche Antisemitismen von „Vakit" und der „Milli Gazete" ließen sich nennen.[75]

Nach ihrem Verbot in Deutschland startete „Vakit" eine beispiellose Hetzkampagne gegen Otto Schily und den damaligen Bundeskanzler Gerhard Schröder, die beide als Nazis verunglimpft wurden. Verschwörungstheorien machen die Runde, z. B. über die sogenannten „Dönme" (= Konvertiten), die „Kryptojuden" oder auch „Sabetaisten" („Sabetaycilar"). Als „Dönme" werden die Nachfahren der Anhänger des Rabbi Sabattai Zwi bezeichnet, der 1666 als „Messias" auftrat und Juden um sich sammelte. Er konvertierte schließlich, unter Druck gesetzt, zum Islam. 2003 veröffentlichte Professor Yakcin Kücük das Buch *Sebeke Gizle Yahudiler*, in dem er behauptet, die Türkei werde durch die „Dönme" beherrscht. Auch dieses Buch erzielte schon im Jahr seiner Veröffentlichung vier Auflagen. Einer der Chefideologen des türkischen Islamismus, Mehmet Sevket Eygi, Autor zahlreicher antisemitischer Bücher und Artikel, schrieb in der „Milli Gazete" Folgendes: „In unserem Land gibt es zwei Sorten Menschen. Auf der sichtbaren Seite sehen sie aus wie Muslime und Türken. Auf der Rückseite der Medaille sind es Juden. Sie bringen ihre eigenen inkompetenten Personen in die wichtigsten Ämter und Stellen und vergreifen sich an den Einkünften der Türkei – verdammt seien sie."[76] Eygis antisemitisches Verschwörungsbuch *Yahudi Türkler yahut Sabetaycilar* („Jüdische Türken oder Sabetaisten") war auf der islamischen Buchmesse einer Berliner Moscheegemeinde zu kaufen.

Drittens wird darauf verwiesen, dass Israelkritik, die in der IGMG geübt werde, sehr wohl berechtigt und kein Antisemitismus sei. Mustafa Yoldas gab zu, dass nach dem Ausbruch der ersten Intifada 1987 in IGMG-Moscheen „harte Töne gegen die Besatzungspolitik Israels" gefallen seien. Protest gegen die „menschenverachtende Politik eines Kriegsverbrechers wie Sharon" sei eine „kritische Position" und daher eine berechtigte Israelkritik.[77] Diese Kritik kommt allerdings so daher, dass die Grenzen zum Antisemitismus verwischt zu werden drohen. Yoldas und andere IGMG-Funktionäre zeigen ihre Israelfeindschaft und einseitige Parteinahme für die „unterdrückten Palästinenser" in einer Form, dass „doppelte Standards" vermutet werden können. Beim Anlegen „doppelter Standards" wird nach der *working definition* von Antisemitismus die Grenze zwischen legitimer Israelkritik und Antisemitismus überschritten.[78] In der „Milli Gazete" finden sich Artikel, welche Israel als Staat infrage stellen und den tödlichen Gegnern Israels, z. B. der Hisbollah, Beifall zollen.[79] Die IGMG fühlt sich im Mainstream antiisraelischer Stimmungen, angeheizt von palästinensischen Gruppen in Deutschland, so wohl, dass sie sich nach dem Ausbruch der Gaza-Operation im Dezember 2008 an Demonstrationen gegen Israel beteiligte. Bei einigen kam es zu üblen antisemitischen Ausfällen, wie z. B. bei der von der IGMG organisierten Demonstration in Duisburg am 10. Januar 2009 mit ca. 10 000 Teilnehmern. Dabei gab es Attacken auf Bürger, die im Fenster ihres Hauses aus Solidarität mit Israel israelische Fahnen zeigten. Auf der Website der IGMG häuften sich die schrillen antiisraelischen Töne. Israel wurde als menschenmordendes Monster verteufelt. Eine kritische Auseinandersetzung mit dem Terrorismus der Hamas fand dagegen nicht statt.

Viertens wird darauf verwiesen, dass Antisemitismus „Rassismus" sei. Da der Islam grundsätzlich gegen Rassismus sei, könnten Muslime nicht Antisemiten sein.[80] Abgesehen von der ohnehin problematischen Verwendung des Rassenbegriffes im wissenschaftlichen und politischen Diskurs verharmlost die These vom Antisemitismus als bloße Variante des Rassismus die eigenständige Dynamik des Antisemitismus und stilisiert die Juden zur „Rasse".[81]

Und *fünftens* räumt man zwar ein, dass es einzelne antisemitische Ausfälle in der Milli-Görüs-Bewegung gebe und in der „Milli Gazete" „antisemitische Stereotypen" zu finden seien, man sich aber davon distanziere und sie in der IGMG zu verhindern suche.[82] Angesichts der wiederholt auftretenden antisemitischen Äußerungen ist die Führung der IGMG mit ihrer Verhinderungsstrategie jedoch entweder gescheitert, oder hat sie nicht mit dem notwendigen Nachdruck betrieben.

Geschäft im Namen Allahs – Die islamischen Holdings und Milli Görüs
Grün ist die Farbe des Propheten, und Muhammad war ein erfolgreicher Kaufmann und Händler. Islam und Wirtschaft – das ist ein komplexes Thema, das hier nicht ausführlich behandelt werden kann.[83] Der Mensch wird im Koran als Statthalter und Treuhänder der göttlichen Schöpfung gesehen, und demzufolge soll das von ihm auf ethisch zulässige Weise erworbene Eigentum dem Gemeinwohl dienen und die Wirtschaft insgesamt den Prinzipien der Gerechtigkeit entsprechen. Wir finden im Koran und in der Tradition jedoch keine konkreten Richtlinien für eine islamische Wirtschaftsordnung. Aber der Glaube an Allah und seinen Propheten steht jedenfalls der Wertschätzung privaten Eigentums und einer marktorientierten Wirtschaftsordnung nicht entgegen. Gewinne aus Handelsgeschäften und aus der Vermietung von Gütern sind gestattet. Gleichwohl sind übermäßiger Reichtum, das Horten, die Spekulation und vor allem das Zinsnehmen bei Geldgeschäften sowie Wucher („riba" – Sure 2,275ff., 3,131; 4,161; 30,40) verboten. Einem Hadith zufolge gehört der Wucher bzw. das Zinsnehmen zu den sieben besonders schweren Sünden.[84] Das Prinzip der sozialen Gerechtigkeit soll mittels des Almosengebens als Pflichtabgabe („zakat") umgesetzt werden. Diese wenigen Grundsätze lassen gleichwohl einen weiten Handlungsspielraum für die Gestaltung von Wirtschaftsordnung und Wirtschaftspolitik zu, und so finden wir in der islamischen Ökonomie ein Spektrum von Positionen, das von einer „Ideologie für eine soziale Revolution und eine radikale Veränderung der Eigentums- und Vermögensverhältnisse durch einen starken und wirtschaftslenkenden Staat bis hin zu einem Rechtfertigungsansatz für den von konservativen Kreisen verteidigten status quo reicht".[85]

Die Interpretation des „Zinsverbots" ist durchaus kontrovers. Einige Rechtsgelehrte deuten „riba" als „Wucherzinsen", haben also gegen moderates Zinsnehmen nichts einzuwenden, andere verstehen „riba" schlicht als „Zins" und treten für ein striktes und allgemein geltendes Zinsverbot ein. Gegenwärtig dominiert die strengere Richtung.[86] Muslime müssen bei Finanzierungsgeschäften daher auf Alternativen sinnen, denn eine Marktwirtschaft ist ohne Kredite nicht zu denken. Schon im Mittelalter gab es Tricks, das Zinsverbot zu umgehen, und heute gibt es noch weit kreativere Möglichkeiten. Eine ist das sogenannte „Islamic Banking". Will ein frommer Muslim ein Auto oder eine Maschine kaufen und braucht dazu einen Kredit, so kauft die „islamische Bank" ihm das Auto bzw. die Maschine, und er zahlt den Kaufpreis in Raten mit einem gewissen Aufschlag an die Bank ab. Eine andere Möglichkeit ist die Erfolgsbeteiligung. Kapitalgeber und Kapitalnehmer bilden eine Interessengemeinschaft und vereinbaren die Teilung von Gewinn und Verlust. Diese Scharia-konforme Finanzwirtschaft entwickelt sich nach Meinung von Finanzexperten immer stärker zu einem erfolgreichen Geschäftsmodell.[87]

In der Türkei entstanden im Zuge der neoliberalen Wirtschaftspolitik Turgut Özals Ende der Achtzigerjahre sogenannte „Holdings", welche die Funktion übernahmen, eine expandierende Privatwirtschaft zu finanzieren und zugleich das Zinsverbot streng zu beachten. Es war kein Zufall, dass diese ersten Holdings in Zentralanatolien, in der Stadt Konya, angesiedelt waren, einer Region mit konservativ-orthodox-religiöser Bevölkerung, einem großen Einfluss religiöser Orden und stark islamistisch geprägten Orientierungen. Die Holdings boten ab 1993 ein neues Finanzierungsmodell an, das bald als „Konya-Modell" Karriere machte: „Sie schickten Emissäre von Haustür zu Haustür, um sogenannte Anteilsscheine zu verkaufen. Der gläubige Muslim erwirbt mit seinem Geld einen Anteil an der Firma, die nach streng islamischen Vorschriften wirtschaftet und teilt mit diesem Anteil Gewinn und Verlust der Holding."[88]

Das System funktionierte gut. Immer mehr Holdings entstanden, rund sechzig wurden bekannt, darunter die größten und einflussreichsten wie Kombassan, Yimpas, Jet-Pa, Endüstri. Strenggläubige Muslime, nicht nur in der Türkei, sondern gerade auch unter den deutschen „Auslandstürken", vertrauten den Holdings und legten ihre Ersparnisse in der Hoffnung auf islamisch korrekte Gewinne bei ihnen an. Den gutgläubigen Anlegern wurde eine „Gewinnbeteiligung" von 25 bis 40 Prozent versprochen. Funktionäre der Holdings rührten die Werbetrommel, und Milli Görüs war gerne behilflich, den Vertretern des islamisch korrekten Wirtschaftens Wege zu ihrer Zielgruppe zu ebnen, denn die Holdings des „Konya-Modells" entsprachen Necmettin Erbakans großer Vision von der „gerechten Ordnung" zwischen Kapitalismus und Sozialismus. Die frommen Muslime glaubten den vermeintlich genauso frommen Finanzjongleuren der Holdings – schließlich gibt es einen islamischen Ehrenkodex, dass ein gegebenes Wort gilt und ein Muslim einen anderen Muslim nicht übers Ohr haut. Und das Auftreten der Holding-Funktionäre war umso glaubwürdiger, als ihre Werbung aus dem Umfeld der Milli Görüs, vor allem in Moscheen und bei besonderen Werbeveranstaltungen, unterstützt wurde.[89] „Denkt an Eure Altersversorgung, investiert in die Zukunft", so lockten die Werber die gutgläubigen Muslime. Ferner wurde den potenziellen Anlegern vorgegaukelt, dass mit dem angelegten Geld Arbeitsplätze in der Türkei geschaffen, Armut gemindert und fromme Unternehmungen unterstützt würden, ja das Geld sei nötig, um unterdrückten Muslimen weltweit Solidarität zuteilwerden zu lassen.

So warb der Chef der Kombassan Holding, Hasim Bayram, die materielle „Solidarität" der Gläubigen in einem Werbevideo mit folgenden Worten ein: „Während auf der ganzen Welt Muslime Opfer sind, reden die US-Vampire, die Bushs, die Clintons, die verfluchten Juden mit ihren Sharons und die europäischen Drecksköter über Menschenrechte, und in unserer türkischen Heimat leiden die Menschen weiter."[90] Angesehene Imame befürworteten die islamisch korrekte Geldanlage und sammelten teilweise das Geld eigenhändig ein. In einer Moschee in Deutschland warb ein Imam mit den Worten: „Der Staat richtet die Zinsinstitute ein, gründet überall in der Türkei Banken. Er sammelt das Geld der Armen in den Banken ein und bringt es den Juden in Istanbul."[91]

Die Menschen vertrauten so manchem frommem Mann und trugen ihre hart erarbeiteten Ersparnisse zu den Holdings, z. B. zur Kombassan oder dem selbstbewusst expandierenden Yimpas-Konzern, der in Deutschland seit dem Jahre 2000 Fuß fasste und von Hamm bis Sindelfingen mehrere Kaufhäuser eröffnete. Der Konzern gab sich fromm und islamgemäß. Alkohol und Schweinefleisch wurden nicht geführt, die angebotene Frauenkleidung entsprach den für verpflichtend gehaltenen islamischen Bekleidungsvorschriften. Auch Gebetsräume waren vorhanden.[92] Doch der Schein trog. Das so schlichte Anlagemodell hatte einen entscheidenden Nachteil: Die Geldanleger wussten weder, was mit ihrem investierten Geld passierte, noch hatten sie einen Einfluss auf die Entscheidungen des Unternehmens. Schließlich erwiesen sich die Versprechungen als Makulatur, die ausgegebenen Anteilsscheine waren nicht das Papier wert, auf dem sie gedruckt waren (wenn überhaupt Papiere ausgestellt wurden). Die Holdings verschwanden so schnell, wie sie gekommen waren. Die Stiftung Zentrum für Türkeistudien ermittelte im Auftrag des Düsseldorfer Innenministeriums, dass Deutschtürken in 52 dubiose Teilhabergesellschaften investiert hatten.[93] Die meisten existieren nicht mehr. Yimpas meldete 2004 Konkurs an, und Kombassan zog sich in die Türkei zurück. Einige Insolvenzverfahren laufen bis heute. Die rund 200 000 bis 300 000 Anleger sind die Geprellten. Ihr Geld ist weg, 25 bis 30 Milliarden verschwanden in dunklen Kanälen. Viele Opfer schweigen, weil sie sich schämen oder Angst haben, sich zu äußern. Doch viele der Betrogenen haben sich inzwischen in einem „Solidaritätsverein der Türken in Europa" (Avrupa Türkleri Dayanisma Dernegi", ATDD) zusammengeschlossen.

In welchem Umfang Milli Görüs in den „größten Anlageskandal, den Deutschland je erlebt hat" (*Die Zeit*) verwickelt war, wie viel Geld in die Kanäle islamistischer Aktivitäten in der Türkei und in Deutschland geflossen ist, wird sich wohl nie ganz aufklären lassen. Die Bundesregierung zeigte bislang keinen großen Eifer, sich an der Aufklärung zu beteiligen. Auf eine kleine Anfrage der Fraktion Die Linke im Deutschen Bundestag ließ die Bundesregierung mitteilen, dass ihr „keine Erkenntnisse" zu den Einzelheiten des Skandals vorlägen und dass weder die Finanzdienstleistungsaufsicht (BaFin) noch das Bundesaufsichtsamt für das Kreditwesen (BAKredit) eine Aufsichtspflicht gegenüber den Holdings gehabt hätten. Auch lägen der Bundesregierung „keine Erkenntnisse vor, dass die islamischen Holdings als solche mit den Aktivitäten der Milli Görüs in Verbindung zu bringen wären".[94] Der Solidaritätsverein, dessen rühriger Vorsitzende Muhammed Demirci selbst 280 000 Euro verloren hat, ist da ganz anderer Meinung und schildert die „Aktivitäten der Milli Görüs" wie folgt: „Das Vorgehen der Betrüger war folgendermaßen: Imame, vorwiegend von den Milli-Görüs-Moscheen, predigten der Gemeinde vor, der Zinsertrag sei mit dem Islam nicht konform und stelle eine große Sünde dar. Kurze Zeit später präsentierte man der frommen Gemeinde der Moscheen die Lösung für dieses Glaubensproblem: Das Anlegen der Ersparnisse in eben diese betrügerischen Holdings. In der Folge fungierten einige Imame und ranghohe Mitglieder der Milli-Görüs-Moscheen als Geldeintreiber für die Holdings. Tonbandaufnahmen aus jener Zeit, eine Vielzahl von Zeitzeugen und andere Beweise lassen uns zu der Meinung kommen, dass dieser denkwürdige Raubzug von der Milli Görüs tatkräftig unterstützt wurde."[95]

Milli Görüs „verdiente mit" an diesem Geschäft, so berichtete der Journalist Ahmed Senyurt in einem Beitrag für den Hessischen Rundfunk: „Sie ließ sich von den Holdings ihre Jahresfeier bezahlen. Als Gegenleistung durfte die Holding auf dem Fest um neue Anleger werben und ihre Produkte, wie das erste islamische Auto Proton, anpreisen. Das Auto wurde nie gebaut, die Holding ist heute pleite."[96] Die Verantwortlichen sind bislang in der Türkei nicht in dem notwendigen Maße zur Rechenschaft gezogen worden. So erfreute sich der von der deutschen Staatsanwaltschaft wegen tausendfachen Betrugs seit zwei

Jahren mit internationalem Haftbefehl gesuchte Chef der Yimpas-Holding, Dursun Uyar, weiterhin seiner Freiheit. Er stand offensichtlich unter dem Schutz mächtiger Freunde aus der AKP, die sich mit ihm (wie z. B. der türkische Außenminister Gül und andere hochrangige Politiker) noch bis Ende 2006 öffentlich zeigten. 2005 war Uyar gar als „Unternehmer des Jahres" ausgezeichnet worden.

Problematische Bildungsinhalte
Es ist bezeichnend, dass auf der Website der IGMG das Werk von Muhammad Hamidullah mit dem Titel *Der Islam – Geschichte, Religion, Kultur* lobend als grundlegende Einführung in den Islam allen IGMG-Mitgliedern empfohlen wird.[97] Hamidullah (1908–2002) wird in dem Internet-Auszug der Verlagspublikation von „Kitab Külübü" als „einer der bedeutendsten Gelehrten Europas" gepriesen, der „zum besseren Verständnis des Islam und der Muslime beigetragen" habe. Am Tag der offenen Moschee und weiteren öffentlichen Gelegenheiten zur Präsentation der Arbeit der IGMG wurde dieses Buch ausgelegt und zum Verkauf angeboten.[98]

Nach der Lektüre dieses Buches wird verständlich, warum der IGMG mit Vorsicht, Misstrauen und der Vermutung begegnet wird, sie vertrete Bildungsinhalte, die mit demokratischen Bildungsstandards schwerlich kompatibel seien. Hamidullahs Buch ist ein fundamentalistisches Werk. Scharf wird die Grenze zwischen „Gläubigen" und „Ungläubigen" gezogen. Die Menschen teilt Hamidullah in drei Gruppen ein: die „Engel-Menschen", das sind die „von Natur aus Guten", die „Teufels-Menschen", das sind die „Schlechten" und die „menschlichen Menschen" (!), von denen Hamidullah sagt, dass sie „in mancher Hinsicht fast den Tieren" ähnelten.[99] Es sei die Aufgabe des Islam, die „Teufels-Menschen" „mit allen möglichen Mitteln" (!) an ihrem bösen Tun zu hindern. Die „Engels-Menschen" benötigen dagegen „keine Anleitung", und die „menschlichen Menschen" brauchen strikte Rechtleitung. Der Islam wird nun als eine „vollständige Richtschnur für das Leben" vorgestellt: „Er schreibt nicht nur den Glauben vor, sondern auch die gesellschaftlichen Verhaltensregeln." So schärft der Islam den Menschen nicht nur die „Furcht vor Gott", vor dem „Jüngsten Gericht nach der Auferstehung und vor der Züchtigung durch das Höllenfeuer" ein, sondern sorgt auch mit „zeitlichen Strafen", d. h. mittels der Anwendung des islamischen Strafrechts mit seinen drakonischen Körperstrafen, dafür, dass alle sich richtig verhalten.[100] Auch der Grundsatz der Vergeltung des Unrechts durch den Geschädigten wird als durchaus legitim bezeichnet.

Die Einheit von Religion und Politik wird hier sehr deutlich formuliert. Hamidullah betrachtet das „Kalifat" als die grundlegende islamische Herrschaftsform. Der Kalif habe vom Propheten die „geistige und die zeitliche Gewalt" übernommen. Als Statthalter Gottes sei er eingesetzt, um das Gesetz Gottes im Diesseits zur Geltung zu bringen. Das Wesen des islamischen Staates bestehe darin, „das Wort Gottes auf dieser Welt zu verkünden und zu herrschen".[101] Es ist nur konsequent, dass Hamidullah nach der Verkündung dieses im Kern theokratischen Herrschaftsmodells der konkreten „Verfassung" des Staates keine besondere Bedeutung beimisst, weil es bei dieser nur um „Verfahren" gehe und die Machtfrage grundsätzlich geklärt sei. Republik oder Monarchie sind demnach nur Hüllen und Formen ohne jede eigenständige Wertigkeit, denn entscheidend ist, dass die Regierung des islamischen Staates „sich um das Wohl des Menschen in beiden Welten sorgt und das göttliche Gesetz verkündet".[102] Im Klartext: Das „göttliche Gesetz" ist die Scharia, die als Grundlage des islamischen Staates unbestritten gilt. Der Kalif soll aber kein Autokrat sein, er ist an die Scharia und an den „Herrschaftsvertrag" zwischen Herrscher und Beherrschten als „Grundlage des Staatsgefüges" gebunden. Ferner beschränke das Prinzip der „Beratung" durch die „würdigsten Persönlichkeiten eines Volkes" die Macht des Kalifen. Doch bleibt völlig offen, wer die „würdigsten Persönlichkeiten" sind, wer sie auswählt und nach welchen Verfahren diese „Beratung" praktisch funktionieren soll.

Letztlich beruht Hamidullahs Herrschaftskonzeption auf der Einheit von Staat und Religion. Die Prinzipien der Säkularität (weltanschaulich-religiöse Neutralität des Staates), der Volkssouveränität und damit auch eine pluralistische, parlamentarische Demokratie lassen sich mit Hamidullah nicht begründen. Die Legislative bleibt stets „dem Koran als der Quelle und Grundlage aller Gesetze in allen geistlichen und irdischen Gebieten des Lebens untergeordnet".[103] Deshalb habe sie „nur ein beschränktes Aufgabengebiet". Weitere menschenrechtlich nicht akzeptable Aussagen finden sich in den Abschnitten zur muslimischen Frau, der Stellung der Nichtmuslime in muslimischen Gesellschaften und zum „dschihad".[104]

Wenn Hamidullahs Werk in IGMG-Kreisen Verwendung findet, so ist es auch nicht verwunderlich, dass wir in dem dreibändigen Lehrbuch *Temel Bilgiler* („Grundwissen") zum „dschihad" folgendes lesen können: „Als Jihad bezeichnet man Aktivitäten, die durchgeführt werden, damit die Wahrheit herrschen kann, Gottes Bestimmungen ausgeführt werden und alle Menschen in Frieden leben können. Im Koran wird der Jihad an fast 500 Stellen erwähnt. Das Ziel des Jihad ist die Herrschaft Gottes und die Verwirklichung des Friedens auf der gesamten Welt. Der Jihad ist eine Form des Gottesdienstes unter Einsatz seines Körpers, seines Geldes und nötigenfalls seines Lebens. Kurz zusammengefasst bedeutet Jihad Einsatz mit größtem Eifer auf dem Wege Gottes für den Sieg des Guten über das Böse. Der Jihad als Begriff bedeutet Einsatz mit aller Kraft und Mühe."[105]

In diese Richtung geht auch ein Beitrag von Ilhan Bilgu, der unter dem Titel „Den Dschihad verstehen" auf der Website der IGMG zu lesen ist. „Dschihad" wird hier als „Anstrengung" definiert, „an jedem Ort und zu jeder Zeit, die Zufriedenheit Allahs zu erlangen"[106] Hier wird der „dschihad" vollends in die allgemeine Lebensweise des Muslim aufgelöst. Alle Handlungen des Muslim sind nach dieser Lesart „dschihad": „Kurz, das Leben zu bestreiten, heißt für den Muslim Dschihad".

Diese spiritualistisch-universalistische Ausdeutung des „dschihads" ist eine idealisierende Darstellung aus propagandistischen Gründen, die in erster Linie auf den nichtmuslimischen Leser zielt. Die aus Koran und Sunna entfaltete klassische Lehre des „dschihads", die bis heute die herrschende Meinung der Rechtsgelehrten darstellt und auch die Einstellungen und das Verhalten vieler Muslime prägt, kommt in diesem Beitrag nicht vor. Bilgu lässt die in *Temel Bilgiler* zum "dschihad" gerechnete Opferung des eigenen Lebens unerwähnt. Eine Auseinandersetzung mit dschihadistischen Interpretationen, die sich auf die klassische Lehre berufen und sie in militantem Sinne zuspitzen, findet nicht statt. Es sind diese Versuche, die eigenen Traditionen schönzureden und einer kritischen Diskussion auszuweichen, die immer wieder zu Distanz und Misstrauen gegenüber der IGMG führen. Es könnte zwar durchaus sein, dass die IGMG im Widerspruch zur herrschenden „dschihad"-Konzeption eine alternative, friedliche, nur spiritualistische anzubieten hat. Dann sollte sie diese aber auch offensiv darstellen.

Angriff ist die beste Verteidigung, und er ist auch für die IGMG ein probates Mittel. Werden unangenehme Fragen gestellt, dubiose Verbindungen aufgedeckt, das Geschäftsgebaren untersucht oder Personen kritisiert, geht die IGMG zum Gegenangriff über. Nach dem 11. September 2001 sah die IGMG neue Gefahren auf sich zukommen. Bezeichnend ist, dass die Verurteilung der Terroranschläge sogleich von Vorwürfen an die „Mehrheitsgesellschaft" begleitet wurde. Es ist wie ein Pawlow'scher Reflex: Gibt es terroristische Aktionen islamistischer Extremisten, so wird pflichtschuldigst „Distanzierung" formuliert, gefolgt von langen Elogen zum vermeintlich weit verbreiteten „Generalverdacht" gegen „die Muslime". So stellte die IGMG in einer Presse-Erklärung am 8. Oktober 2001 fest: „Außerordentlich besorgniserregend ist das weitere Erstarken des Feindbildes Islam."

Das wurde ohne nähere Erläuterung als Faktum behauptet. Zugleich wagte man sich an eine kühne theologische Interpretation. Osama bin Ladens „Kategorisierung der Christen und Juden als Ungläubige" widerspreche der „Position des Koran. Christen und Juden sind genauso Gläubige wie Muslime auch. Einen Aufruf, Christen und Juden zu bekämpfen, kann es islamischerseits nicht geben."[107] Die Täuschungsabsicht liegt auf der Hand. Die Verfasser kennen natürlich z. B. die Sure 5, Verse 72–77, wo es heißt: „Ungläubig sind diejenigen, die sagen: Gott ist

Christus, der Sohn Marias, wo doch Christus gesagt hat: O ihr Kinder Israels, dienet Gott, meinem Herrn und eurem Herrn. Wer Gott (andere) beigesellt, dem verwehrt Gott das Paradies. Seine Heimstätte ist das Feuer." Und sie verschwiegen auch die bekannten „Schwertverse" (z. B. Sure 9,5; 9,29), die nach der sogenannten „Abrogationstheorie" die früheren, friedlicheren Verse des Koran aufgehoben haben sollen: „Kämpft gegen diejenigen, die nicht an Gott und nicht an den Jüngsten Tag glauben und nicht verbieten, was Gott und sein Gesandter verboten haben, und nicht der Religion der Wahrheit angehören – von denen, denen das Buch zugekommen ist, bis sie von dem, was ihre Hand besitzt, Tribut entrichten als Erniedrigte" (Sure 9,29).[108] Hier sind die Polytheisten genauso gemeint wie Christen und Juden. Für diese Grundaussage gibt es zahlreiche weitere Belege, von weiteren abwertenden Darstellungen der Juden und Christen in der Tradition ganz abgesehen.

Fazit
Vieles ist bei der IGMG im Fluss. Es soll interne Debatten geben und auch Auseinandersetzungen um den Kurs der IGMG. Das verkennt auch der Verfassungsschutz nicht. So sieht das Landesamt für Verfassungsschutz Nordrhein-Westfalen durchaus Wandlungsprozesse. Da immer mehr junge Musliminnen und Muslime, die „in Deutschland aufgewachsen sind, hier Abitur gemacht und studiert haben, in wichtige Positionen dieser Organisationen" gelangt seien, würden „sich langsam und nicht immer auf den ersten Blick erkennbar sowohl das Auftreten gegenüber der deutschen Gesellschaft als auch die Verhältnisse und Einstellungen innerhalb der Organisation" ändern. Doch gehe dieser Prozess „nicht unbedingt mit einer klaren und eindeutig erkennbaren Abkehr von islamistischen Inhalten einher. Zudem sind auch innerhalb der Bestrebungen gegenläufige Strömungen zu verzeichnen, die strikt an islamistischen Vorstellungen festhalten – dies vor allem bei bildungsferneren Kreisen."[109]

Hat sich die IGMG tatsächlich „modernisiert"? Ist sie auf dem Weg zu einem „europäischen Islam" oder ist sie gar schon „post-islamistisch"? Skepsis bleibt angebracht. So ist gar nicht klar, ob es die Gruppe der sogenannten „Reformer" tatsächlich (noch) gibt, und wenn ja, wie ernsthaft ihr „Reformkurs" tatsächlich ist und worin er besteht. In einem Kommentar vom 8. Dezember 2009 spricht der IGMG-Funktionär Abdulgani Karahan von dem „ominösen Reformflügel" und behauptet sogar, „dass es diese Flügelbildung in der IGMG nicht gibt".[110]

Die IGMG erhebt einen umfassenden religiösen und politischen Gestaltungsanspruch, den man ganz unbefangen positiv als Wunsch zur bürgerschaftlichen Mitgestaltung verstehen könnte. Doch Geschichte, Entwicklung und inhaltliche Positionierung der IGMG mahnen zur Vorsicht. Es ist gegenwärtig schwer zu glauben, dass die IGMG an einer demokratischen Zivilgesellschaft und der Demokratie ernsthaft mitbauen will. Das Erbe Erbakans wirkt fort, und die IGMG ist als europäische Organisation starken Einflüssen aus islamistischen Kreisen ausgesetzt. Die Frage bleibt also offen, welchem Gesellschaftsmodell die IGMG folgen will: „Islamisierung" der „ungläubigen Gesellschaft" mit dem Fernziel eines islamischen Staates oder zivilgesellschaftliche Partizipation im säkularen Rechtsstaat aus religiöser Motivation?

Der Präsident des Bundesamtes für Verfassungsschutz, Heinz Fromm, sieht bei der IGMG nach wie vor „tatsächliche Anhaltspunkte für extremistische Bestrebungen" und teilt den Optimismus beispielsweise Schiffauers nicht. Eine „wirkliche Abkehr von islamistischen Positionen" finde nicht statt.[111] Solange diese unklare Situation fortbesteht, scheint es ein immer noch zu hohes Risiko zu sein, die Beobachtung der Organisation auszusetzen.

Die Hizb-ut-Tahrir al-Islami (HT) – Die „Partei der Befreiung"

Es ist sehr verwunderlich, dass die deutschen Behörden dem Treiben dieser selbsternannten „Partei der Befreiung" viele Jahre bis zum Betätigungsverbot am 15. Januar 2003 zugesehen haben, obwohl die Organisation international operiert und vor allem in England mit großen

Kampagnen für öffentliche Aufmerksamkeit sorgte. Entscheidend für die Zurückhaltung der Behörden war, dass die Partei in Deutschland offenbar nur wenige Hundert Mitglieder zählte (heute ca. 300) und noch nicht durch offensive Aktionen in der Öffentlichkeit aufgefallen war. So galt sie als „friedlich", und Grund zur Beunruhigung schien nicht gegeben. Es war bekannt, dass sie ihre propagandistischen Aktivitäten insbesondere auf Universitätsstädte konzentrierte und sich um die Rekrutierung von Anhängern in intellektuellen Milieus bemühte.

Einer größeren Öffentlichkeit wurde sie erstmalig durch einen Bericht über eine spektakuläre Veranstaltung an der Mensa der Technischen Universität Berlin am 27. Oktober 2002 bekannt. Eine Organisation mit dem harmlos klingenden Namen „Aquida-Hochschulgruppe für Kultur und Wissenschaft" hatte die Veranstaltung angemeldet. Vor 300 Zuhörern, darunter der NPD-Vorsitzende Udo Voigt und NPD-Mitglied Horst Mahler (!), referierte der Sprecher der HT für den deutschsprachigen Raum, Diplom-Ingenieur Shaker Assem, über „Der Irak – ein neuer Krieg und die Folgen". Er trug dabei u.a. die Thesen der HT über die Wiedererrichtung des Kalifats vor. Seine Anhänger boten Propagandaschriften und das berüchtigte Magazin „Explizit" an, in dem offen die „Befreiung" der palästinensischen Territorien gefordert wurde, „selbst wenn es Millionen von Märtyrern kosten sollte". „Allen Muslimen", so das Magazin, „muss klar sein, dass das Problem ‚Israel' für uns keine Grenzfrage, sondern eine Existenzfrage ist. Dieser zionistische Fremdkörper im Herzen der islamischen Welt darf unter keinen Umständen bestehen bleiben. Der gesamte Boden Palästinas ist [...] Eigentum der islamischen Umma. [...] Die Lösung: der Dschihad [...] Allah, der Erhabene befiehlt: Und tötet sie, wo immer ihr sie zu fassen bekommt, und vertreibt sie, von wo sie euch vertrieben haben."[112] Die Selbstmordattentate palästinensischer Terroristen wurden in höchsten Tönen als „islamisch legitim" gepriesen und die arabischen Regime als „Verräter" gegeißelt, weil sie nicht entschieden genug den „Befreiungskampf" des palästinensischen Volkes unterstützten. Und immer wieder ging es um die Vernichtung Israels und der Juden als eines „Volkes der Lügen": „Ihr sollt das hässliche Judengebilde vernichten und den Ruhm des Islam und die Geschichte der großen Führer wiederaufleben lassen."[113]

Diese antisemitische Propaganda fand in aller Öffentlichkeit statt, doch blieb eine Reaktion der Behörden und der Medien aus. Aber jetzt brachte die Anwesenheit der beiden NPD-Aktivisten das Fass zum Überlaufen. „Empörung über Islamisten-Treffen in der TU" titelte der „Tagesspiegel" und rückte noch eine Info-Box über Horst Mahler in den Artikel ein. Der Berliner Innensenator, Ehrhart Körting, ließ verlauten, er halte es für „unerträglich, wenn öffentliche Institutionen Räumlichkeiten für Veranstaltungen zur Verfügung stellen, auf denen zum Krieg aufgerufen oder antisemitische Propaganda betrieben wird".[114] HT wurde von jetzt an besonders kritisch unter die Lupe genommen. Die Zahl der Berichte und scharfen Kommentare stieg sprunghaft an. Die ZDF-Sendung „Frontal 21" widmete sich intensiv der Gruppe und zeigte auf, dass die HT in Berlin und Hamburg seit langer Zeit in einschlägigen türkischen und arabischen Milieus aktiv war. Woche für Woche würden das Magazin „Explizit" und andere Propagandabroschüren auf dem Kreuzberger „Türkenmarkt" am Maybachufer vertrieben.[115] Die Behörden waren endlich alarmiert, gestanden „Versäumnisse" in der Beurteilung von HT ein und führten eine bundesweite Razzia gegen die Gruppe durch. Der Innenminister erwog ernstlich ein Verbot der islamistischen Organisation.[116]

Die HT wurde 1952 in Jordanien von dem 1909 in einem Dorf nahe Haifa geborenen Muhammad Šaih Taqiy ad-Din an-Nabahani (gest. 1977) gegründet. An-Nabahani hatte in Kairo an der Azhar-Universität studiert, arbeitete von 1932 bis 1938 als Lehrer in Haifa und wurde 1950 Richter am Islamischen Gerichtshof in Jerusalem. Er sympathisierte mit dem Mufti von Jerusalem und setzte sich für die „Befreiung Palästinas" von fremder Besatzung ein. Scharf attackierten er und seine Freunde die Politik des jordanischen Königs Abdallah, der einen pro-westlichen Kurs steuerte und an einer Verschärfung der Spannungen mit Israel nicht interessiert war. Auch wandten sie sich gegen die säkularen, nationalistischen Kreise und priesen ihr Programm des islamischen Weges und der Wiederherstellung des Kalifats. Die Partei hatte in ihrer Gründungsphase in den Fünfzigerjahren nicht mehr als 700 Mitglieder und konzentrierte ihre Aktivitäten auf die Westbank und den Libanon, es gab aber auch schon Niederlassungen in Kuwait. Von Beginn an wurde sie von den arabischen Regimen argwöhnisch beäugt und politisch verfolgt.[117]

Die Partei hat nach Schätzungen heute weltweit rund 100 000 Mitglieder und ist in den USA, in Europa, in der Türkei, in Ägypten, in Kuwait, in Australien, im Nahen Osten, im Sudan und vor allem Zentralasien aktiv. Schon seit Anfang der Neunzigerjahre hatten islamistische Bewegungen den Zusammenbruch des Sowjetkommunismus und die von ökonomischen, sozialen und politischen Zerfallstendenzen begleiteten chaotischen Formierungsprozesse neuer unabhängiger Nationalstaaten (Tadschikistan, Kirgisien, Usbekistan, Kasachstan, Turkmenistan) für ihre Zwecke nutzen können. Einige, wie z. B. die „Islamische Bewegung Usbekistans" (IBU), unterhielten enge Verbindungen zu den Taliban und Al-Qaida und engagierten sich im bewaffneten „dschihad" für die Errichtung eines islamischen Staates.[118]

Die HT trat Mitte der Neunzigerjahre in Usbekistan auf und weitete ihre Aktivitäten rasch auf die Nachbarstaaten (Südkirgisien, Tadschikistan und Kasachstan) aus. Nach Schätzungen hat die Gruppe rund 20 000 Mitglieder in diesem Raum. Sie ist nicht nur dort verboten und wird von den repressiven Regimen (insbesondere in Usbekistan) hart verfolgt, auch in Russland und den meisten islamischen Staaten wird sie nicht geduldet. Das „Märtyrertum" ihrer Anhänger nutzt sie für ihre Propaganda und stellt sich als verfolgte muslimische Minderheit dar. In Europa steuert die straff zentralistisch ausgerichtete und teilweise in konspirativen Zirkeln arbeitende Organisation ihre Aktivitäten von ihrer Zentrale in London aus. Hier, im Laissez-faire-„Londonistan", kann sie weitgehend ungehindert ihren umstürzlerischen Plänen nachgehen und avancierte gelegentlich gar zum ernsthaften Partner im „interreligiösen" und „interkulturellen" Dialog.

Der ehemalige HT-Aktivist Ed Husain beschreibt in seinem Buch *The Islamist* sehr eindrücklich die sektiererische Ideologie und aggressive Strategie und Taktik der HT. Für die straff im konspirativen Zellensystem organisierte Partei waren die britische Gesellschaft, die Queen, die Demokratie und alle Muslime, die nicht den ideologischen Positionen der HT folgen wollten, Teil des Systems des „kufr" (des Unglaubens), das bekämpft werden musste. Husain schreibt: „Wir sahen unsere Aufgabe in Großbritannien darin, die *umma* für den Kalifen vorzubereiten und dem kommenden islamischen Staat Treue zu schwören. Die Queen und die britische Regierung betrachteten wir als völlig irrelevant für die britischen Muslime."[119] Erst nach den Bombenanschlägen in London am 7. Juli 2005 gab es massive öffentliche Kritik an der HT. Jetzt bezichtigte die britische Regierung die HT der geistigen Brandstiftung und forderte ihr Verbot, was zu heftigen Solidaritätsreaktionen in der muslimischen *community* führte. Der „Muslim Council of Britain" protestierte gegen die Pläne und offenbarte wiederholt, wie stark diese Dachorganisation inzwischen von islamistischen Positionen durchdrungen ist.

Die HT versteht den Islam als „Ideologie" und umfassende „Lebensordnung" („nizam ul-islam"). Die daraus abgeleiteten politischen Ziele sind klar und deutlich. Die HT erstrebt die Errichtung eines weltweiten Kalifats, in dem die Scharia als unumstößliches Gesetz Gottes alle Lebensbereiche der Menschen beherrscht. Eine Trennung von Religion und Politik ist für die HT Unglaube und Häresie. Befreit vom „Niedergang des Islam", für den zahlreiche islamische Regime und „der" Westen verantwortlich gemacht werden, und allen „Gedanken, Systemen und Gesetzen der Ungläubigen", soll die *umma* unter Führung eines zu wählenden Kalifen den idealen islamischen Staat weltweit durchsetzen.[120] Es besteht kein Zweifel daran, dass ein solcher globaler Kalifatsstaat ein totalitärer Staat sein würde, ohne Geltung von unveräußerlichen, universalen Menschenrechten und ohne rechtsstaatliche, pluralistische Demokratie. Nichtmuslimen, soweit sie Juden und Christen sind, bliebe in einem solchen Staat nur die Unterwerfung als „Schutzbefohlene" („dhimmi"). Im religiösen Totalitarismus der HT wird die Scharia rigoros angewendet; z. B. sollen Abtrünnige mit dem Tode bestraft, Alkoholgenuss und Unzucht durch Auspeitschung geahndet werden, wobei eigens auf die Sure 24,2 verwiesen wird, dass die Strafen unter „Bezeugung" der Öffentlichkeit und „ohne Mitleid" vollzogen werden sollen. HT begründet die gesellschaftliche Ungleichbehandlung von Männern und Frauen explizit als positive „Differenz" und fordert Akzeptanz für diese religiös legitimierte Ideologie der Apartheid. Ed Husain befragte einst seinen „mushrif" (Anleiter) nach dem Verhältnis zu Frauen, da er in der HT einige Frauen als willkommene Mitkämpferinnen erlebt hatte. Die Antwort war selbst für ihn, den damals glühenden Anhänger der HT, überraschend und schockierend: „Frauen sind wie die Pest. Vermeide sie unter allen Umständen."[121]

Jeder intendierten „Reform" („islah") des Islam wird eine rigorose Absage erteilt, da sie gegen die Scharia gerichtet sei. „Integration" in das „kufr"-System oder die Entwicklung eines Islam europäischer Prägung sei „Verrat" am Islam. Es gebe keine „Loyalität" gegenüber nichtmuslimischen Gesellschaftsordnungen. Gesetze werden nur aus taktischen Gründen respektiert, denn das Ziel jedes gläubigen Muslims müsse es sein, für die Islamisierung dieser Gesellschaften zu streiten. Das soll durch die Bildung islamischer Inseln inmitten „ungläubiger Umgebung" geschehen. Die Ideen der HT sollen mittels „da'wa" (Einladung) und „dschihad" verbreitet und politisch durchgesetzt werden.

Obwohl die HT versichert, sie sei ausschließlich friedlichen Mitteln zur Verbreitung ihrer Ideen verpflichtet, und entgegen der Annahme einiger Experten und Journalisten, die der HT bescheinigen, sie wolle ihre Ziele nicht mit Gewalt und Terror erreichen,[122] ist das Verhältnis der HT zur Gewalt nur taktischer Natur. Im Grundsatz befürwortet die HT auch die Anwendung politischer und militärischer Gewalt. Im „gerechten Kampf des palästinensischen Volkes" sei auch Gewalt eine legitime Kampfmethode. Die HT weigert sich ferner, Al-

Qaidas dschihadistische Position zu kommentieren – eine seltsame Zurückhaltung bei einer Organisation, die angeblich nur der Gewaltlosigkeit verpflichtet ist.

Der deutsche Sprecher der HT, Shaker Assem, erklärte in einem Brief an alle Abgeordneten des Bundestages, mit dem er in einer Mischung von nicht ungeschickter Selbstdarstellung, Verharmlosung der wirklichen Absichten und platter Propaganda das drohende Verbot abzuwenden versuchte, dass die HT „die Gewalt als Methode kategorisch ablehne" und „aus Überzeugung" den „Weg des Propheten [...] zur Gründung des Staates" verfolge, „der ebenfalls gewaltlos vorgegangen ist".[123] Assems Beteuerungen waren bloße Schutzbehauptungen. Wenig später äußerte er sich im Interview mit der rechtsextremistischen „Deutschen Stimme" ganz anders. Er halte „eine kriegerische Auseinandersetzung mit den USA" für „unausweichlich". Es werde letztlich der Islam sein, „der die Supermacht USA in die Knie zwingen wird".[124] Assem wollte den Bundestagsabgeordneten weismachen, dass die HT nicht antisemitisch sei, und tat das mit dem hinlänglich widerlegten Uralt-Argument aller Antisemiten: Da es eine semitische „Blutsverwandtschaft" zwischen Juden und Arabern gebe, könne die HT gar nicht antisemitisch sein. Die HT streite vielmehr nur gegen den „Zionismus israelischer Prägung".

Die verzweifelten Bemühungen Assems, die Harmlosigkeit und Friedlichkeit seiner Organisation zu belegen, waren vergeblich. Am 15. Januar 2003 erteilte der damalige Innenminister Otto Schily der HT ein Betätigungsverbot und begründete das mit ihrem Antisemitismus und die gegen den Gedanken der Völkerverständigung gerichteten Ziele. Die HT klagte dagegen, aber vergeblich. Am 25. Januar 2006 bestätigte das Bundesverwaltungsgericht die Rechtmäßigkeit des Betätigungsverbots. Das hindert die HT nicht, im Untergrund aktiv zu bleiben. Über eine deutsche Website verbreitet sie weiter ihre anti-demokratischen Botschaften, und ihre Anhänger zeigten sich öffentlich bei antiisraelischen Demonstrationen.[125] Shaker Assem hat inzwischen seinen Wohnsitz in Österreich. Weihnachten 2009 empörte er sich über die österreichische Frauenministerin Gabriele Heinisch-Hosek (SPÖ), die erklärt hatte, sie wolle ein Verbot von Burka und Niquab (Gesichtsschleier) im öffentlichen Raum prüfen lassen.[126]

Das Netzwerk der Muslimbruderschaft in Deutschland

Die Münchner Moschee und die Entstehung der „Islamischen Gemeinschaft in Deutschland" (IGD)

Die Muslimbrüder sind seit den Fünfzigerjahren in Europa präsent. Ihr Ziel ist die Transformation Europas in ein „Land des Islam" („dar-al-Islam"). Europa gilt den Muslimbrüdern als „dar al-daʿwa", als „Land der Mission", das aufgrund der garantierten Religionsfreiheit für Muslime besonders günstige Rahmenbedingungen für die Eroberung bietet – Eroberung nicht wie einst durch islamische Heere und das Schwert, sondern, wie Scheich Yussuf al-Qaradawi es ausdrückte, durch Predigt, Lobbyismus und „friedliche Transformation".[127]

Die Präsenz und die Einflusspolitik der Muslimbruderschaft in Deutschland spiegeln sich auch in der Gründungsgeschichte der „Islamischen Gemeinschaft in Deutschland" (IGD) wider, die vom Verfassungsschutz als Sammelpunkt von Anhängern der ägyptischen Muslimbrüder in Deutschland betrachtet wird. Der Bayerische Verfassungsschutz spricht von der IGD als der „deutschen Zentrale des ägyptischen Zweigs der Muslimbruderschaft".[128]

Die Entstehung der IGD ist mit der Geschichte der Errichtung der ersten Münchner Moschee („Islamisches Zentrum München") verbunden, einer wahrhaft spannenden Episode des frühen Islam im Nachkriegsdeutschland.[129] Hier waren mehrere Akteure beteiligt: *Zuerst* eine Gruppe ehemaliger muslimischer Soldaten überwiegend zentralasiatischer Herkunft, die in den Reihen der Roten Armee gekämpft und später – nach ihrer Gefangennahme durch die Deutschen – die Seiten gewechselt hatten. Eine Reihe von ihnen überlebte den Krieg und hatte das Glück, in Deutschland bleiben zu können. Der *zweite* Akteur war die deutsche Regierung, die – neben humanitären Motiven – hoffte, die als „moderat" geltenden Muslime als nützliche Helfer im „Kalten Krieg" gegen den Kommunismus einzusetzen. Ferner glaubte die Regierung, durch entgegenkommendes Verhalten gegenüber diesen Muslimen einen Beitrag für ein gutes Verhältnis zur islamischen Welt zu leisten. Die US-Regierung, der *dritte* Akteur, und ihr Geheimdienst, die CIA, arbeiteten ebenfalls in diese Richtung. Die Bonner Regierung unterstützte die Gruppe der muslimischen Soldaten, die sich in München am 7. Mai 1958 formiert hatte, verlieh der „Geistlichen Verwaltung der mohammedanischen Flüchtlinge in der Bundesrepublik Deutschland" einen offiziellen Status und richtete für sie einen bescheidenen Verwaltungsapparat ein. Der usbekische Imam Nureddin Namangani, der für die muslimische SS-Division „Ostttürkischer Waffenverband" als Imam gedient hatte, wurde zum Leiter gewählt.

Die „Geistliche Verwaltung" regte 1960 die Bildung eines Vereins („Moscheebaukommission e.V.") an, um eine Moschee als Anlaufpunkt und Kommunikationszentrum für die Muslime zu errichten. Nun kam der *vierte* wichtige Akteur ins Spiel: Zu dieser Zeit studierten zahlreiche arabische Studenten in München, die von den ehemaligen Soldaten eingeladen wurden, sich an dem Moscheebauprojekt zu beteiligen. Viele dieser Studenten zeigten deutliche Sympathien für die islamistische Muslimbruderschaft, die zu dieser Zeit in Ägypten von der Regierung Gamal Abdel Nassers verfolgt wurde. Auf Initiative eines syrischen Studenten, Ghaleb Himmat, der sich ganz offen zur Mitgliedschaft bei den Muslimbrüdern bekannte, wurde der prominente Muslimbruder Said Ramadan, Sekretär, Vertrauter und Schwiegersohn des Gründers der Bruderschaft, Hassan al-Banna, um Unterstützung gebeten und nach München eingeladen. Ramadan hatte 1954, nach kurzer Inhaftierung in Ägypten, das Land verlassen. Unermüdlich arbeitete er für die Muslimbrüder und engagierte sich für die Schaffung einer neuen Einheit der Muslime. Die Gründung der Islamischen Weltliga im Jahre 1962 war wesentlich auch sein Werk. 1958 hatte er an der Universität Köln in Rechtswissenschaften mit einer Arbeit über die Scharia promoviert[130] und sich anschließend in Genf niedergelassen, wo er das Islamische Zentrum Genf gründete (das heute sein Sohn, Hani Ramadan, leitet). Er reiste nach München, spendete 1000 Mark für das Moscheebauprojekt und übernahm den ihm angetragenen Vorsitz der „Moscheebaukommission e. V". Freundlich flankiert von amerikanischen Regierungskreisen, die in Ramadan vor allem den hilfreichen antikommunistischen Intellektuellen sahen, dagegen argwöhnisch beäugt von den deutschen Behörden, sorgte er dafür, dass binnen Kurzem die Studenten in dem Gremium dominierten und die Soldaten verdrängten. Er übernahm 1961/62 mit seinen Anhängern die Moscheebaukommission. Die Ex-Soldaten, von Ramadan herablassend als „Reaktionäre" und „nicht wirkliche Muslime" abqualifiziert, resignierten und zogen sich zurück. 1963 nannte sich die Kommission „Islamische Gemeinschaft in Süddeutschland e.V." (IGSD) und wurde zu einem Stützpunkt der Muslimbruderschaft in Europa. Die neue Entwicklung führte zu einer Distanznahme der deutschen, vor allem bayerischen Behörden gegenüber dem Moscheebauprojekt.

Zwischen den Studenten und ihrem Vorsitzenden Ramadan kam es aber rasch zu Meinungsverschiedenheiten und schließlich zu einer deutlichen Entfremdung, die sowohl ideologisch als auch praktisch begründet war, denn die Versprechungen von Ramadan, die notwendigen Finanzmittel für die Moschee aufzutreiben, erwiesen sich als leere Worte. Die arabischen Studenten orientierten sich immer stärker – entgegen den internationalistischen Interessen Ramadans – an den wahabitischen Positionen der saudi-arabischen Förderer der Muslimbruderschaft.

Ramadan hatte nichts gegen saudisches Geld, doch wollte er die Dominanz des saudischen Staates nicht akzeptieren. So weigerte er sich beispielsweise, sein „Islamisches Zentrum Genf" zum ersten Büro der Muslimischen Weltliga zu erklären. Spätestens Mitte der Sechzigerjahre trennten sich die Wege Ramadans und der Studenten, was

u. a. dazu führte, dass das Moscheebauprojekt einen genialen Organisator verlor und die Finanzierung des Projektes zeitweise ernsthaft gefährdet war. Doch schließlich konnte nach einigen Turbulenzen und mit vom libyschen „Revolutionsführer" Gaddafi erbettelten Finanzmitteln 1967 der Grundstein für die Moschee gelegt werden. 1973 wurde die Moschee schließlich eröffnet, und Ghaleb Himmat übernahm von Fazdi Yazdani (einem Pakistaner) den Vorsitz des Moscheevereins. Himmat stärkte die saudisch-wahabitische Linie und baute die Moschee zu einem Brückenkopf für die Expansion der Muslimbruderschaft im Westen aus.[131]

Himmat sorgte ferner auch dafür, dass der Syrer und Muslimbruder Issam el-Attar nach Deutschland kommen konnte. Attar gründete in Aachen das „Islamische Zentrum" (Bilal-Moschee) und leitete es von 1978 bis 1996. Es gilt bis heute als den Muslimbrüdern geistig nahestehend und als fundamentalistisch orientiert Moschee. 1982 wurde die „Islamische Gemeinschaft in Deutschland" (IGD) gegründet, und Himmat amtierte bis 2002 als ihr Vorsitzender. Dann übernahm der Deutsch-Ägypter Ibrahim El-Zayat den Vorsitz (siehe unten S. 158 ff.). Bis heute hat die IGD ihren überwiegend arabischen Charakter bewahrt. Das „Islamische Zentrum München" (der Moscheeverein) wurde von 1980 bis 1986 von Muhammad Mahdi Uthman Akif geführt, der übrigens vom 20.4.2008 bis zum 14.1.2010 oberster Chef der Muslimbruderschaft war, was die überragende Rolle der Muslimbruderschaft für die Prägung der muslimischen Gemeinschaft in München unterstreicht. (Akif wurde am 14.1.2010 von Mohammed Badie abgelöst.)

Dass sich die Münchner Moschee in den Siebziger- und Achtzigerjahren in Richtung der Festigung des Einflusses der Muslimbruderschaft entwickelte, ist keine Einzelerscheinung. Die Muslimbruderschaft baute europaweit ihr Netzwerk aus, was nicht zuletzt dem glänzenden Organisator Youssef Nada zu verdanken war. Nada war seit den Vierzigerjahren Mitglied der Muslimbruderschaft, hatte als Student in den Zeiten der Verfolgung der Muslimbruderschaft durch Nasser im

Gefängnis gesessen und war 1971 nach München gekommen. Er unterstützte Himmat und half mit, den Einfluss der Muslimbruderschaft zu festigen. Dazu diente offensichtlich auch die Gründung der Al-Taqwa-Bank in Lugano, deren Direktor er wurde. Wie der Schweizer Journalist Sylvain Besson enthüllte, wurde bei einer Razzia am 7. November 2001 in der Al-Taqwa-Bank ein Dokument gefunden, das als ein „Geheimplan" zur Islamisierung Europas gelesen werden konnte.[132] Die Bank wurde von der US-Regierung verdächtigt, an der Finanzierung terroristischer Gruppen beteiligt zu sein, ihre Konten wurden nach dem 11. September 2001 eingefroren und die Bank geschlossen. Nada wurde unter eine Art „Hausarrest" gestellt, er darf die Schweiz nicht verlassen und lebt isoliert in der italienischen Enklave Campione.

Die IGD und ihre Verbindungen in Europa
Nach eigenen Angaben unterhält die IGD zwölf „Islamische Zentren" (neben München und Nürnberg u. a. in Frankfurt am Main, Köln, Marburg, Stuttgart, Braunschweig und Münster) und koordiniert ihre Aktivitäten mit fünfzig weiteren (meist arabischen) Moscheevereinen. Sie sieht sich als „moderne, junge und mehrheitlich deutschsprachige Gemeinschaft", die den Islam als „Religion der Mitte und Ausgeglichenheit" präsentieren und den Muslimen helfen will, „ihre eigene Identität als muslimische Europäer und bei der IGD einen Platz für einen deutschsprachigen Islam" zu finden.[133] Es fehlt auch nicht das Bekenntnis zum Grundgesetz, zur Integration und zum Dialog. Die IGD ist Gründungsmitglied des Zentralrats der Muslime in Deutschland. Da der Organisation bislang kein strafrechtlich relevantes Fehlverhalten nachgewiesen worden sei, habe der ZMD, so sein Generalsekretär Aiman Mazyek, mit der IGD keine Probleme. Die Geschichte und die ideologische Grundorientierung der IGD scheinen den ZMD nicht zu interessieren bzw. gelten ihm nicht als problematisch.

Aus dem Sympathisantenkreis der IGD heraus sind 1980 auch die „Deutsch-Islamische Schule" und ein angegliederter Kindergarten in Bayern gegründet worden. Das war ein wichtiger Schritt zur Erziehung von Kindern und Jugendlichen im Sinne der geistigen Grundsätze der Muslimbruderschaft. Die bayerischen Behörden blieben lange arglos, und die Schule konnte sich auch staatlicher Förderung erfreuen. Doch kurz vor dem 25-jährigen Jubiläum der Schule im Juli 2005 entzog die Bezirksregierung von Oberbayern der Schule die Betriebserlaubnis. Es hätten sich, so hieß es, Erkenntnisse des Bayerischen Landesamtes für Verfassungsschutz über Verbindungen des Schulträgers, des „Deutsch-Islamischen Bildungswerkes e.V.", „zum islamischen Fundamentalismus" verdichtet. Deshalb könne die „Verfassungstreue des Schulträgers als Voraussetzung für eine Genehmigung des Weiterbetriebs der Schule nicht mehr als gegeben angesehen werden". Warum die bayerischen Behörden, obwohl „schon seit Langem" „Bedenken" bestanden, wie sich der damalige Innenminister Beckstein ausdrückte, die Zusammenhänge nicht viel früher durchschauten, bleibt allerdings ihr Geheimnis.[134]

Zur ideologischen Einordnung der IGD ist es auch wichtig zu wissen, mit welchen Organisationen sie in Europa verbunden ist. So ist sie Mitglied in der von ihr 1989 mitbegründeten „Federation of Islamic Organisations in Europe" (FIOE). Die FIOE stellt sich als unabhängige „Menschenrechtsorganisation" in Europa zur Förderung der Muslime, zur Entwicklung eines „europäischen Islam" und als Partner im „interreligiösen Dialog" dar, ist aber faktisch eine Dachorganisation von islamistischen Gruppen in Europa, die der Muslimbruderschaft nahestehen.[135] Ihr langfristiges Ziel ist die Islamisierung Europas, was mit einer variablen Strategie aus politischem Lobbyismus, interreligiösen Dialogangeboten, dem Ausbau einer islamischen Infrastruktur und offensiver Medienarbeit erreicht werden soll. In der am 10. Januar 2008 (als programmatisches Dokument der FIOE) veröffentlichten „Charta der Muslime in Europa" wird neben den üblichen ritualisierten Bekenntnissen zu „Menschenrechten", „Pluralismus", „Demokratie" und „Integration" unmissverständlich die Scharia als unverrückbare Basis muslimischen Lebens in Europa benannt, wobei sie gleichermaßen als Gottesdienst und Ethik verstanden wird.[136] Intensiv widmete sich die FIOE dem Kampf für das Kopftuch, das sie als „göttliche Anordnung" für jede muslimische Frau verstanden wissen will. Sie heizte den Karikaturenstreit an und sieht in der Bekämpfung der angeblich exorbitant gestiegenen „Islamophobie" in Europa ein zentrales Aktionsfeld. Angesichts der ideologischen Nähe zur Muslimbruderschaft ist es auch nicht erstaunlich, dass die FIOE im Nahostkonflikt pointiert für die palästinensische Seite Partei ergreift, begleitet von aggressiven anti-israelischen und streckenweise antisemitischen Tönen.

Zur Elite der FIOE gehören bekannte Islamisten in Europa, die in ihren jeweiligen Ländern nationale muslimische Organisationen geführt haben bzw. noch führen.[137] Auch Ibrahim Farouk El-Zayat, ein ehemaliger Präsident der IGD, gehört zum Vorstand der FIOE.

Eine der wichtigsten „zentralen Institutionen" der FIOE ist der „European Council for Fatwa and Research", gegründet im März 1997. Vorsitzender des Rates ist der Ideologiegeber der Muslimbruderschaft, Yussuf al-Qaradawi, und sein Stellvertreter ist Scheich Faysal Maulawi, der – wie Qaradawi – durch positive Stellungnahmen zu terroristischen Selbstmordattentaten in Palästina aufgefallen ist. Weitere prominente Mitglieder des Rates sind u. a. der Großmufti von Bosnien-Herzegowina, Mustafa Ceric, der im November 2008 in München den renommierten Eugen-Biser-Preis für besondere Verdienste um die „Förderung religiöser Toleranz" erhielt. Ceric ist umstritten. Seine Ausführungen zur Scharia in Europa haben Aufsehen erregt und Protest hervorgerufen, weil er einerseits die Scharia als „ewig, nicht verhandelbar und zeitlos" charakterisierte, gleichzeitig aber das „deutsche Grundgesetz und die jeweiligen nationalen Gesetze" als für Muslime in Europa absolut und einzig gültig bezeichnete.[138] Er hat diese Unklarheiten bislang nicht erhellen können. Zur Führung des ECFR gehören u. a. auch der tunesische Islamist Rachid Ghannouchi und der deutsche Konvertit Mohammed Siddiq Borgfeld – er war erster „Amir" (= „Führer") der Muslimischen Jugend (MJ). Milli Görüs Deutschland soll mit einem Vorstandsmitglied vertreten sein. Der ECFR vertritt eine strikt konservativ-orthodoxe bis fundamentalistische Linie und arbeitet an der Entwicklung eines scharikonformen Rechts für muslimische Minderheiten in Europa („fiqh-al-aqallīyāt").[139]

Weitere, wichtige Unterorganisationen der FIOE sind:
- Der 1994 gegründete und 1996 in Großbritannien offiziell registrierte *„European Trust"* (heute: „Europe Trust"), ein Unternehmen, das Moscheebauprojekte unterstützt und Stipendien für muslimische Studenten vergibt.
- Das *„Institut Européen des Sciences Humaines"* (IESH), gegründet 1992 in St-Léger-de-Fougeret in der Nähe der burgundischen Stadt Château-Chinon, ein ultrakonservatives bzw. fundamentalistisches Ausbildungsinstitut für angehende Imame und „islamische Theologen". Es ist davon auszugehen, dass Hunderte von jungen angehenden islamischen Theologen am Institut studiert haben und inzwischen in ihren jeweiligen Gemeinden in Europa das fundamentalistische Gedankengut weiter verbreiten. Dazu gehören auch deutsche Islam-Funktionäre z. B. der IGMG und IGD.
- Die *„Federation of Muslim Youth and Student Organisations"* (FEMYSO), gegründet 1994/95 mit Sitz in Brüssel. Die FEMYSO ist faktisch die Jugendorganisation der FIOE. Sie unterhält, wie andere FIOE-Organisationen auch, enge Verbindungen zur „World Assembly of Muslim Youth" (WAMY), einer fundamentalistischen, von Saudi-Arabien stark geförderten Weltorganisation. Ibrahim El-Zayat ist einer der Gründungsväter der FEMYSO und war bis 2002 Präsident der Organisation. Mitglieder der FEMYSO sind u. a. die Jugendabteilung der Milli Görüs Deutschland und die Muslimische Jugend.

In den letzten Jahren hat die IGD durch ihre publikumswirksamen Jahrestreffen in der Öffentlichkeit Aufmerksamkeit erregt. Im Oktober 2008 feierte die IGD ihr fünfzigjähriges Jubiläum mit zwei Treffen.

Das Datum verweist darauf, dass sie sich in der Kontinuität der 1958 gegründeten muslimischen Gruppe in München sieht. Bei den bisherigen Treffen wurde in Vorträgen und Diskussionen sehr deutlich, dass „Identitätsbildung" und „Mission" die zentralen Intentionen der IGD sind. Die Führungselite der IGD ist eng mit anderen Vereinen und Verbänden vernetzt. Es gibt eine Fülle personeller Verbindungen zu Vorständen anderer Organisationen, z. B. in der Person des langjährigen IGD-Präsidenten Ibrahim Farouk El-Zayat. Der Deutsch-Ägypter, 1968 als Sohn des Imams des Islamischen Zentrums Marburg und seiner deutschen Frau dort geboren, studierte 1988 bis 1992 Wirtschaftsingenieurwesen, Volkswirtschaft und Jura und schloss es als Diplom-Volkswirt ab. Er ist ein Mann mit ausgezeichneten Umgangsformen, gewinnendem Charme, ausgeprägtem Organisationstalent, Eloquenz und Sinn für komplizierte und weit verzweigte finanzielle Unternehmungen. Er gibt sich stets dialogbereit, modern und liberal. Ibrahim El-Zayat ist ein muslimischer Multifunktionär und widmet sich rastlos der Lobbyarbeit für seine Version des Islam. Er sitzt, wie ein Verfassungsschutzbeamter treffend formulierte, „wie eine Spinne im Netz" verschiedener, miteinander verlinkter Organisationen.[140]

Hier können nur die wichtigsten, einigermaßen sicher bekannten (aktuellen oder vergangenen) Funktionen genannt werden: Vorstandsmitglied des IZ München, des Münchener Vereins „Muslime Helfen e. V", Generalbevollmächtigter der „Europäischen Moscheebau- und Unterstützungsgemeinschaft" (EMUG), die vor allem, aber nicht nur das Immobilienvermögen der IGMG verwaltet, Vorstandsmitglied der FIOE, „Economist Director" des „European Trust", Repräsentant des Westeuropa-Büros der „World Association of Muslim Youth" (WAMY), Vorstandsmitglied der 1964 gegründeten „Muslimischen Studentenvereinigung" (MSV), Mitglied des Vorstandes von „Islamic Relief", einer von Saudi-Arabien gesponserten muslimischen „Wohlfahrtsorganisation", die verdächtigt wird, Spendengelder zur Finanzierung dschihadistischer Aktivitäten verwendet zu haben,[141] ferner Vorstandsmitglied der „Gesellschaft Muslimischer Geistes- und Sozialwissenschaftler" (GMSG), einer 2002 mit großem Aufwand gestarteten Initiative von muslimischen Intellektuellen zur Entwicklung eines europäisch geprägten Islam. Diese Initiative dümpelt aber seit Jahren vor sich hin. Was bislang auf der Website der GMSG zu lesen war, reproduzierte ohnehin nur einen modernistisch camouflierten konservativ-orthodoxen Islam.[142]

Trotz zahlreicher Vermutungen und Indizien wendet sich El-Zayat vehement gegen die Behauptung, die IGD sei eine „Organisation" der Muslimbruderschaft und daher nicht demokratiekompatibel. Auch hat er wiederholt bestritten, selbst Mitglied der Muslimbruderschaft zu sein. So erklärte er in einem Interview mit der „Welt am Sonntag": „Ich identifiziere mich mit Deutschland, will unsere Gesellschaft selbstverständlich nicht zerstören und war auch nie Mitglied der Muslimbrüder." In demselben Interview gibt er allerdings zu verstehen, dass er die Muslimbruderschaft für „bunter und unterschiedlicher als bekannt" betrachte und sich – in Abgrenzung von den „Reaktionären" – den „Wertkonservativen […] eher verbunden fühle". Und, so bekennt er in dem rechtspopulistischen Blatt „Junge Freiheit" (!): Die Muslimbruderschaft „sei eine der wichtigsten islamischen Reformbewegungen des letzten Jahrhunderts".[143] Er erläutert allerdings nicht, welche islamischen Reformen diese islamische „Reformbewegung" auf den Weg gebracht haben soll.

Gegen die Behauptung, er sei Muslimbruder, geht er meistens gerichtlich vor. Allerdings erreichte er am 21. Dezember 2005 vor dem Landgericht I in München in einem Rechtsstreit gegen die heutige Familienministerin und damalige Bundestagsabgeordnete Kristina Schröder (damals noch Köhler, CDU) nur einen Teilerfolg. Zwar durfte Köhler nicht behaupten, dass die IGD eine Organisation der Muslimbruderschaft sei, gleichwohl sei aber die Bezeichnung El-Zayats als „Funktionär der Muslimbruderschaft" eine noch „zulässige Meinungsäußerung".[144] In einem ARD-Beitrag vom 23. Februar 2007 wurde El-Zayat von Muhammad Akif, dem ehemaligen Vorsitzenden der ägyptischen Muslimbruderschaft, als „Chef („rais") der Muslimbrüder in Deutschland" bezeichnet. Als diese Äußerung in der Presse verbreitet wurde, ging El-Zayat dagegen vor und erreichte die Veröffentlichung einer Gegendarstellung in der „Welt". Akif habe sich nicht wie zitiert geäußert, behauptete er.[145]

Wiederholt distanzierte sich El-Zayat vom Terrorismus, legte „Bekenntnisse" zur Demokratie des Grundgesetzes ab und versicherte die Integrationsbereitschaft der in der IGD organisierten Muslime. Doch was sind solche Aussagen tatsächlich wert? 1996 hatte El-Zayat eine Vision: „Alles ist möglich, wenn Er (Allah) nur will. Dieses Land ist unser Land, und es ist unsere Pflicht, es positiv zu verändern. Mit der Hilfe Allahs werden wir es zu unserem Paradies auf der Erde machen, um es der islamischen Ummah und der Menschheit insgesamt zur Verfügung zu stellen. Allah verändert die Lage eines Volkes erst, wenn das Volk seine Lage ändert."[146] Hat hier jemand eine Vision vom islamischen Staat Deutschland? Ein Schelm, wer Böses dabei denkt!

Offenherziger war eine Äußerung des bekannten ägyptischen Predigers Omar Abdel-Kafi, der auf dem Jahrestreffen der „Islamischen Gemeinschaft in Deutschland" im September 2003 in Berlin unter tosendem Jubel der rund 4000 Anwesenden erklärte: „Integration darf nicht zu weit gehen. Wir müssen die ganze Welt besiedeln und zum Islam bekehren. Die Zukunft gehört der Religion Allahs. Mit eurer Hilfe werden wir es schaffen, mit den Alten und den Jungen." El-Zayat widersprach nicht.

Er hatte ganz offensichtlich auch nichts einzuwenden, als ein Jahr später, erneut beim Jahrestreffen der IGD in Berlin, Ahmad von Denffer (geb. 1949), Konvertit, Übersetzer und Islamwissenschaftler, langjähriger Aktivist des „Islamischen Zentrums München", Referent für Öffentlichkeitsarbeit der IGD, Herausgeber der Zeitschrift „Al-Islam" und Vorsitzender der muslimischen Hilfsorganisation „Muslime Helfen", unter Riesenbeifall und gespenstischen „Allahu-akbar"-Rufen des überwiegend jugendlichen Publikums kaum verhüllte Drohungen an die Adresse der „Mehrheitsgesellschaft" verlauten ließ: Wenn die „Beschuldigungen" und „Vorwürfe" gegen „die" Muslime fortgesetzt würden, könnten manche, die sich „gedemütigt" fühlten, zu „irrationalen" Handlungen neigen. „Wir Muslime", so von Denffer weiter, haben in Deutschland nur eine „Bedeutung, eine Aufgabe [...] den Menschen den Islam nahezubringen."[147] Die einzige Existenzberechtigung für Muslime in Deutschland ist demnach die Missionierung der „Ungläubigen"! Häufig wird bei kritischen Verweisen auf von Denffers Aussagen von El-Zayat und anderen Funktionären der IGD eingewandt, dessen Position sei eine nicht repräsentative Einzelmeinung. Das ist ganz offensichtlich eine Schutzbehauptung, denn von Denffer erfüllt für die IGD wichtige Funktionen und trat bei Jahrestreffen mit erheblicher Autorität auf.

Von Denffer lässt ganz offenherzig erkennen, was er unter Integration versteht: „Unser Handeln und unsere Rolle als Muslime in der nichtmuslimischen Gesellschaft zielen gar nicht darauf ab, uns im engeren Sinne in diese Gesellschaft zu integrieren, sondern vielmehr darauf, diese Gesellschaft im Verlauf ihrer ohnehin und natürlicherweise stattfindenden Fortentwicklung und Veränderung zu befördern." Was von Denffer mit „befördern" meint, wird in wohlklingenden Formeln beschrieben, die bei dialogfreudigen Nichtmuslimen gut ankommen: „Frieden", „Gerechtigkeit", „Heilmachen", „Ganzmachen".

Schaut man genauer hin und analysiert den Kontext, zeigt sich hier das Programm einer Islamisierung der Gesellschaft. Die eigentliche Aufgabe, ja die einzige Existenzberechtigung von Muslimen in Deutschland ist die Mission, die Verwandlung der säkularen Gesellschaft in eine „islamgemäße".[148] Von Denffer streitet für den islamischen Scharia-Staat. So erklärte er in einem Interview mit der Zeitschrift „Gazette": „Wenn die Mehrheit der Menschen in dieser Gesellschaft sich dazu [zur Einführung der Scharia, J. K.] entschließen, dann sollte man das akzeptieren und ihnen die Möglichkeit geben, ihre Gesellschaft entsprechend zu gestalten."[149] Die Demokratie des Grundgesetzes wird demnach nur als ein Provisorium betrachtet, bis die Mehrheits- und Machtverhältnisse es zulassen, die Scharia in Deutschland einzuführen.

Von Denffer, selbst ZMD-Mitglied, kritisierte die „Islamische Charta" des Zentralrats der Muslime in Deutschland scharf als „Opportunismus". Es sei der Versuch, Unvereinbares miteinander zu versöhnen: säkularen Staat, Demokratie und Scharia. Für von Denffer ist klar, was den Vorrang hat: das göttlich geoffenbarte Gesetz! Er demonstrierte dies durch einen Vergleich von Art. 3 des Grundgesetzes mit bestimmten koranischen Aussagen und kam zum Ergebnis: „Hier zeigt sich auf verschiedenen Gebieten eine Unvereinbarkeit, die kaum aufzulösen ist."[150]

Welches Demokratieverständnis von Denffer offenbart und wie seine „islamgemäße" Gesellschaft aussehen soll, beschreibt er sehr praktisch in seinen Veröffentlichungen, insbesondere in dem 1996 erschienenen *Islam-Knigge*[151]: Diese Schrift, die semantisch geschickt an die bekannten Knigge'schen Benimm-Regeln anschließt, trägt noch den vorsichtigen Untertitel „Ratschläge zum Umgang mit Muslimen in Deutschland", doch sie enthält die Pädagogik einer islamischen Gegengesellschaft: So soll das „muslimische Kind nicht seiner religiösen Grundhaltung entfremdet und es auch nicht zu einer anderen Glaubenslehre, z. B. der christlichen", hingeführt werden. Im Klartext: In christlichen Kindertagesstätten darf ein Tischgebet nur so gesprochen werden, dass die Muslime nicht Anstoß nehmen. Mütternachmittage sind „alkoholfrei" zu gestalten, Gummibärchen als „haram" (verboten) zu verbannen. Nach dem Münchner Oktoberfest dürfen Lehrer in der Klasse keinen Erlebnisbericht wie „Mit Mutter und Vater auf d' Wiesn'" schreiben lassen, weil das muslimische Kind wegen des Alkoholverbotes von einem Besuch auf dem Oktoberfest ferngehalten wurde.

Da sich in Deutschland die koedukative Erziehung „meist nicht vermeiden" lasse, sollte „die Wahrung einer gewissen Distanz zwischen Menschen unterschiedlichen Geschlechts" gewährleistet sein. Das sieht wie folgt aus: Männer und Frauen, die nicht miteinander verwandt sind, sollen nicht nebeneinander sitzen, sich nicht berühren und zur Begrüßung sich nicht die Hand reichen. Ohne Beisein Dritter sollen sie sich in einem Raum nicht begegnen. Dass die Mädchen ein Kopftuch tragen müssen, versteht sich von selbst, wobei von Denffer noch präzisere Vorschriften gibt, wie das aussehen muss, denn nur Gesicht und Hände können unbedeckt bleiben. Die gläubige Frau lasse „damit erkennen, dass sie gläubig und bemüht ist, der religiösen Forderung nach einem tugendhaften und moralisch einwandfreien Lebenswandel nachzukommen, auch gerade im Hinblick auf das Verhältnis zwischen den Geschlechtern." Die „Aura" der Frau müsse – von der Pubertät an – bedeckt sein, das sei die „einhellige Auffassung der angesehensten Rechtsgelehrten".[152]

Beim Schwimm- und Sportunterricht sei auf strikte Geschlechtertrennung zu achten. Jungen sollten Sport- und Schwimmkleidung tragen, „die den Körper zumindest zwischen Nabel und Knie bedeckt". Die „Blöße" muss auch beim Duschen und Umziehen bedeckt sein. Mädchen wird Sport- und Schwimmkleidung vorgeschrieben, „die den ganzen Körper bedeckt". Sollte das in Schulen nicht möglich sein, so „sind muslimische Schülerinnen zu befreien". Muslimische Schüler dürfen keine Personen und Tiere malen, weil Koran und Sunna dies angeblich verbieten. Auch sollen die muslimischen Kinder vom Sexualkundeunterricht abgemeldet werden, weil dieser nun einmal unvermeidbar „Abbildungen unbekleideter Körper" zum Gegenstand habe.[153] Beim Arzt (der natürlich gleichen Geschlechts sein muss!) sei „unnötiges Entblößen" zu vermeiden, muslimische Frauen sollen sich nur mit Musliminnen im Krankenzimmer aufhalten, und selbstverständlich muss das Kopftuch getragen werden. Im Knast sollen muslimische Männer nur gemeinsam untergebracht werden und wegen des „Schamgefühls" ausschließlich allein duschen.[154]

Ist von Denffers Meinung eine Einzelmeinung, die nichts mit den Orientierungen in der IGD zu tun hat? Daran ist zu zweifeln. Sehr klar wird auf der (inzwischen gesperrten) Website unter Verweis auf Sure 2,221 ein Verbot der Heirat einer muslimischen Frau mit einem nichtmuslimischen Mann ausgesprochen. Das ist ein offenkundiger Verstoß gegen den Artikel 16 der „Allgemeine Erklärung der Menschenrechte". Dass Frauen und Männer im Islam nicht im Sinne menschenrechtlicher Garantien gleich sind, wird auch aus den Erläuterungen zur „Gleichberechtigung von Mann und Frau" sichtbar.[155]

Zurück zu El-Zayat. Das ARD-Magazin Panorama berichtete im Januar 2004 unter dem Titel „Millionen für den Terror? Schwere Vorwürfe gegen deutsche Islamisten" von undurchsichtigen Geldgeschäften El-Zayats. Das Bundeskriminalamt vermutete, dass El-Zayat Geldtransaktionen aus Saudi-Arabien über den Finanzplatz Deutschland an islamisch geprägte Länder veranlasst habe, wobei nicht ausgeschlossen werden könne, dass die von ihm unterhaltenen Konten dazu genutzt wurden, um „terroristische Gelder" weiterzuleiten.[156] Bewiesen werden konnte ihm damals nichts, wobei es als skandalös erschien, dass die deutschen Behörden trotz eines solch schwerwiegenden Anfangsverdachts offenbar nichts weiter unternehmen konnten. Das deutsche Geldwäschegesetz, so Thomas Berndt und Ahmed Senyurt, die Autoren des Panorama-Beitrages, greife im Falle El-Zayat offenbar nicht, und vor der deutschen Justiz müsse sich der IGD-Präsident nicht fürchten.

Auch das Urteil eines ägyptischen Militärgerichts vom April 2008 brachte El-Zayat nicht aus der Ruhe. Das Gericht befand ihn der Geldwäsche für eine verbotene Organisation für schuldig und verurteilte ihn in Abwesenheit zu zehn Jahren Gefängnis. Das Gericht ging also ganz selbstverständlich davon aus, dass El-Zayat ein wichtiger Funktionär der Muslimbruderschaft in Europa ist. Die Muslimbruderschaft veröffentlichte das Urteil des ägyptischen Militärgerichts auf ihrer offiziellen Website. El-Zayat forderte daraufhin von der Muslimbruderschaft eine „Gegendarstellung", in der er kundtat, er sei kein Muslimbruder. Diese Gegendarstellung wurde auf der entsprechenden Website unkommentiert veröffentlicht. Nach einer Großrazzia am 10. März 2009, bei der vierzehn verdächtige Objekte (Gebetsräume, Büros, Privatwohnungen) durchsucht wurden, ermittelt die Münchener Staatsanwaltschaft u. a. gegen El-Zayat wegen des Verdachts der Bildung einer kriminellen Vereinigung, der Geldwäsche, des Betruges, des (betrügerischen) Bankrotts und der Erschleichung von Fördergeldern. Die Ermittlungen haben den Druck auf El-Zayat erhöht und ihn offensichtlich veranlasst, sich nicht zur Wiederwahl als IGD-Präsident zu stellen. Im Januar 2010 wählte die IGD den wenig bekannten Diplom-Informatiker Samir Falah aus Karlsruhe zum neuen Präsidenten.

Die Tablighi Jama'at – die „stillen Prediger"?

Die Bayerische Staatsregierung, die mit der Arbeitsgruppe BIRGIT („Beschleunigte Identifizierung und Rückführung von Gefährdern aus dem Bereich des islamistischen Terrorismus und Extremismus") ein effektives Instrument zur Ausweisung von islamistischen Extremisten geschaffen hat, wies im August 2005 drei Aktivisten der „Tablighi Jama'at" aus Bayern aus, zwei Bosnier und einen Marokkaner. Die Ausweisungsaktion wurde allerdings nicht nur mit Beifall aufgenommen, bescheinigte doch z.B. der Kulturanthropologe Werner Schiffauer aus Frankfurt/Oder der TJ friedliche und harmlose Bestrebungen.[157] Doch so harmlos, wie der Kulturanthropologe meint, ist die TJ keineswegs. Die TJ ist ein islamistischer Wolf im Schafspelz, eine Bewegung, die zur Radikalisierung von Muslimen beiträgt.

Die „Tablighi Jama'at" (etwa: „Gemeinschaft der Verkündigung und Mission") wurde 1926 in Mewat in Indien von dem islamischen Rechtsgelehrten *Maulana Muhammad Ilyas* (1885–1944) gegründet, einem sunnitisch-orthodoxen Anhänger der indischen Deobandi-Schule, und zwar mit dem Ziel, „den Islam als gesellschaftliche Größe wieder im Leben der dortigen Muslime zu verankern, die in einem hinduistisch geprägten Umfeld in Indien eine Minderheit darstellten".[158] Inzwischen hat sich die TJ zu einer ethnisch nicht festgelegten und transnational agierenden islamischen Erweckungs- und Missionsbewegung entwickelt, die weltweit rund zwölf bis fünfzehn Millionen Anhänger haben soll. Die TJ vertritt eine fundamentalistische

Variante des Islam, die sie als Rückkehr zum „wahren" und „reinen" Islam und spirituelle Vertiefung versteht. Ihre Zielgruppen sind Muslime, die es mit ihrem Glauben nicht so genau nehmen, solche, die „falschen", also etwa „volksislamischen" Praktiken (wie der Heiligenverehrung) folgen, und „Ungläubige", die zum „wahren Glauben" geführt werden sollen. Ihre Lehre lässt sich in sechs einfachen Prinzipien ausdrücken:

- der Glaube an Allah als den Einen und Einzigen und den Propheten Muhammad als den Gesandten Gottes, dessen Beispiel man buchstäblich zu folgen hat
- die strikte Einhaltung des täglichen fünfmaligen Gebetes
- der gemeinsame Erwerb von Wissen, die ständige Erinnerung an Allah durch das Lesen des Korans und der Schriften der Tradition („hadith")
- der Respekt gegenüber anderen Muslimen
- die Änderung des persönlichen Lebens in der Unterwerfung unter den Willen Allahs, sodass das ganze Leben Allah und der Verbreitung seines Wortes gewidmet ist
- der persönliche, regelmäßige Einsatz für die missionarische Tätigkeit.

Die TJ-Prediger, meist durch die Barttracht und die auffällige Kleidung südasiatischer Muslime erkennbar (langes weißes Hemd, Kopfbedeckung, Pluderhose) fassten seit den Siebzigerjahren auch Fuß in Europa, vor allem in Großbritannien und Frankreich. Ihr europäisches Hauptquartier befindet sich gegenwärtig in Dewsbury in Mittelengland. Im Osten Londons wollen die Tablighis in den nächsten Jahren für 100 Millionen Euro (!) eine Mega-Moschee für 12 000 Gläubige errichten. In kleinen Missionstrupps ziehen sie durch die Welt, suchen Moscheen auf und laden Muslime und Nichtmuslime zum Gebet und/oder zu Vorträgen über die „richtige", also islamisch korrekte Lebensweise ein. Diese „Missionsreisen" können von drei Tagen bis zu einem Jahr dauern. Die Tablighis geben keine Auskunft über ihre Binnenstruktur, sie treten nicht mit programmatischen Erklärungen oder mit einer eigenen Internet-Präsenz demonstrativ nach außen hin auf. Sie geben auch keine Auskunft über ihre Finanzierung. Es wird vermutet, dass die Islamische Weltliga und saudi-arabische Sponsoren erhebliche Finanzmittel für ihre Missionsarbeit bereitstellen. Die TJ hat keine feste Organisationsstruktur, ihre Wanderprediger-Gruppen sind vorwiegend informell miteinander verbunden. Allerdings halten sie seit vielen Jahren große Jahrestreffen in Indien, Pakistan und Bangladesch ab, zu denen Millionen zusammenströmen.

Das klingt alles gar nicht aufregend und ganz unpolitisch. Und genau so will die TJ auch erscheinen und sich nur als spirituelle Gruppe zur Erneuerung islamischen Lebens darstellen. Dies erlaubt ihr, zunehmend in Kreisen gut gebildeter, mittelständischer Muslime Fuß zu fassen. Und doch ist die Wirkung der TJ in muslimischen Milieus von eminent politischer Bedeutung:

- Die dogmatische, buchstäbliche Orientierung an Reden und Verhalten des Propheten Muhammad und die Nachahmung seiner Lebensweise eliminiert faktisch das selbständige Denken und ist extrem individualismusfeindlich. Wenn der einzelne Gläubige sich auch an dem Verhalten Muhammads als Kriegsherr und Heerführer orientieren soll – bekanntlich hat Muhammad zahlreiche kriegerische Aktionen befehligt und ausgeführt – so ist das eine Rechtfertigung der Anwendung von Gewalt.
- Die fundamentalistische Konzentration auf das buchstäbliche Verständnis von Koran und Sunna sowie einige wenige Programmschriften von Ilyas und seinen Anhängern verengt den geistigen Horizont der TJ-Anhänger, reduziert die Wahrnehmung der Welt auf die scharfe Entgegensetzung von „Gläubigen" und „Ungläubigen", wertet andere Religionen ab und fördert eine Radikalisierung.
- Die strikte Trennung von Männern und Frauen unterstreicht die patriarchalische Herrschaft des Mannes als gesellschaftliches Vorbild für ein islamisches Gemeinwesen.

Manche Beobachter vermuten auch eine Reihe von Verbindungen zum regionalen, lokalen und internationalen islamistischen Terrorismus. Der baden-württembergische Verfassungsschützer Herbert L. Müller bezeichnete die TJ als „Durchlauferhitzer" für die Radikalisierung von Muslimen.[159] In der Tat hatte eine Reihe „prominenter" Terroristen Kontakte zur TJ, darunter der „Schuhbomber" Richard Reid, der amerikanische Taliban John Walker Lindh, der mutmaßliche Terrorist José Padilla sowie Lyman Faris, der wegen des Versuchs verurteilt wurde, einen Anschlag auf die Brooklyn Bridge in New York geplant zu haben, und schließlich zwei der Londoner Terroristen vom Juli 2005. Der Türke Cüneyt Cifti, der sich den zweifelhaften Ruhm erwarb, als erster in Deutschland geborener Selbstmordattentäter in die Geschichte des Terrorismus einzugehen, war offensichtlich in den Jahren 2001/02 mit einer im bayrischen Pappenheim angesiedelten TJ-nahen Islamischen Gruppe in engem Kontakt. Es ist anzunehmen, dass er hier nachhaltig radikalisiert wurde. So dienten die weit gefächerten Missionsaktivitäten der Tablighis in einer Reihe von Fällen offensichtlich zur Radikalisierung und Rekrutierung von Anhängern für den militanten „dschihad". TJ-Anhänger sollen 1993 an dem Putsch gegen die damalige pakistanische Ministerpräsidentin Benazir Bhutto beteiligt gewesen sein. Alex Alexiev vermutet auch, dass die TJ aktiv die Gründung pakistanischer und afghanischer Terrorgruppen („Harakat ul-Mujahideen" und „Harakat ul-Jihad-i Islami") betrieben habe.[160]

In Deutschland ist die TJ seit Jahren aktiv und soll rund 700 Anhänger haben. Berichtet wird von TJ-Sympathisantenkreisen in verschiedenen Moscheen oder in ihr nahestehenden Vereinen in Hamburg, Hannover, Braunschweig, Wolfsburg, Berlin, Köln, Friedrichsdorf (Hessen), Erfurt, Bochum, München und Pappenheim (Bayern). Oft sind diese Kreise nicht direkt als TJ-Ableger erkennbar. Mit ihrer Hilfe weitet die TJ ihre Missionstätigkeit aus. Seit Jahren organisiert sie große Treffen mit Unterstützung einiger Moscheevereine z. B. aus Berlin (Al-Nur Moschee), Hamburg, Hannover und dem Saarland. Vom

16. bis 18. Mai 2008 fand im Kulturzentrum der „Islamischen Gemeinde Saarland e.V." in Saarbrücken das Deutschlandtreffen der TJ statt mit insgesamt mehr als 1000 Personen aus Deutschland sowie Teilnehmern aus Frankreich, Großbritannien, Österreich, Pakistan und Indien. In seiner Eingangspredigt betonte der innerhalb der TJ hochgeehrte „Amir" Sheik Abdul Mohammad Wahab aus Pakistan, dass die TJ in Europa stark sei, insbesondere in Italien und Spanien. Die TJ müsse ihre Arbeit ähnlich wie die eines „Insektes" betrachten. Das „Insekt" höhle den Baum so lange von innen aus, bis er beim ersten Sturm zusammenstürze.[161]

Schon seit Längerem wird sie vom Verfassungsschutz beobachtet. Außerdem hat der Bayerische Verwaltungsgerichtshof entschieden, dass Anhänger der TJ nicht eingebürgert werden dürfen.[162]

Die Hisbollah

Die Hisbollah („Partei Gottes") entstand 1982 im Libanon durch eine Abspaltung von der schiitischen, eher nationalistisch orientierten Amal-Miliz und die Vereinigung verschiedener militanter schiitischer Gruppen. Die treibende Kraft bei der Formierung dieser neuen schiitischen Kampfgruppe war der Iran, der „Revolutionswächter" in die Bekaa-Ebene im Ostlibanon entsandte. Das primäre Ziel der Hisbollah war der Kampf gegen Israel, dessen Existenzrecht die Hisbollah bis heute kategorisch ablehnt. Zugleich beabsichtigte man den Aufbau eines wahrhaft islamischen Scharia-Staates nach dem Muster des Iran, sah sich aber rasch zur taktischen Hinnahme der politischen Rahmenbedingungen im Libanon als einem ethnisch, religiös und kulturell ausgeprägt pluralistischen und politisch scharf polarisierten Staat gezwungen.

In den Achtzigerjahren hatte die „Partei Gottes" noch durch spektakuläre terroristische Aktionen im Libanon und im Ausland auf sich aufmerksam gemacht. Unvergessen bleibt der verheerende Selbstmordanschlag auf die Hauptquartiere der amerikanischen und französischen Truppen am 23. Oktober 1983, bei dem 241 Amerikaner und 58 Franzosen starben. Auch im Ausland gab es Tote. In Paris starben bei Anschlägen auf Einkaufszentren und Bahnhöfe 1985 insgesamt 13 Menschen. 1994 wurde das jüdische Kulturzentrum in Buenos Aires von einem Selbstmordattentäter attackiert: 89 Menschen starben, Hunderte wurden verletzt. An der Ermordung von vier kurdisch-iranischen Oppositionspolitikern im Berliner Restaurant Mykonos im Jahre 1992 waren, wie im Prozess gegen die Täter festgestellt wurde, drei Hisbollah-Mitglieder beteiligt. Die Hisbollah war ferner verantwortlich für zahlreiche Entführungen von Ausländern (darunter auch mehrere Deutsche), die eine lange und grausame Geiselhaft ertragen mussten.

Seit Anfang der Neunzigerjahre verfolgt die Hisbollah eine flexible Strategie der politischen Einflussnahme durch die Teilnahme an Wahlen, den Eintritt in Parlament und Regierung sowie den Aufbau eines weit gefächerten Netzes von sozialen Diensten (Beseitigung von Kriegsschäden, Unterstützung von Kriegsopfern, Bildungseinrichtungen, Wohlfahrtsorganisationen etc.) in erster Linie für die rund 40 Prozent Schiiten im Libanon. Doch parallel dazu gingen die terroristischen Aktivitäten des bewaffneten Arms der Hisbollah gegen Israel unvermindert weiter. Nach dem Libanon-Krieg 2006 ist die Hisbollah militärisch nicht substanziell geschwächt, denn sie weigert sich bis heute, ihre Waffen abzugeben, trotz der UN-Resolution 1701, die dies verlangt. Im Gegenteil ist die Hisbollah gegenwärtig mit noch mehr Einfluss auf die Geschicke des zerrissenen Landes ausgestattet. Nach ihrem Monate währenden militanten Kampf gegen die Regierung ist sie zum entscheidenden Machtfaktor geworden. Im Libanon läuft politisch faktisch nichts mehr gegen das Veto der Hisbollah.

Die Hisbollah hat eine effektive internationale Propaganda-Maschinerie organisiert. Seit 1991 verbreitet ihr Sender Al-Manar („Der Leuchtturm") über Satellit und Internet in weit gefächerten Formaten (von der Talkshow bis zur Kindersendung) antisemitische und volksverhetzende Botschaften. Al-Manar ist der mediale Beitrag der Hisbollah-Terroristen zur psychologischen Kriegführung und wird jeden Tag weltweit von bis zu 15 Millionen Menschen gesehen. Zahllose Videos, die den Kampf der Hisbollah verherrlichen, können per Mausklick angeschaut werden. Überall erscheinen bärtige Kämpfer, die zu martialischen Kampfgesängen den kommenden Sieg der Hisbollah gegen ihre „zionistischen Feinde" und den „Großen Satan" (die USA) verheißen. Selbstmordattentäter werden glorifiziert, Israel verflucht und seine Vernichtung prophezeit.[163] Während die USA Al-Manar und die Hisbollah seit Jahren auf ihrer Liste terroristischer Organisationen führen, hat die EU bislang davon abgesehen. Diese Entscheidung signalisiert, dass es wahrscheinlich so etwas wie ein inoffizielles „Stillhalteabkommen" gibt: Die EU-Staaten lassen die Hisbollah zwar beobachten,[164] behindern ihre Propaganda- und Unterstützungsaktivitäten für den „dschihad" im Nahen Osten (Geldsammlungen, Rekrutierung von Kämpfern) aber kaum. Im Gegenzug verzichtet die Hisbollah gegenwärtig auf militante Aktionen in Europa, obwohl sie die Fähigkeit dazu hätte.

Es ist nicht verwunderlich, dass die Propaganda der Hisbollah insbesondere unter denen Resonanz findet, die vom Bürgerkrieg im Libanon und der israelischen Besetzung von Teilen des Landes betroffen waren, z. B. bei den Libanon-Flüchtlingen, die in den Achtzigerjahren nach Berlin kamen. Der Islamwissenschaftler Ralph Ghadban hat herausgearbeitet, dass sie dort teilweise ihre heimischen Dorf- und Clanstrukturen rekonstruiert und ihre religiösen und kulturellen Orientierungen beibehalten haben. Eine Integration fand faktisch nicht statt.[165] Ihnen und vielen anderen Schiiten in Deutschland erscheint die Hisbollah als die einzige Kraft, die Israel Paroli zu bieten und die schiitische Bevölkerungsgruppe zu schützen vermag. Das drückt sich etwa in den Chats des deutschsprachigen Schia-Forums aus. Hier finden wir zustimmende bis begeisterte Kommentare zum „gerechten und wahren jihad" der Hisbollah gegen die „zionistischen Aggressoren": Ein Teilnehmer mit dem bezeichnenden Namen „Ansar Hezbollah"

(= Helfer der Hisbollah) bemerkt: „Ich verdiene es nicht, Mitglied der Hisbollah zu sein, doch wallahul aliyul adhim, es wäre mir Genüge und eine Ehre, die Schuhe der Mujahedin zu putzen und ihre Hände zu küssen, bevor sie in den Kampf ziehen. Alle Ehre sei ihnen, Kämpfer des wahren Islam."[166]

Die Hisbollah hat in Deutschland nach Angaben des Verfassungsschutzes rund 900 Mitglieder bzw. Sympathisanten. Der israelische Sicherheitsexperte Amir Kulic zweifelt diese Zahlen allerdings an. Hinter jedem Aktivisten vermutet er fünf weitere und geht von mehreren Tausend Aktivisten in Deutschland und einem weit verzweigten Netzwerk in Europa aus.[167] Hisbollah-Anhänger sammeln sich im Umfeld von schiitischen Moscheen, so etwa vermutlich in der Imam-Riza-Moschee in Berlin-Neukölln. Wohltätigkeitsorganisationen mit harmlos klingenden Namen organisieren die Vorfeldarbeit der Islamisten. In der deutschen Unterstützerszene wird Geld gesammelt, das mutmaßlich unmittelbar dem „dschihad", d. h. dem Terror der Hisbollah, zufließt. Es wird z. B. angenommen, dass das „Waisenkinderprojekt e. V." (eingetragen im Vereinsregister des Amtsgerichts Stuttgart) eine solche Unterstützerorganisation für den „dschihad" im Nahen Osten ist. Für nur 32 Euro kann man laut der Selbstdarstellung des Projekts eine Patenschaft für ein Waisenkind im Libanon übernehmen.[168] Das Geld werde dann auf ein Waisenkinderkonto im Libanon überwiesen. Ob es da wirklich landet, ist mehr als zweifelhaft. Wahrscheinlich fließt es eher dem „Libanesischen Märtyrer-Institut" zu, das den Familien von Selbstmordattentätern Unterstützung zukommen lässt.

Vorsitzender des Vereins ist seit 1997 der Arzt Hicham J. Hasan aus Göttingen, der in einem Interview mit dem Israel-feindlichen „Muslim-Markt" freundliche Worte für die Hisbollah fand und nicht verstehen konnte, warum sein Projekt bei den Deutschen auf Vorbehalte stieß: „Leider haben wir bis jetzt wenig Resonanz für unsere Arbeit in der einheimischen Bevölkerung in Deutschland gefunden. Aber möglicherweise kennen viele Deutsche unsere Arbeit nicht [...] Ich denke, ein Grund dafür ist auch die Sensibilität der deutschen Bevölkerung gegenüber Israel und auch die Terrorismus-Diskussion, die betrieben wird. Leider beeinflussen die Medien die Menschen hier, und dadurch wird eine differenzierte Meinungsbildung sehr schwierig. So wird beispielsweise eine Partei, die von der Mehrheit der Libanesen gewählt wird, im Parlament repräsentiert ist und mehrere Minister in der Regierung stellt, von manchen in der westlichen Welt als terroristisch eingestuft. Eine Ausgrenzung dieser Partei ist für Libanesen nicht möglich. Wer will sich von Bekannten, Verwandten und den vielen, vielen Menschen, die zum normalen Gemisch der libanesischen Bevölkerung gehören, distanzieren? Zurzeit stehen alle Libanesen, Christen, Moslems und alle anderen hinter dieser Partei, weil sie das Land verteidigt gegen die israelische Aggression."[169]

Kritischen Anfragen wich Hasan bisher aus. Er verweigerte auch Auskünfte zu seiner Bekanntschaft mit dem Medizinstudenten Khaled Kaschkusch, der im Juli 2008 in Tel Aviv bei seiner Ankunft aus Deutschland von den israelischen Sicherheitsbehörden verhaftet wurde. Anschließend wurde ihm wegen Landesverrat und Spionage für die Hisbollah der Prozess gemacht. Er gestand, in Deutschland von der Hisbollah angeworben worden zu sein. In der israelischen Anklageschrift wurde der Rekrutierungsvorgang so dargestellt: Kaschkusch soll durch die Vermittlung von Dr. Hichem Hasan erstmals im Dezember 2005 einen Top-Agenten der Hisbollah in Europa, Muhammad Hashem („Rami"), getroffen haben. Bei weiteren Treffen habe er ein Telefon, eine angeblich sichere Internetverbindung, Bargeld in Höhe von insgesamt 13 000 Euro und Spionageaufträge erhalten. Er sollte für die Hisbollah israelische Araber zu Anwerbungszwecken ausspionieren, und zwar während eines medizinischen Praktikums im Rambla-Krankenhaus in Haifa. Solche Anwerbepraktiken der Hisbollah sind nicht erst jüngsten Datums. Schon 1997 rekrutierte die Hisbollah einen deutschen Konvertiten, Steven Smyrek, der einen Anschlag in Israel verüben sollte (siehe oben S. 53 f.).

Hierzulande sitzen manche Analysten der Illusion auf, es gebe zwei Hisbollahs: eine politisch-friedliche Hisbollah, die das Wohl der Menschen im Libanon suche, und eine „militärische", die aktiv gegen Israel kämpfe. Während man die erste unterstützen könne, müsse man natürlich die zweite verurteilen.[170] Das ist reine Augenwischerei. Auch die „friedliche" politische Vorfeldarbeit gehört zum „dschihad".

Bislang hat die deutsche Politik keine Veranlassung gesehen, den Verein „Waisenkinderprojekt e.V." an seinen Aktivitäten zu hindern oder auf andere Weise die Hisbollah ernsthaft zu beunruhigen. Das galt lange Zeit insbesondere auch für den Sender Al-Manar, der in Deutschland über die arabischen Satellitenanbieter Arabsat und Nilesat empfangen werden kann, die sich in saudi-arabischem bzw. ägyptischem Staatseigentum befinden. Al-Manar erfreut sich insbesondere bei libanesischen und palästinensischen Migranten größter Beliebtheit. Zahllose Jugendliche arabischer Herkunft bilden sich ihre Meinung über die Welt im Allgemeinen und den Westen im Besonderen aus der martialischen Propaganda von Al-Manar. Lehrer berichten aus Berliner Schulen mit einem hohen Anteil arabischsprachiger Schüler, dass die Hetzpropaganda deutliche Wirkungen zeitigt. Offene antisemitische Äußerungen nehmen drastisch zu, Sympathien für den „dschihad" im Kampf gegen „die Juden" und Amerika sind weit verbreitet. Es hat lange gedauert, bis in der EU Der Entschluss reifte, das Programm nicht mehr über Eutelsat in Europa verbreiten zu lassen. Die Ausstrahlung des Programms über Arabsat und Nilesat hält jedoch an. Konsequenter sind da bislang die USA, Frankreich, die Niederlande, Spanien und Australien verfahren. In diesen Ländern ist die Ausstrahlung von Al-Manar ausdrücklich verboten. In Indonesien, dem Land, das bis vor Kurzem vielfach für seinen „demokratischen Islam" gelobt wurde, kann allerdings seit Kurzem Al-Manar empfangen werden, und von dort aus sendet es in den asiatischen Raum.

Auch die deutsche Politik bequemte sich endlich dazu, das Problem ernst zu nehmen. Noch im Februar 2007 hatte die Bundesregierung in Beantwortung einer „Kleinen Anfrage" von Abgeordneten der FDP erklärt, dass sich Anhänger und Sympathisanten der Hisbollah in rund dreißig bekannten Kultur- und Moscheevereinen träfen, sich aber „gesetzeskonform" verhielten, sodass von ihnen „keine konkrete Gefährdung" ausgehe.[171] Ein Jahr später warnte das Bundeskriminalamt in einer geheimen Analyse vor „groß angelegten objekt- und personenbezogenen Anschlägen" der Hisbollah, die dafür die notwendige Logistik besitze. Die in Deutschland lebenden Hisbollah-Anhänger könnten im Falle „einer nahöstlichen Krise jederzeit für terroristische Aktivitäten" eingesetzt werden.[172] Inzwischen hat jedoch ein Gesinnungswandel stattgefunden. Der Deutsche Bundestag forderte in einer Erklärung vom 4. November 2008 die Bundesregierung auf, Bemühungen zu intensivieren, „um auf ein Ende der Verbreitung anti-israelischer und antisemitischer Propaganda in Deutschland über Drittstaaten-Satelliten hinzuwirken".[173] Der damalige Bundesinnenminister Schäuble wurde aktiv und erteilte am 11. November 2008 ein „Betätigungsverbot" für Al-Manar. Danach ist es untersagt, für den Sender zu werben, zu Spenden aufzurufen und Sammlungen zu iniitiieren sowie Al-Manar-Sendungen in Hotels, Restaurants oder Cafés zu zeigen. Das ist ein erster Schritt in die richtige Richtung, verhindert aber nicht, dass die Hetzpropaganda des Senders weiterhin in arabischen Haushalten konsumiert wird.

Überaus kontraproduktiv war dagegen eine Entscheidung der 1. Kammer des Berliner Verwaltungsgerichts vom 21. März 2007. Der „Deutsche Friedensrat" hatte gegen eine versammlungsrechtliche Auflage der Polizei für die Demonstration vom 12. August 2006 („Stoppt den Krieg gegen Libanon und Palästina") geklagt, die es untersagte, Kennzeichen, Symbole, Embleme oder Bildnisse des Hisbollah-Chefs Hassan Nasrallah zu zeigen. Das Berliner Gericht entschied, dass die Auflage der Polizei nicht rechtens gewesen sei, denn „das Zeigen der untersagten Symbole und Bilder" sei als Parteinahme „für einen der Beteiligten der kriegerischen Auseinandersetzung zu verstehen" und könne „nicht dahingehend verstanden werden, dass mit ihr jede Äußerung oder Handlung der Hisbollah oder ihres Generalsekretärs gutgeheißen oder unterstützt werde". Das Zeigen dieser Zeichen sei daher von der grundgesetzlich verbürgten Meinungsfreiheit (Art. 5 Abs. 1

GG) geschützt und daher nicht strafbar gewesen.[174] Es ist schon bitter: Das Zeigen der Symbole einer antisemitischen Terrororganisation, die sich die Vernichtung Israels auf die Fahnen geschrieben hat, wird von einem deutschen Gericht als vom Recht auf freie Meinungsäußerung gedeckt betrachtet! Es ist ein Hoffnungsschimmer, dass der Deutsche Bundestag ganz offensichtlich die Parteinahme für die Hisbollah als nicht durch das Recht auf Meinungsfreiheit gedeckt sieht, denn in der schon zitierten Erklärung vom 4. November 2008 heißt es: „Die Solidarisierung mit terroristischen und antisemitischen Gruppen wie der Hamas und der Hisbollah sprengt den Rahmen zulässiger Kritik an der israelischen Politik."[175] Konsequent wäre ein Verbot der Hisbollah für die gesamte EU, das z. B. vom „Koordinierungsrat deutscher Nicht-Regierungsorganisationen gegen Antisemitismus" schon lange gefordert wird.

Die Hamas

Auch die sogenannte „radikal-islamische" *Hamas* ist in Deutschland aktiv. Der 1982 von palästinensischen Anhängern der Muslimbruderschaft gegründete „Islamische Bund Palästinas" (IBP) verstand sich seit 1987 als Vertretung der Hamas.[176] 300 Anhänger werden ihr zugerechnet. Sie sind nicht in erkennbare feste Organisationsstrukturen eingebunden und verhalten sich so, dass die Sicherheitsbehörden zurzeit keine von ihnen ausgehende akute Gefährdung erkennen können. Sie kümmern sich um eine enge Kommunikation untereinander, treffen sich in und im Umfeld von bestimmten Moscheen und organisieren, wie die Hisbollah auch, Spendensammlungen, die, so darf vermutet werden, dem „dschihad" im Nahen Osten zufließen.

Die Hamas („harakat al-muqawama al-islamiya" = „Bewegung des islamischen Widerstands") wurde am 14. Dezember 1987 (eine Woche nach dem Ausbruch der sogenannten „Ersten Intifada") von palästinensischen Anhängern der Muslimbruderschaft im Gazastreifen gegründet. Sie war ganz wesentlich das Werk von Scheich Mohammed Yassin, der in den Siebzigerjahren erfolgreich mit dem Aufbau eines Netzwerkes von islamistischen Einrichtungen, mit dem „Islamischen Zentrum" als Kommunikations- und Planungsmittelpunkt, begonnen hatte. Es ist bis heute umstritten, welchen Anteil die israelische Regierung an der Entwicklung und dem Wachstum dieses Netzwerkes hatte, entweder durch direkte Förderung (als religiöse Konkurrenz zur „säkularen" PLO) oder durch Gewährenlassen.

Im Februar 1988 formulierte die Hamas eine „Charta" (veröffentlicht im August 1988). Die „Charta" begründet die Politik der Hamas ausdrücklich religiös: „Die Islamische Widerstandsbewegung: Der Islam ist ihr Weg. Aus ihm leitet sie ihre Ideen, Konzepte und Vorstellungen über die Welt, das Leben und den Menschen ab; auf ihn bezieht sie sich in all ihrem Handeln und von ihm lässt sie sich bei der Leitung ihrer Schritte inspirieren." Und Art. 5 bekräftigt: „Gott ist ihr Ziel, der Gesandte Gottes ist ihr Vorbild, und der Koran ist ihre Verfassung."[177] Die Hamas beansprucht die führende Rolle im „Widerstandskampf" gegen Israel. Ihr Ziel ist die Errichtung eines islamischen Staates in „Palästina", das sie seit den ersten islamischen Eroberungen im 7. Jahrhundert als rechtmäßiges islamisches Gebiet betrachtet („waqf"-Land, d.h. ein Gebiet, das die angestammten Bewohner weiterhin nutzen, wo die Muslime aber die Herrschaft und Verwaltung ausüben – Art. 11 der Charta).

Mit diesem Anspruch ist die kompromisslose Bestreitung des Existenzrechtes Israels verbunden. Die Hamas ruft zum konsequenten und dauernden „dschihad" gegen den „Feind" mit dem Ziel seiner Auslöschung auf. Dieser Kampf wird als persönliche Pflicht eines jeden Muslim bezeichnet, und denjenigen, die sich ihm entziehen, wird die Strafe Allahs angedroht: „Die Heuchler treffe […] Leid und Verzweiflung" (Art. 13). Der „Feind", das sind die Juden, die in typisch antisemitischer Rhetorik als Urheber aller Übel der Welt in Geschichte und Gegenwart bezeichnet werden: Kolonialismus, Kapitalismus, Kommunismus, lokale Kriege und Weltkriege, das alles soll auf das Konto „der

Juden" gehen. Ausdrücklich wird in Art. 32 auf die Richtigkeit der berüchtigten *Protokolle der Weisen von Zion* verwiesen. Die Bemühungen um Frieden im Nahen Osten durch Initiativen, Vorschläge und internationale Konferenzen hält die Hamas für „Zeitverschwendung und unsinniges Spiel" (Art. 13).

Die Hamas ist militanter Kampfbund (mit den „Izz-al-Din-Qassam-Brigaden"), Geheimgesellschaft, zivilgesellschaftliche Organisation, politische Partei und Wohlfahrtsorganisation zugleich. Die weit ausgefächerten Netzwerke bieten die Möglichkeit zielgruppenspezifischer Ansprache. Dieser islamistische Populismus ist die Erfolgsformel für den steilen Aufstieg und den anhaltenden Erfolg der Hamas in den palästinensischen Autonomiegebieten, dokumentiert durch ihren Sieg bei den Wahlen zum Legislativrat der palästinensischen Autonomiegebiete am 25. Januar 2006. Dennoch bildet die Hamas eine Einheit, und die politischen Führungskader entscheiden sowohl über die militärische als auch über die zivile Strategie.

Die Hamas spricht ein breites soziales und politisches Spektrum palästinensischer Wähler an, die „Gemäßigten" wie die „Radikalen" gleichermaßen. Den Radikalen, insbesondere den Jungen, verspricht die Hamas Arbeit und Bewährung im Kampf gegen den „zionistischen Feind", als „schahid" („Märtyrer") oder als regulärer Kämpfer. Sie sorgt für Beschäftigung in ihrem weit verzweigten Organisationsnetzwerk und bietet ein bescheidenes soziales Dienstleistungssystem. Für Hinterbliebene von Selbstmordattentätern und Opfer des Krieges gegen Israel wird gesorgt. Die Hamas organisiert die religiöse Bildung in zahlreichen Moscheen, lenkt Bildungseinrichtungen und übt entscheidenden Einfluss an der Universität Gaza aus. Diese Politik zahlt sich aus: Führende Kader der Hamas sind Intellektuelle – Ärzte, Professoren und Ingenieure. Kurz, sie hat sich erfolgreich als Alternative zur „säkularen" Fatah profiliert und ihr den national-palästinensischen Führungsanspruch streitig gemacht.

Finanziert u. a. von den Wahabiten Saudi-Arabiens und den Islamisten des Mullah-Regimes im Iran, hält sie unverrückbar an ihrem

Endziel fest: dem islamischen Scharia-Staat, in dem andere Religionen – gemäß ihrer „Charta" – in Frieden leben sollen. Juden und Christen würde hier der Status des „dhimmi", des Bürgers zweiter Klasse zugebilligt. Die Übergriffe von Hamas-Anhängern gegen die wenigen Christen im Gazastreifen lassen allerdings schon erahnen, was die „Ungläubigen" von einer dauerhaften Hamas-Herrschaft zu erwarten haben. Die von der Hamas jetzt erreichte Machtposition ist auch das Ergebnis ihrer rücksichtslosen Islamisierungspolitik, die schon in den Achtzigerjahren begann. Und sie wird immer brutaler: Ende Dezember 2008 beschlossen die Hamas-Mitglieder des Palästinensischen Legislativrats die Einführung „koranischer Strafen", wie Amputationen, Auspeitschungen und Exekution, u. a. auch schon für den Versuch, den „Widerstand des (palästinensischen) Volkes zu schwächen". Die „Talibanisierung" des Gazastreifens ist in vollem Gange.[178]

Nach erbitterten Kämpfen mit der Fatah hat die Hamas im Juni 2007 die Macht im Gazastreifen übernommen. Das Regime der Hamas hat der Gewalt nie abgeschworen. Energisch bestreitet sie bis heute das Existenzrecht Israels, was einen internationalen Boykott nach sich gezogen hat und der entscheidende Hinderungsgrund dafür ist, als ernsthafter politischer Akteur im Nahostkonflikt akzeptiert zu werden. Der Kampf gegen Israel wurde in den Jahren 1994–2005 mit besonderer Härte geführt: Entführungen von Soldaten, Selbstmordattentate (zwischen 55 und 70 im Zeitraum 1994–2005)[179] und die Beschießung israelischer Siedlungen (insbesondere Sderot) mit selbstgebastelten Raketen („Qassam"). Israel schlug mit aller Macht zurück und versuchte durch die gezielte Tötung führender Hamas-Funktionäre die Organisation zu schwächen. Prominenteste Opfer dieser Strategie wurden der legendäre Führer der Hamas, Scheich Yassin (22. März 2004), und sein Nachfolger, der Mediziner Abdel Aziz Rantisi (17. April 2004). Seit 1993 steht die Hamas auf der Terrorliste der USA und wird seit 2003 von der EU als terroristische Vereinigung eingestuft.

Nach der Machtübernahme der Hamas hat die israelische Regierung eine rigorose Blockadepolitik begonnen, und auch die internationale Isolierung der Hamas hat sich verschärft, was diese jedoch bislang nicht wesentlich beeindruckt hat. Während die wirtschaftliche und soziale Lage der Bevölkerung dramatisch ist (Zusammenbruch der wirtschaftlichen Infrastruktur, hohe Arbeitslosigkeit, wachsende Armut), sitzt das autoritäre Regime der Hamas eher noch fester im Sattel und vermag die katastrophalen Verhältnisse sogar noch populistisch zum eigenen Vorteil auszuschlachten.[180]

Am 19. Dezember 2008 kündigte die Hamas einseitig den im Juni mit Israel geschlossenen Waffenstillstand auf und verstärkte ihre Raketenüberfälle auf südisraelische Städte. Die israelische Regierung sah sich daraufhin zu einer umfassenden Militäroperation gegen die Hamas gezwungen. Israels legitime Verteidigungsaktion wurde in der islamischen Welt, wie nicht anders zu erwarten war, als gezielte Aggression und „Völkermord" verdammt. Die Hamas stachelte ihre Anhänger in Europa an, Juden anzugreifen und sich für die „zionistische Aggression" zu rächen.

Obwohl die Anhänger der Hamas in Deutschland vom Verfassungsschutz nicht als akute terroristische Bedrohung eingeschätzt werden, darf man die Wirkung der ideologischen Propaganda auf die arabischsprachigen Gemeinschaften hierzulande nicht unterschätzen. Im Frühjahr und Herbst 2002 hatte es in Berlin zwei Demonstrationen gegeben, bei denen mehrere Tausend Männer, Frauen und Kinder arabischer Herkunft gegen Israel protestierten. Unter ihnen waren die Anhänger der Hamas und der Hisbollah gut zu identifizieren. So zog man unter Israel und „die Juden" verunglimpfenden Parolen durch die Innenstadt. Die palästinensischen Selbstmordattentäter wurden als „Märtyrer" und „Lieblinge Allahs" glorifiziert.

Ein Teilnehmer der Demonstration, Mohammed el-R., hatte seine drei Kinder gar mit Sprengstoff-Attrappen und Märtyrer-Stirnbänder ausstaffiert. Später, als er vor Gericht wegen Aufrufes zur Gewaltanwendung zur Rechenschaft gezogen wurde, wollte er diese Aktion als „Kostümierung" verstehen, während sein Anwalt sogar meinte, die Gewalt im Nahen Osten könne auch solche Aktionen „rechtfertigen".[181] Im weiteren Verlauf der Demonstration kam es auch zu militanten Eskalationen. Israel-Fahnen wurden verbrannt, die britische Botschaft angegriffen, und jugendliche Palästinenser grölten auf dem Potsdamer Platz „Wir wollen keine Judenschweine" und „Sieg Heil".[182]

An den Aufmärschen zum berüchtigten „Al-Quds-Tag" waren Hamas- und Hisbollah-Anhänger stets beteiligt und präsentierten z.T. offen die Symbole ihrer Organisationen. Am 8. März 2008 zogen ca. 1500 palästinensische Demonstranten, darunter offenbar zahlreiche Anhänger der Hamas, durch die Berliner Innenstadt und skandierten Parolen wie „Tod den Juden" und „Blutsauger Israel" muss „vernichtet werden".[183] Mit Mühe gelang es Ordnern, aufgeputschte Teilnehmer an einem gewalttätigen Angriff auf das jüdische Gemeindezentrum zu hindern.

Gegen Israels Militäraktion in Gaza protestierten in Deutschland Tausende Palästinenser, wobei zahlreiche Demonstranten ihre Solidarität mit der Hamas bekundeten. Antisemitische Slogans wurden gerufen („Tod Israel", „Tod den Juden"), und die Fahne der Hamas wurde geschwenkt. Rechtsextremisten suchten den Schulterschluss mit den Demonstranten und wurden nicht daran gehindert, sich in die israelfeindliche Front einzureihen. Die Hamas hat eher an Sympathien gewonnen, und es stört die Solidaritätsfront nicht, dass sich am Ziel der Hamas, Israel auszulöschen, auch nach dem Ende der Gaza-Aktion nichts geändert hat. Im Gegenteil: Die Hoffnung auf eine Vernichtung des Staates Israel ist offenbar in weiten Teilen der palästinensischen Gemeinschaft und ihrer deutschen Unterstützerszene weit verbreitet. Politik und Justiz in Deutschland reagierten auf diese bedenkliche Entwicklung höchst ambivalent. Während der Berliner Innensenator Ehrhart Körting (SPD) den Bundesinnenminister aufforderte, die Hamas zu verbieten, gestattete das Oberverwaltungsgericht Berlin-Brandenburg (mit Einschränkungen) die Werbung für die Hamas auf einer Demonstration.[184]

Wie die Hisbollah hat auch die Hamas die Bedeutung der Medien für die Verbreitung ihrer Ideologie erkannt. Seit Januar 2006 verbreitet der Sender Al-Aqsa TV die militanten Hassbotschaften der Hamas.

Auch nach Deutschland werden sie über den französischen Satellitenbetreiber Eutelsat ausgestrahlt und in den arabischen Milieus konsumiert. Dadurch wird der Nährboden für gefährliche Radikalisierungen bereitet. Für Kinder und Jugendliche hatten sich die Hamas-Ideologen von Al-Aqsa TV etwas ganz Besonderes einfallen lassen: Sie schufen eine Comicfigur namens Farfour, die der weltbekannten Micky Maus ähnlich sah. Farfour avancierte schnell zum beliebten Hamas-Kinderstar. Farfour verherrlichte den „dschihad" und die Selbstmordattentäter als „Märtyrer", beklagte die „kriminelle Besetzung" Palästinas und rief dazu auf, den „Unrat", d. h. die Juden, zu vernichten und die islamische Weltherrschaft zu errichten.

Die Produzenten der Kindersendung ließen Farfour schließlich sterben: Er wurde von einem Juden (!) ermordet, weil er sich weigerte, die vom Großvater ererbte Besitzurkunde für sein Land an den Juden auszuhändigen.[185] Seine Nachfolge trat die „Kusine" Farfours, die Biene Nahool, an. Sie versorgte nun die palästinensischen Kinder im Nahen Osten und der Diaspora mit weiterer Hasspropaganda und Hetze gegen die Juden. Aber auch Nahool war kein langes Leben beschieden. Nahool musste sterben, weil sie, schwer erkrankt und der sofortigen ärztlichen Hilfe bedürftig, wegen des israelischen Boykotts den Gazastreifen nicht verlassen konnte.[186] Wieder waren die Juden schuld. Nun musste ein neues „dschihad"-Maskottchen her und war mit einer Bugs-Bunny-Figur namens Assud auch rasch gefunden. Unverdrossen setzt nun Assud den Kampf gegen die Juden fort.

Diese „kindgerechten" Sendungen sind nur ein Beispiel für die mörderische, infame, jedem menschlichen Anstand Hohn sprechende Propaganda der Hamas, die sich auch nicht scheut, die Kinder einer Selbstmordattentäterin vor die Kameras zu zerren und sie die ihnen eingebläuten Hassbotschaften aufsagen zu lassen.[187] So sollen Kinder schon frühzeitig zum „dschihad" und „Märtyrertum" bereit gemacht werden. In einer Sendung, ausgestrahlt am 13. April 2008, erklärte der Hamas-Politiker und Prediger Yunis Al-Astal, dass „mit Allahs Willen [...] sehr bald Rom erobert" werde, „wie damals nach der Prophezeiung unseres Propheten Mohammed Konstantinopel erobert wurde. Heute ist Rom die Hauptstadt der Katholiken oder die Hauptstadt der Kreuzritter. Es hat erklärt, es sei dem Islam feindlich gesinnt, und hat die Brüder von Affen und Schweinen nach Palästina verfrachtet, um das Wiedererstarken des Islam zu verhindern. Diese Hauptstadt wird als Erstes vom Islam eingenommen werden [...] und danach werden wir uns dem amerikanischen Kontinent und sogar Osteuropa zuwenden. Ich glaube, dass unsere Kinder und unsere Enkel unseren Dschihad fortführen werden. [...] Heute pflanzen wir diese gute Botschaft in ihre Seelen ein [...] und bereiten sie auf ihre Mission vor."[188]

Das ist die Geisteswelt der Hamas. Und dieses Denken greift Platz in den Köpfen und Herzen der Kinder in Palästina und in der Diaspora in Europa. Nirgendwo wird die totalitäre Ideologie der Hamas in ihrer menschenfeindlichen Ausrichtung deutlicher. Zur Verstärkung der ideologischen Dauerbestrahlung hat die Hamas jetzt die Internetplattform „Aqsa-Tube" ins Leben gerufen, nachdem YouTube entschieden hatte, keine Hassvideos von Al-Qaida, Hisbollah und Hamas mehr zuzulassen. Was dort nicht mehr erscheint, findet nun Platz bei „Aqsa-Tube". Die Plattform bietet reichliches Bildmaterial zur Glorifizierung des Terrorismus und zur Pflege eines grausigen Todeskultes für Kinder. Selbstmordattentäter werden als Helden und Vorbilder dargestellt und die militärischen Aktivitäten der Hamas gepriesen.[189]

Gelegentlich wurde der Aktionsradius der Hamas eingeschränkt. So verbot der damalige Innenminister Otto Schily am 5. August 2002 den Al-Aqsa-Verein. Der Verein wurde verdächtigt, Kontakte zur Hamas zu unterhalten und Spendengelder für den „dschihad" zur Verfügung zu stellen. Der Vereinsvorsitzende aus Aachen, Mahmoud Amr, war empört und zog bis vor das Bundesverwaltungsgericht. Dieses hob das Verbot zeitweilig auf, bestätigte es dann allerdings am 3. Dezember 2004 aufgrund schwerwiegender Indizien. Die Hamas-Sympathisanten waren gleichwohl findig genug, gleich einen Nachfolgeverein, den „Yatim Kinderhilfeverein e.V." mit Sitz in Essen, zu gründen. Doch die Sicherheitsbehörden blieben wachsam, und am 5. September

2005 verbot Minister Schily auch diesen islamistischen Spendensammelverein. Das amerikanische Finanzministerium hatte bereits seit Langem alle Gelder der „Internationalen Stiftung Al-Aqsa" – weltweit 137 Millionen Dollar – eingefroren. Nach Schätzungen soll die Hamas weltweit bis zu 20 Millionen jährlich über „Hilfsorganisationen" eingesammelt haben.[190]

Salafiten und muslimische Jugendliche

Seit einigen Jahren zieht *Pierre Vogel* alias „Abu Hamsa" mit seinen schlichten Bekehrungsbotschaften durch die Lande. Er gehört zu einem expandierenden Netzwerk „salafitischer" Prediger und Gruppen mit Schwerpunkten in Köln, Berlin, Braunschweig, Hannover und neuerdings Mönchengladbach. Die Salafiten vertreten eine besonders missionarische Variante des Islamismus. Sie orientieren sich am Vorbild Muhammads, predigen einen buchstabengläubigen, sittenstrengen Islam und grenzen sich aggressiv gegen die „ungläubige" Gesellschaft ab. Ausdrücklich betonen sie, sie seien „stolz darauf, fremd zu sein".[191] Scharf verurteilen sie auch andere Muslime, die nicht ihre Lesart des „wahren Islam" teilen, und fordern die Reinigung der Religion von „unislamischen" Elementen („tasfiyya") und die Erziehung der Muslime zu einem islamgemäßen Leben („tarbiyya").

Vogel, Jahrgang 1978 und verheiratet mit einer marokkanischen Frau, hat einen christlichen (protestantischen) Hintergrund. Der ehemalige Nachwuchsboxer mit Abitur konvertierte 2001 zum Islam, weil ihm dieser so logisch und klar erschien. Später begann er selbst zu predigen und füllt inzwischen Hörsäle und große Hallen. Das wichtigste Instrument zur Verbreitung seiner Botschaften ist aber das Internet. Mit dieser auf verschiedene Webportale verteilten medial-missionarischen Daueroffensive erzielt Vogel offensichtlich beachtliche Erfolge. Bei seinen Bekehrungsevents herrscht Hochstimmung. Sogar per Telefon kann man konvertieren.

Muslim zu werden ist ja einfach. Man spricht im Beisein muslimischer Zeugen das Glaubensbekenntnis, die „schahada", und schon ist man Muslim. Es handelt sich dabei nach islamischer Auffassung streng genommen gar nicht um eine Konversion, wie z. B. die „Islamische Zeitung" ihre Leser belehrt: „Im Grunde nimmt man ja keinen neuen Glauben an, zu dem man ‚konvertiert', sondern erkennt lediglich die Wahrheit und Wirklichkeit an, die man zuvor bedeckt oder verleugnet hat."[192] Ist man erst einmal Muslim, muss man es sein Leben lang bleiben, denn ein „Abfall" vom Islam ist wegen der damit verbundenen Todesdrohung nicht ratsam: Einmal Muslim, immer Muslim.

Bei Vogels Bekehrungsritualen wird die „schahada" noch ausdrücklich mit einer anti-christlichen Formel verbunden, die der Prediger den Konvertiten abnötigt: „Und ich bezeuge, dass Jesus Allahs Diener und Gesandter ist." Vogel tritt stets in einem orientalischen Outfit auf, das er als „islamisch korrekt" ansieht: Bart, knöchellanges weißes Gewand und Käppi. Mit seiner kumpelhaften, mitunter ungewollt komisch wirkenden und ungelenken Rhetorik zieht er jugendliche Sinnsucher in seinen Bann, die auf seiner Website freudig ihren neuen Glauben bekennen. Für viele ist er der gute Junge, der uns versteht und uns endlich zeigt, wo es langgeht.

Seine Botschaft reduziert sich auf wenige Grundüberzeugungen, die einfach nachzuvollziehen sind: Der islamische Glaube sei gleich Wissen. Es werde nicht unverbindlich nur „geglaubt" – im Sinne von: etwas bloß annehmen –, sondern der Gläubige erwerbe Wissen. Er wisse, dass Allah, der Einzige, den Menschen in seinen Geboten eine klare Rechtleitung zuteilwerden lasse; dass Muhammad der Gesandte Gottes sei; dass der Mensch der Rechtleitung Allahs nur schlicht folgen müsse; dass er, wenn er dies tue, einst ins Paradies kommen werde. Verweigere er sich jedoch dieser Rechtleitung, lande er mit Sicherheit in der Hölle. Die Hölle und das Paradies spielen in Vogels Predigten und Vorträgen eine große Rolle. Immer wieder schärft er seinen Zuhörern ein, durch die genaue Befolgung der Gebote Allahs der ewigen Verdammnis zu entgehen. Diese dumpfe Drohpädagogik scheint für viele labile und orientierungslose Jugendliche genau die richtige Ansprache zu sein, damit sie sich zur „wahren" Religion bekehren. Scharf zieht er die Grenzlinien zu den „kuffar", den Ungläubigen, d.h. auch Juden und Christen. Sie sind verflucht und werden auf ewig in der Hölle landen. Das droht auch allen jenen Muslimen, die nicht streng der „Rechtleitung" folgen.

Vogel schreckt auch vor keiner Geschichtsklitterung zurück: Im Kampf der Kulturen werde der Islam siegen, da die „westliche Kultur" dekadent und zum Untergang verurteilt sei. Nicht der Islam, sondern „die" (!) westliche Kultur habe Völkermord, Weltkriege und die Atombombe zu verantworten. In Deutschland nehme die „Islamhetze" zu, immer mehr Muslime würden Opfer von „rassistischen" Attacken. Der Islam dagegen habe sich stets als Überbringer von Frieden, Barmherzigkeit und Toleranz erwiesen. Für diesen Islam müsse der Gläubige jederzeit aktiv eintreten. Er unterstreicht die Pflicht des einzelnen Gläubigen zur „da'wa" (Mission) mit zahlreichen Suren und Hadith-Zitaten. Jeder müsse „da'wa" machen und sich um die Bekehrung der Ungläubigen bzw. der lauen Glaubensgeschwister kümmern.

Vogels Publikum ist angesichts dieser kompromisslosen Radikalität, der klaren Anweisungen und schlichten Verdammungsurteilen gegenüber allen, die nicht seine Interpretation des Islam teilen, begeistert. Er suggeriert, dass er sich auch in der Bibel gut auskennt, doch sind seine Zitate völlig willkürlich aus dem Zusammenhang gerissen (ein Vorwurf, den er seinerseits gegen die vermeintlichen „Feinde des Islam" erhebt, wenn diese den Koran zitieren). Vogel verkörpert geradezu bilderbuchartig die Attraktivität des wahabitisch gefärbten Fundamentalismus: das Schwarz-Weiß-Denken („Gläubige" versus „Ungläubige", „Wahrheit" gegen „Unwahrheit"), die Verbreitung von Ideologien der Ungleichheit, vor allem im Blick auf das Geschlechterverhältnis und andere Religionen, die kritiklose Unterordnung unter eine Autorität, den Verzicht auf jeden Zweifel und die triumphalistische Beschwörung der auserwählten Gemeinschaft in der immer siegreichen Religion, dem Islam.

Zum salafitischen Netzwerk gehört auch der Imam der Leipziger Al-Rahman-Moschee, der gebürtige Syrer *Hassan Dabbagh*, seit 1995 Vorsitzender des Moscheevereins. Fünfzig „Gläubige" sollen sich regelmäßig in seiner Moschee zum Gebet einfinden, an Freitagen sogar mehrere Hundert. Seine Gemeinde ist jung, und zu ihr gehören auch zahlreiche Konvertiten.[193] Dabbagh lebt mit zwei Frauen und drei Kindern in Leipzig, gibt fremden Frauen nicht die Hand und hält die Strafe der Steinigung für das unumstößliche „Gesetz Allahs", was ihn nicht daran hindert, das Grundgesetz mit dem von ihm verkündeten Islam für vereinbar zu erklären. Ermittlungen gegen ihn wegen „Volksverhetzung" und „Bildung einer kriminellen Vereinigung" sowie Werbung für den „dschihad" verliefen allerdings bisher im Sande – wobei sich manch einer angesichts seiner Reden fragen mag, was in diesem Lande noch alles von muslimischen Kanzeln verkündet werden darf, bevor der demokratische Staat dem Treiben Einhalt gebietet. Als besonders unverständlich abgelehnt wurde von zahlreichen Zuschauern, dass Dabbagh vor einem Millionenpublikum im deutschen Fernsehen (März und April 2006 bei Sandra Maischberger und Sabine Christiansen) seine kruden fundamentalistischen Thesen verbreiten durfte.

Wesentlich smarter als der verkniffene Dabbagh oder der rustikale Vogel kommt ein junger, gut aussehender, alerter Prediger marokkanischer Herkunft daher: *Abdul Adhim Kamouss*. Er agiert als Imam an mehreren Moscheen Berlins, hauptsächlich in der Al-Nur Moschee im Stadtteil Neukölln. Er ist bei zahlreichen arabischen und türkischen Jugendlichen sehr beliebt und hat bereits eine erkleckliche Anhängerschar um sich versammelt. Besonders junge Frauen scheinen auf den gutaussehenden Prediger „abzufahren". In einer Hochglanzbroschüre des „Beauftragten des Senats für Integration und Migration" wird ausgerechnet die Al-Nur-Moschee abgebildet. Es kann wohl kaum als ein unglücklicher Zufall heruntergespielt werden, dass wir genau unter diesem Bild im fortlaufenden Text den Satz lesen: „Die Berliner Moscheevereine werden zunehmend als bedeutende Ansprechpartner für Fragen der Sicherheit und der Kriminalprävention, aber auch der Integrations- und Bildungspolitik wahrgenommen."[194] Das will zur Al-Nur-Moschee nun freilich gar nicht passen, ist dieses Gotteshaus doch seit einigen Jahren im Visier der Verfassungsschützer, die es als „Anlaufstelle für Angehörige verschiedener islamistischer Milieus" charakterisieren.[195]

Schon die Gründungsgeschichte der Moschee ist überaus dubios, und manche Beobachter fragen sich, wie der damalige Imam, Scheich Dr. Salem El-Rafei, sein Bruder und ein saudischer Muslim 2,3 Millionen für den im Sommer 2001 getätigten Kauf der ehemaligen Fensterfabrik aufbringen konnten. Wahrscheinlich wurden 1,2 Millionen des Kaufpreises von der saudischen „Al-Haramain-Stiftung" aufgebracht, die im Juni 2004 wegen vermuteter Verbindungen zu Al-Qaida und mutmaßlicher Beteiligung an der Terrorfinanzierung auf amerikanischen Druck hin von der Regierung Saudi-Arabiens geschlossen wurde.[196]

Der Scheich gab sich stets offen und dialogbereit, und seine Moschee beteiligte sich auch am „Tag der offenen Moschee", wo El-Rafei, ausgebildet in Saudi-Arabien, Pakistan und dem Sudan, die Schokoladenseite eines friedliebenden Islam vorführte. Er war ein gern gesehener Dialogpartner und reihte sich in die Friedensdemonstration gegen den Irak-Krieg am 15. März 2003 in Berlin ein, wo er stolz neben Berliner Repräsentanten des religiösen und politischen Establishments einherschritt. Er galt als „integriert", lebte er doch seit Jahren mit seiner fünfköpfigen Familie unauffällig in Berlin.

Sogar um eine Einbürgerung bemühte er sich, die ihm aber verwehrt wurde. Denn die freundliche Außenfassade verbarg das Gesicht eines islamistischen Hardliners. In seinen Schriften verklärte El-Rafei den frühen Islam der medinensischen Periode als den „idealen Staat", in dem Gottes Gesetze unmittelbar galten und „die Menschen Ruhe fanden". Das galt aber nicht für Ungläubige, Atheisten und „Apostaten". Ungläubige, also auch Christen und Juden, müsse man meiden, denn sie würden, wie selbstverständlich die Atheisten auch, am Ende der Tage zur Hölle fahren. Wer den Islam verlasse, d. h. austrete, „beschimpft und verleugnet den Islam [...] Er muss getötet werden." El-Rafeis Vorträge und Predigten offenbarten eine krude puristische (wahabitische) Ideologie, vor allem im Blick auf die Geschlechtertrennung. Kindern wurde das Feiern von Geburtstagen verboten, weil dies eine christliche Tradition sei. Sie dürften, so der strenge Scheich, auch keine Menschen und Tiere malen. Organspenden an „Ungläubige" seien verboten, denn „warum sollte man sein Leben für einen Ungläubigen riskieren". „Figuren" herzustellen oder gar zu verkaufen war ebenso „haram" (verboten) wie Musik. Nicht „haram" aber war das gern empfangene Geld vom Sozialamt, auch wenn es von „Ungläubigen" kam. Außerdem finden sich bei ihm noch zahlreiche andere prononciert antichristliche und antijüdische Passagen, die dem dialogfreundlichen Bild nach außen Hohn sprechen.[197]

El-Rafei agierte jahrelang völlig unbehelligt in der Al-Nur-Moschee. Er predigte häufig vor tausend Zuhörern für den „dschihad" gegen die „Feinde des Islam", denen er die rasche Vernichtung ankündigte, und erflehte den Segen Allahs für die „Gotteskrieger" in Tschetschenien, Palästina und dem Irak. Es ist unbegreiflich, dass die deutschen Behörden diesem Treiben jahrelang zusahen (oder es gar nicht bemerkten) und damit zuließen, dass die Al-Nur-Moschee zur Anlaufstelle von Islamisten wurde. Dies wurde erst nach einer Razzia am 20. März 2003 in den Räumen der Moschee und an fünf weiteren Orten in Berlin sichtbar. Salem El-Rafei sowie weitere vier Personen wurden kurzzeitig festgenommen.

Der Hauptverdächtige, den die Polizei ebenfalls an diesem Tag verhaftete, war *Ihsan Garnoui*, ein Tunesier und Sohn eines Imams aus Monastir, der seit 1996 in Deutschland (Velten und Berlin) lebte. Im Mai 2004 begann vor dem Landgericht Berlin ein Prozess gegen ihn wegen „Bildung einer terroristischen Vereinigung". Was war geschehen? Garnoui war 1998 mit seiner deutschen Frau und zwei Kindern nach Berlin gezogen, wo er sich unter Umständen, die unklar sind, rasch radikalisierte. Häufig soll er sich in der Al-Nur-Moschee aufgehalten und eine Freundschaft zu Scheich El-Rafei aufgebaut haben.

Der Wandel zum Islamisten führte zum Scheitern seiner Ehe. 2001 ließ sich seine Frau von ihm scheiden, und noch im selben Frühjahr verschwand Garnoui aus Deutschland und machte sich auf den Weg nach Afghanistan.[198] Hier begann er offensichtlich eine Ausbildung zum Dschihadisten und erhielt vermutlich den Auftrag, nach Deutschland zurückzukehren, um Anschläge zu verüben. 2003, zurück in Deutschland, wandte er sich erneut an seine Freunde in der Al-Nur-Moschee und versuchte, in diesem ihm günstig erscheinenden Umfeld Gesinnungsgenossen und Mitkämpfer für den „dschihad" gegen „Ungläubige" zu finden, vor allem unter Studenten und Asylbewerbern.

Doch kurz vor Beginn des Irak-Krieges und, wie Verfassungsschutz und BKA vermuteten, vor einem unmittelbar bevorstehenden Anschlag wurde er am 20. März 2003 verhaftet. Die Bundesanwaltschaft warf ihm vor, Anschläge auf jüdische und US-amerikanische Einrichtungen in Deutschland geplant zu haben, wofür er im Ausland eine Ausbildung durchlaufen habe, vermutlich in Afghanistan. Trotz zahlreicher Indizien sah sich die deutsche Justiz nicht in der Lage, dem Tunesier die „Bildung einer terroristischen Vereinigung" nach § 129a StGB nachzuweisen, obwohl das Gericht seine Versuche, im Umfeld der Al-Nur-Moschee Gesinnungsfreunde zu finden und für den „dschihad" zu gewinnen, als erwiesen ansah. Ferner wurde enthüllt, dass der Angeklagte in einer Wohnung in Gelsenkirchen Materialien zum Bau von Sprengsätzen aufbewahrt hatte und dass dort auch ein Computerprogramm „Im Tiefflug über Deutschland" gefunden wurde. Ein Vertrauter Garnouis hatte in Straußberg eine Pilotenausbildung absolviert.

Trotzdem kam der Tunesier mit einer unbegreiflich milden Strafe davon. Er wurde am 6. April 2005 zu einer Freiheitsstrafe von drei Jahren und neun Monaten wegen Steuerhinterziehung, Verstößen gegen das Waffengesetz und das Ausländergesetz sowie wegen Urkundenfälschung verurteilt. Nach eineinhalb Jahren kam er bereits wieder frei und reiste im Dezember 2006 in seine tunesische Heimat aus. Sein Denken hat sich gewiss nicht verändert. Und vielleicht taucht er bald in einem anderen Islamisten-Netzwerk wieder auf. Scheich El-Rafei, der angeblich von allem nichts wusste, wurde im Prozess als Zeuge vernommen. Er sagte nicht aus, und ihm geschah nichts. Doch immerhin durfte er seine Hetzreden in Deutschland nicht weiter verbreiten. Im Mai 2005 verwehrte ihm der Berliner Innensenator die Wiedereinreise und ließ ihn in den Libanon zurückschicken: „Wer in diesem Land, wer in dieser Stadt mit Hetzparolen auf Stimmenfang geht, im konkreten Fall den ‚Feinden des Islam' die Hölle wünscht, hat hier nichts zu suchen."[199]

Der Prediger Abdul Adhim kannte Garnoui und wusste ganz offensichtlich von dessen Plänen, was ihm Probleme bereitete, denn er sollte bei der Polizei über Garnoui aussagen. In einem nächtlichen Telefongespräch (vom 14. auf den 15. April 2003) vertraute er sich Imam Hassan Dabbagh aus Leipzig an, ohne konkret zu werden. Dieses Gespräch ist vom Verfassungsschutz vollständig abgehört worden. Adhim, der offenbar Gewissensbisse bekommen hatte, ob er nicht doch verpflichtet sei, über ein „abscheuliches Verbrechen" eines Muslim auszusagen, bekam von Dabbagh die Antwort, dass man einen Bruder „weder ausliefern noch im Stich lassen darf". Da der „Bruder" inzwischen in Haft genommen worden und nichts geschehen sei, rate er dem Bruder Adhim „zu vergessen" – was dieser auch pflichtschuldigst tat und sich bei der Polizei an wenig erinnern konnte. So trug er zur Aufklärung der Hintergründe der mutmaßlich finsteren Plänen Garnouis nichts bei.

Einer größeren Öffentlichkeit wurde Adhim durch den WDR-Beitrag „Der Moslem-Macher" (10. Dezember 2007) bekannt, der seine Rolle als Prediger kritisch beleuchtete. Adhim empörte sich über den angeblich manipulativen Beitrag und warf dem WDR Betrug vor. Zwar ist Adhim sanfter und verbindlicher im Ton als sein Lehrer El-Rafei, aber er ist ähnlich fundamentalistisch orientiert. Das wird in seinen Predigten erkennbar, die letztlich um das Thema Sünde, Strafe, strenge Befolgung der Gebote Allahs, Hölle und Paradies kreisen. „Angstpädagogik" nennen das die Erziehungswissenschaftler. Rustikaler äußert sich der Prediger, wenn er sich unbeobachtet glaubt – wobei manchmal freilich der Verfassungsschutz mithörte. Da scherzt Adhim mit einem Bekannten über die Ungläubigen. Wenn sich alle Pilger zusammentäten, so fantasierten sie, und auf die „Ungläubigen spuckten", dann würden die in einem Meer von Spucke ertrinken. Und wenn dann die Gläubigen noch auf sie urinierten, dann würden die Ungläubigen hinweggeschwemmt.[200]

Auf seiner Website wird auf das fundamentalistische Werk von Feisal Maulawi, einem der Gründer der Scharia-Universität Château-Chinon, verwiesen (*Die Scharia-Grundlagen für das Verhältnis von Muslimen und Nichtmuslimen*). In diesem Buch wird unmissverständlich deutlich gemacht, dass Nichtmuslime in islamischen Staaten nicht die gleichen Rechte und Freiheiten genießen, wie die Muslime. Dagegen wird es von Adhim und Freunden als ein „bedeutender Beitrag zur Völkerverständigung im deutschsprachigen Raum" gepriesen.[201] Ferner finden sich dort die Werke von Samir Mourad, einem fundamentalistischen Aktivisten aus Karlsruhe, der alles, was das fundamentalistische Herz begehrt, über seinen „Deutschen Informationsdienst über den Islam" (DIDI) via Internet vertreibt. DIDI ist eine Fundgrube für alle, die ihres islamischen Glaubens hundertprozentig gewiss werden wollen, keinen Zweifel zulassen und von der großen Aufgabe und Pflicht (!) beseelt sind, die Ungläubigen zum Islam zu bekehren. DIDI ist ein Studienzirkel, der über Fernkurse ein „ausgeglichenes Islamverständnis" vermitteln und junge Muslime zu Missionaren („da'is") ausbilden will. Die verwendeten Materialien sowie die selbsterarbeiteten Schulungsunterlagen zum „Scharia-Studium" zeigen gleichwohl deutlich den Einfluss von Château-Chinon. Es wird sehr klar, dass das Ideal von Mourad und „DIDI" der von Allah rechtgeleitete islamische Scharia-Staat ist, in dem Nichtmuslime nur als „Schutzbefohlene" geduldet werden.

Es mangelt den Fundamentalisten in spe wahrlich nicht an angebotenen Materialien und alerten Predigern, die in den letzten Jahren immer häufiger und offener auftreten. So trat Adhim z. B. im Frühjahr

2008 beim Islamischen Kulturverein im Stadtteil Kostheim in Wiesbaden auf – was hohe Wellen schlug, denn seine Predigtinhalte waren sicherlich nicht mit der (von neun Kostheimer islamischen Vereinen unterzeichneten) Integrationsvereinbarung mit der Stadt Wiesbaden kompatibel. In der Vereinbarung versprachen die muslimischen Partner, Distanz zu integrationsfeindlichen Positionen zu halten. Nach heftigen Protesten, unter anderem von der CDU-Bundestagsabgeordneten Kristina Köhler, distanzierte sich der Islamische Kulturverein von Adhim und räumte einen „Fehler" ein.[202]

Adhims Erfolgsrezept ist relativ einfach. Viele junge Muslime fühlen sich ausgegrenzt, diskriminiert, zurückgesetzt, und zwar nicht nur als Konkurrenten auf dem Arbeitsmarkt. Sie erleben ihre Umwelt überwiegend als ablehnend und feindselig gegenüber Muslimen. Es ist hier gar nicht darüber zu rechten, ob das wirklich so zutrifft. Es reichen die subjektive Wahrnehmung und ein Meer von Gefühlen. Man identifiziert sich mit Muslimen an weit entfernten politischen Brennpunkten und Krisenherden: Naher Osten, Irak, Afghanistan. Überall, so nehmen es die jungen Muslime wahr, werden Muslime wegen ihrer Religion „verfolgt" und „diskriminiert". Die eingangs zitierte Studie *Muslime in Deutschland* (siehe oben S. 70) nannte das „kollektive Marginalisierungserfahrung". Adhim trifft mit seinen Predigten genau in das Herz dieser Befindlichkeiten, und er macht das besser als die etablierten Stars wie Amr Khaled oder Tariq Ramadan. Denn er ist ganz nah dran an den Jugendlichen. Er gibt ihnen das Gefühl, sie zu verstehen, ihnen Geborgenheit und Selbstbewusstsein zu vermitteln. Er präsentiert sich als Imam für alle Fälle, als ganzheitlicher Glaubenssanitäter in allen Nöten und Problemen. Seine Eloquenz hebt ihn weit über andere Imame hinaus und lässt die Angebote der traditionellen muslimischen Vereine und Verbände im wahrsten Sinne des Wortes „alt" aussehen. Und von den „Ungläubigen" erwarten religiöse Jugendliche ohnehin nichts und verfolgen misstrauisch deren Bemühungen um die muslimische Jugend als den Versuch, ihnen einen westlich-weichgespülten Islam zu oktroyieren.

Im Dunstkreis salafitischer Orientierungen agiert auch der in Berlin geborene *Ferid Heider*, der am „Islamischen Kultur-und Erziehungszentrum" (IKEZ) in Neukölln und dem „Interkulturellen Zentrum für Dialog und Bildung" (IZDB) im Wedding Predigten und Vorträge hält sowie sich intensiv vor allem um junge Muslime kümmert. Heider wurde von renommierten Medien in Filmen und Artikeln[203] als der vorbildlich integrierte, junge, nette Imam von nebenan charakterisiert, offen, intelligent, eloquent, dialogfreudig, charismatisch und zugleich pragmatisch orientiert. Er kommt wie sein Glaubensbruder Adhim bei Jugendlichen hervorragend an und ist daher ein wichtiger Ansprechpartner auch für deutsche Behörden. Er will jungen Muslimen Halt geben, ihnen eine islamische Identität vermitteln und sie von den Irrwegen der Drogensucht und Kriminalität abbringen. Er predigt keineswegs Abschottung und radikale Abgrenzung von der nichtmuslimischen Gesellschaft, sondern ermuntert die Jugendlichen, sich als Muslime in die Gesellschaft einzubringen: „Ganz wichtig ist es auch, den Jugendlichen zu zeigen, wie man als Minderheit mit dieser Gesellschaft und mit Nichtmuslimen umgeht. Viele Radikale versuchen, die Jugendlichen von der Gesellschaft abzuschotten. Man muss aber genau das Gegenteil bewirken. Man sollte einen tiefen Glauben haben und den Islam praktizieren, sich andererseits aber auch in die Gesellschaft einbringen und an ihr partizipieren."[204]

Zunehmende extremistische Tendenzen unter Jugendlichen sieht er vor allem in der fehlenden oder mangelhaften religiösen Bildung begründet. Dagegen helfe nur der „wahre Islam". Der Islam ist für Heider die Lösung aller Probleme. Die Orientierung, die er den Jugendlichen mit auf den Weg zu geben versucht, mag auf den ersten Blick integrativ und daher akzeptabel erscheinen. Es ist zweifellos besser, wenn Jugendliche, statt in Drogen und Kriminalität abzugleiten, in die Moschee zum Beten gehen, etwas über ihren Glauben erfahren und einige grundlegende moralische Normen im Umgang mit anderen Menschen in der pluralistischen Gesellschaft erlernen. Doch es fragt sich, um welchen Preis das geschieht und ob der Islam, den Heider vermittelt, tatsächlich zur Integration in eine demokratische und pluralistische Gesellschaft beiträgt. Denn hier gibt es ernsthafte Zweifel.

In Ägypten, wohin ihn sein Vater schickte, weil er Distanz zum weltlichen Berliner Leben mit Partys und Drogen gewinnen sollte, fand sein Bekehrungserlebnis statt. Es ist nicht zu kühn anzunehmen, dass ihn die Lehren und Praxis der Muslimbruderschaft beeindruckt haben. Seitdem ist der Islam zu seinem Lebensinhalt geworden. Er studierte später an der „Europäischen Hochschule für Islamische Studien" in Château-Chinon in Frankreich, der bekannten fundamentalistischen Ausbildungsstätte. Neben seinen Aufgaben als Imam betätigt er sich als Dozent im Fernstudienprogramm des „Deutschen Informationsdienstes über den Islam" (DIDI).

Heider ist sich bewusst, dass die guten Beziehungen zu den staatlichen Behörden gefährdet wären, wenn er die ideologischen Positionen von DIDI verbreiten würde. Gleichwohl wird deutlich, dass er ein Ideologe der Ungleichheit ist. Er befürwortet pointiert die Geschlechtertrennung, gibt Frauen nicht unbedingt die Hand und verwirft schon Discobesuch und Kino. Der beste Ort, ein Mädchen kennenzulernen, sagt Heider in dem Film *Ein Leben für Allah*, sei „die Moschee". Alle anderen Orte, so muss man schlussfolgern, sind potenzielle Gefahren für die Unbescholtenheit der Mädchen und jungen Frauen. Hier lauert die „Unzucht" („zina"). Wer so argumentiert, ist nicht unbedingt ein islamistischer Verfassungsfeind, aber auch kaum geeignet, als Vorbild für Freiheit und Selbstbestimmung zu gelten und verschiedenen Behörden als verlässlicher Ansprechpartner in Sachen Moral und Islam zu dienen.

Die Abteilung Verfassungsschutz beim Senator für Inneres in Berlin ordnet das IZDB und das IKEZ den Vereinen zu, die Verbindungen zur „Islamischen Gemeinschaft in Deutschland" haben und somit ideologisch dem Lager der Muslimbruderschaft zugerechnet werden können: „Die IGD hat Verbindungen zu einer Reihe von Vereinen. In Berlin zählen hierzu das ‚Interkulturelle Zentrum für Dialog und Bildung e.V.' (IZDB), das ‚Islamische Kultur- und Erziehungszentrum e.V.' (IKEZ), aber auch ‚INSSAN für kulturelle Interaktion e.V.' sowie der ‚Verband Interkultureller Zentren (VIZ) e.V."[205] Das 1995 von arabischen Studenten gegründete IKEZ gilt als Treffpunkt von Hamas- und Hisbollah-Sympathisanten.[206] Auf der saudi-arabischen Website „Islamic Finder" wird das IZDB als „Mitglied" der IGD genannt: „Islamic Center, Member of the IGD, since Nov. 2003, with Arabic School for Migrant Children and also others, Cafeteria, Library and many other services."[207]

Das IZDB trat 2004 als neu gegründeter Verein in das Licht der Öffentlichkeit und entwickelte sich rasch zum begehrten Ansprech- und Kooperationspartner kommunaler Einrichtungen. Der Verein ist im sogenannten „Islamforum" des Berliner Beauftragten für Integration vertreten und sitzt als einzige Moscheegemeinde im Ausländerbeirat des Bezirks Mitte.[208] Faical Salhi, Diplom-Ingenieur und Vorsitzender des Vereins, beschreibt das Ziel des IZDB wie folgt: „Das Ziel des Zentrums ist, wir wollen gerne eine Bildungsstätte sein, eine Anlaufstelle für alle religiösen und nicht-religiösen Richtungen. Und Ansprechpartner, wenn es um den Islam geht. Dass man nicht irgendeinen Islamexperten fragt, der denkt, er kann gleich über den Islam reden, weil er ein Buch darüber gelesen hat oder weil sein Nachbar Muslim ist oder er gerade einen Döner gegessen hat. Wir haben Fachleute und Fachkräfte."[209] So bietet man in Zusammenarbeit mit der VHS Berlin-Mitte Deutschkurse, Arabischkurse und eine breite Palette an Bildungsveranstaltungen an, darunter sogenannte Themenabende. Wohl rund 700 Personen nehmen an Freitagen am Gebet teil.

In einem ZDF-Beitrag („Imame als Sozialarbeiter" in „Frontal 21") vom 11. März 2008 wurde die Arbeit Ferid Heiders und des IZDB kritisch beleuchtet und darauf verwiesen, dass im Buchladen des IZDB auch ein islamistischer Klassiker, Maududi, vertrieben werde. Das Zentrum reagierte empört, ohne jedoch die Feststellung zu entkräften, und machte lediglich geltend, dass man sich „selbstverständlich dem Grundgesetz und dem Gedanken der Demokratie verpflichtet" fühle. Derartig blumige und ungenaue Äußerungen sind häufig als Lippenbekenntnisse zu erkennen. Wenn man sich dem Grundgesetz und der Demokratie „verpflichtet fühlt", heißt das durchaus nicht zwingend, dass man sie konkurrenzlos als unverzichtbare Grundlage und Rahmenbedingung eines freien und selbstbestimmten Lebens anerkennt. Vollends absurd wird die Argumentation des IZDB, wenn einer Kritikerin des IZDB unterstellt wird, dass sie Muslime, die sich an „göttliche Gesetze" halten wollen, nicht im Einklang mit „Grundwerten der Gesellschaft" sehe. „Nach dieser Logik", so das IZDB, „hätten auch Christen, die für sich die 10 Gebote als verbindlich ansehen, eine antidemokratische Einstellung."[210] Kritik und Zurückhaltung sind also angebracht. Das sollten auch die mit dem IZDB kooperierenden Behörden beherzigen, insbesondere der Bezirk Mitte, der das IZDB seit 2006 mit rund 65 000 Euro aus Förderprogrammen unterstützte. Diese Förderung ist nach Aufdeckung der islamistischen Orientierungen des IZDB vorerst ausgesetzt.

In Deutschland leben (geschätzt) knapp eine Million muslimische Jugendliche, die selbstverständlich keine homogene Einheit bilden, genauso wenig wie die muslimische Gesamtbevölkerung. Diese Jugendlichen sind von ihren jeweiligen ethnischen, religiösen und kulturellen Herkunftstraditionen geprägt. Sie suchen ihren Platz in unserer Gesellschaft unter oft schwierigen ökonomischen und sozialen Bedingungen, häufig begleitet von ungünstigen familiären Verhältnissen. Im Vergleich zu ihren nichtmuslimischen Altersgenossen fällt auf, dass sie ihre Religion erheblich ernster nehmen. Bei jungen Muslimen liegt die persönliche „Gläubigkeit", folgt man der Studie *Muslime in Deutschland* von Katrin Brettfeld und Peter Wetzels, mit 87,2 Prozent ähnlich hoch wie bei der muslimischen Allgemeinbevölkerung. Nur 5,6 Prozent erklären, nicht gläubig zu sein. Wird die individuelle Gläubigkeit mit der konkreten Religionspraxis kombiniert, so sind rund 65 Prozent der jungen Muslime „sehr religiös"oder „religiös".[211] 31 Prozent gehen wöchentlich oder häufiger in eine Moschee, und etwas weniger als 50 Prozent der Jugendlichen haben eine Koranschule besucht, sind also vielfach mit einem deutlich konservativ-traditionalistischen und auch ethnisch gefärbten (vor allem türkischen) Islam konfrontiert worden.

Die größte Gruppe unter den befragten Jugendlichen bilden die „fundamental Orientierten" (44,2 Prozent), also jene, die den Islam als historisch unwandelbar betrachten, wortgetreu Gebote und Verbote beachten, den Islam als die überlegene Religion ansehen und andere Religionen abwerten. 24 Prozent der befragten Jugendlichen wären bereit, Gewalt gegen „Ungläubige" einzusetzen, wenn es der islamischen Gemeinschaft dient, und 49,3 Prozent glauben daran, dass Muslime, die im bewaffneten Kampf für den Glauben sterben, ins Paradies kommen.

Die Studie resümiert: „Die offensiv motivierte Gewaltakzeptanz wurde [...] in der Allgemeinbevölkerung mit 5,5 Prozent Zustimmung deutlich seltener bejaht als unter den Jugendlichen, wo sie mit 21,4 Prozent eine etwa viermal so hohe Zustimmung erfährt."[212] 11,6 Prozent lassen „eine hohe Distanz zu Grundprinzipien von Demokratie und Rechtsstaatlichkeit erkennen". 17 Prozent werden als „islamisch-autoritaristisch" eingestuft, wobei solche Haltungen in zwei Dritteln der Fälle aus einer „Kombination von starken als ausländerfeindlich erlebten Diskriminierungserfahrungen und Wahrnehmungen einer kollektiven Marginalisierung von Muslimen entstehen, wobei religiösen Orientierungsmustern, insbesondere fundamentalen Orientierungen, hier eine verstärkende, aber nicht die entscheidende Rolle zukommt".[213] Als „islamismusaffin" identifiziert die Studie 6,2 Prozent der Jugendlichen und 5,6 Prozent der befragten Studenten. Auffällig ist ein gegenüber den nichtmuslimischen Vergleichsgruppen ausgeprägter Antisemitismus. 15,7 Prozent äußern antisemitische Vorurteile.[214] Wenn die Merkmale Demokratiedistanz, religiös konnotierte Vorurteile und hohe Akzeptanz politisch-religiöser Gewalt gebündelt und auf die Gesamtmenge der befragten Jugendlichen bezogen werden, dann ergibt sich eine „Problemgruppe", bei der „eine Empfänglichkeit für Radikalisierungsprozesse angenommen werden kann", von 29,2 Prozent.[215]

Die gute Botschaft lautet: Bislang ist nur eine Minderheit der muslimischen Jugendlichen für eine Radikalisierung empfänglich, d. h. beispielsweise auch für die Ideologie der salafitischen Prediger. Aber ein Radikalisierungspotenzial von rund 30 Prozent sollte doch Anlass zu Besorgnis sein. Und diese Jugendlichen stammen keineswegs nur aus bildungsfernen sozialen Unterschichten, so sehr auch Bildungsrückstände gegenüber ihren nichtmuslimischen Altersgenossen auffallen. Es ist zweifellos nicht leicht für viele muslimische Jugendliche, Zugang zu höherer Bildung zu bekommen sowie einen Ausbildungsplatz und schließlich Arbeit zu finden. Hinzu kommen Ausgrenzungs- und Diskriminierungserfahrungen. Auf dem Wege der „Identitätsfindung" begegnen den Jugendlichen viele als verwirrend und widersprüchlich empfundene Verhaltenserwartungen der verschiedenen Sozialisationsagenturen einer säkularen Gesellschaft (z. B. Schule, Ausbildung, Arbeitswelt), die zudem häufig mit den Werten und Normen ihrer traditionellen Herkunftskulturen sowie den religiösen Geboten und Verboten des in den muslimischen Gemeinschaften gelebten Islam kollidieren. Das ist eine große Herausforderung, die viele Jugendliche ganz offensichtlich nicht bewältigen, weshalb sie die Flucht in die vermeintliche Sicherheit fundamentalistischer und islamistischer Orientierungen antreten. Andere dagegen gehen sehr selbstbewusst ihren Weg „zwischen den Kulturen" und haben ihren Platz in der Gesellschaft erfolgreich gefunden.

Die muslimischen Jugendszenen sind vielgestaltig und zeigen uns eine muslimische Jugend auf der Suche nach Identität, Verhaltenssicherheit und Stärke im religiösen, kulturellen und gesellschaftlichen Pluralismus. Hier zeigt sich ein differenzierter, in Inhalten und Formen weit ausgefächerter Islam. Da gibt es eher unorganisierte, unpolitische „Pop-Muslime", die entzückt den muslimischen Musikern Ammar 114, Yusuf Islam, Outlandish, Sahira oder Sami Yusuf lauschen, ferner Fans des konservativen ägyptischen Fernsehpredigers Amr Khaled, der selbstbewusst eine neue islamische Spiritualität predigt, oder Anhänger der „Muslimischen Jugend" (MJ), die Jugendlichen mit konservativ-orthodoxen, wenn auch modern verpackten Botschaften den Islam als die einzige Lösung aller ihrer Probleme anbietet und sie ausdrücklich auffordert, sich für die Gesellschaft, in der sie leben, zu engagieren.

Und da sind die Jugendlichen, die sich zu den etablierten islamistischen Organisationen wie der IGMG, der Hisbollah, der Hamas, der Hizb-ut-Tahrir und eben den Salafiten halten, Organisationen, die „essentialistische, traditionalistische und demokratiegefährdende Islaminterpretationen" transportieren, was, wie der Islamwissenschaftler Jochen Müller treffend anmerkt, den pädagogischen Umgang mit den damit sympathisierenden Jugendlichen zu „einem Balanceakt zwischen Grenzsetzung und Empathie" werden lässt.[216]

Muslimische Medien als Ideologieproduzenten: „Muslim-Markt" und „Islamische Zeitung"

Das Internet bietet eine verwirrende und nicht mehr zu überschauende Fülle an Informationen und Deutungen des Islam, von „moderat" bis „dschihadistisch". Es ist eine große Herausforderung für Muslime, sich in diesem Dschungel zurechtzufinden. Die Inhalte und Themen auf zahllosen Webportalen und die in Chat-Foren oft weit auseinanderliegenden Pro- und Contra-Meinungen zu Fragen „korrekten" islamischen Lebens zeigen die große Bandbreite des religiösen Wissens und der Bewertungen der eigenen Religion.[217]

Ein islamisches Webportal mit einer gewissen überregionalen Bedeutung in der Grauzone zwischen konservativ-orthodoxem und islamistischem Islam ist der „Muslim-Markt", das, wie es im O-Ton heißt, „Internetportal von deutschsprachigen Muslimen für gottesehrfürchtige Leser." 1999 gingen die Brüder Yavuz und Gürhan Özoguz mit diesem Webportal online. Ihre Intentionen beschrieben sie in ihrem Buch mit dem (selbst-ironischen) Titel *Wir sind „fundamentalistische Islamisten" in Deutschland* ganz harmlos so: „Wir wollten im wachsenden Internet eine Plattform von und für deutschsprachige Muslime gestalten, welche für alle Muslime aller Richtungen offen sein sollte. Gleichzeitig wollten wir mit einer Art ‚Gelbe Seiten' für Muslime dazu beitragen, spezifische muslimische Interessen (z. B. Restaurants, in denen religiös reine Speisen angeboten werden) zu bedienen […]."[218]

Der „Muslim-Markt" ist jedoch weit mehr als eine Informationsbörse und ein Kommunikationsorgan. Die Betreiber kommentieren das politische Weltgeschehen dezidiert aus ihrer fundamentalistischen Sicht und werben intensiv für ihre schiitische Version des Islam. Der schiitische „revolutionäre Islam" des Ayatollah Khomeini ist für sie die wirkliche „Religion der Befreiung". Sie sind glühende Anhänger des totalitären Mullah-Regimes im Iran und bekennen den geistlichen Führer Ayatollah Ali Khamenei als ihr religiöses Oberhaupt. Der „Muslim-Markt" will „Startpunkt zum Islam für deutschsprachige Gläubige" sein.[219] Zahlreiche Dienste werden angeboten, die dem Gläubigen ein „ganzheitliches" muslimisches Leben in nichtmuslimischer Umgebung ermöglichen sollen. So gibt es Angebote für muslimisch korrektes Leben im Blick auf Arbeit, Bildung, Gesundheit, Heirat, Freizeitgestaltung und Urlaub, Kleidung und Ernährung. „Muslim-TV" bemüht sich auch um „junge Leute", die sich dann bei den oft langatmigen Schriftsätzen der Brüder Özoguz oder den endlosen Reden Khameneis langweilen können, die im „Muslim-Markt" in epischer Breite präsentiert werden.

Die Geisteshaltung der Brüder Özoguz und ihres Anhangs ist, knapp charakterisiert, dezidiert fundamentalistisch. Hinzu tritt eine pointiert gegen Israel und den „Zionismus" gerichtete Haltung, die als israelfeindliche Variante des Antisemitismus bezeichnet werden kann, obwohl die Betreiber des „Muslim-Marktes" mit einem wohl eher taktisch motivierten „Aufruf gegen Antisemitismus" solchen Vorwürfen vorbeugen wollen und die Besucher ihres Webportals zu täuschen suchen.[220] Ihre antijüdischen Ressentiments verpacken die Özoguz-Brüder als „Israelkritik", „Anti-Zionismus" und „Gerechtigkeit für die Palästinenser". Was man gegen „die Juden" aus Furcht vor Sanktionen nicht öffentlich äußern will, entlädt sich als Hass gegen „den Zionismus" und den Staat Israel. Israel wird durchgängig als „Pseudostaat", brutaler „rassistischer Apartheidsstaat" und „größter Feind des Weltfriedens" dämonisiert.

Seit vielen Jahren fahren die Brüder Özoguz mit ihren Familien und einer Schar von Anhängern regelmäßig zu der zentralen sogenannten „Al-Quds"-Demonstration nach Berlin. Der „Al-Quds-Tag" wurde von Khomeini 1979 durch eine „fatwa" weltweit etabliert, um mit Nachdruck gegen Israel und seine als „Fremdkörper" betrachtete Existenz im arabischen Raum zu protestieren. Özoguz & Co. mobilisieren in ihren Kreisen fleißig für die Demonstration und sorgen mit Hetzparolen für eine aggressive anti-israelische Stimmung: „Ist die Welt denn blind und taub? Israel heißt Mord und Raub!"; „,Israel' quält Kinder – Das sieht auch ein Blinder"; „Zionisten woll'n die Welt – kaufen mit geklautem Geld"; „Liebe Christen gebt doch acht – Zionisten haben hier Macht"; „Teuflische Zionisten – töten Muslime und Christen".[221] Wer Khomeinis islamistisches Terrorregime rechtfertigt, den obersten Hüter des Khomeinismus, Ayatollah Khameini, geradezu als den Heilsbringer der Menschheit glorifiziert und den schiitischen Scharia-Staat als erstrebenswertes Staatsideal lobpreist, der überschreitet deutlich die Grenzen des demokratischen Spektrums dieser Republik. Professor Udo Steinbach, der nicht gerade in dem Verdacht steht, besonders kritisch mit Islamisten umzugehen, empfahl denn auch vor längerer Zeit den Özoguz-Brüdern: „Was haben Sie denn eigentlich in dieser unserer Gesellschaft noch zu suchen, gehen Sie doch nach Teheran und dann leben Sie in einer preisenswerten Demokratie, hier müssen Sie doch ständig ein schlechtes Gewissen haben, Sie müssen dahin gehen, wo Sie hingehören, nämlich in die Islamische Republik."[222]

Die „Islamische Zeitung" (IZ), die in der Regel alle drei bis vier Wochen erscheint (in unbekannter, wohl niedriger Auflage), müht sich um ein seriöses Image. Der über den ideologischen Hintergrund der IZ nicht informierte Leser mag auf den ersten Blick den Eindruck gewinnen, ein durchaus interessantes Informationsorgan vor sich zu haben, das Nachrichten, Reportagen und Essays sowie Meinungen über islamisches Leben in Deutschland und Europa präsentiert, islamische Bildung vermittelt, engagiert zum politischen Gegenwartsgeschehen Stellung nimmt und sich als Lobby der Muslime in Deutschland positioniert. Es gibt ohne Zweifel informative Beiträge (z. B. über islamisches Recht, Koranauslegung und Moscheen) und in Ansätzen sogar selbstkritische Töne und kontrovers angelegte Berichte mit Pro- und Contra-Stimmen. Dennoch ist die IZ ein politisches Instrument der Politsekte „Murabitun" und will mit aller Kraft zum „unaufhaltsamen Sieg" des Islam beitragen – so der Murabitun-Funktionär und Direktor der Mezquita-Stiftung in Granada, Abdalhasib Castineira.

Herausgegeben wird die IZ von *Andreas Abu Bakr Rieger* (geb. 1965), der während seines Jura-Studiums an symbolträchtigem Ort, in Granada, zum Islam konvertierte. „Weder durch Bücher noch durch mystische Erweckungserlebnisse" habe er zum Islam gefunden, so berichtet er, sondern „durch die schlichte Begegnung mit europäischen Muslimen". Eine Pilgerreise führte den Ex-Katholiken nach Mekka. Danach bekannte er: „Ich war nun Weltbürger und Muslim geworden."[223] Es war gleichwohl ein sehr spezifischer Islam, dem er sich anschloss, der Islam der Murabitun-Bewegung.

Der Name „Murabitun" kommt aus dem Arabischen. „Al-Murabitun" wird gemeinhin mit „Leute des Klosters" („rabit") oder auch „Grenzwächter, Turmwächter" übersetzt. Murabitun nannte man im 11./12. Jahrhundert Angehörige des Berberstammes der Almoraviden, die nach der Eroberung Nordafrikas ins muslimische Spanien einfielen und mit brutaler Gewalt und Sittenstrenge dem bis heute als Musterbeispiel für „Toleranz", Hochkultur und friedliches Zusammenleben von Muslimen, Christen und Juden gepriesenen „Al-Andalus" (vom 8. bis zum 11. Jahrhundert) ein jähes Ende bereiteten.[224] Schon der historische Hintergrund dieser Namensgebung lässt erahnen, wes Geistes Kind der Gründer der Bewegung ist, ein schottischer Konvertit namens Ian Dallas (geb. 1930), der sich Scheich Abdalqadir Murabit as-Sufi nennt. Die Anhängerzahl der Murabitun ist unbekannt. Schwerpunkte der Aktivität der Bewegung sind Südafrika, Schottland, Mexiko und das spanische Granada. Hierzulande ist die Murabitun-Politsekte eine Randerscheinung, und nur wenige wissen, wer wirklich hinter der IZ steckt.[225]

In seinen zahlreichen Büchern und Artikeln offenbart der Scheich einen fundamentalistischen Islam gemäß den Lehren der strengen malikitischen Rechtsschule. Unverblümt kommen dort seine verschwörungstheoretisch-antidemokratischen Ansichten zum Ausdruck. Das für Fundamentalisten und Islamisten typische dichotomische Weltbild durchzieht sein Denken: hier die Welt des „kufr", des „Unglaubens", dort die „wahren Gläubigen", geeint in der „umma", die einzige Hoffnung für eine Welt, die von der „Achse des Bösen", d. h. dem (jüdischen) Finanzkapital, der Weltbank und dem Internationalen Währungsfonds, beherrscht und ins Verderben geführt wird. Das Grundübel der Welt sei der „nihilistische" Atheismus, und dieser werde letztlich von der Gesinnung des „Wuchers" hervorgerufen. „Wucher" aber wohne dem „monetaristischen System" inne, das Murabit as-Sufi triumphierend am Boden liegen sieht. Die Demokratie charakterisiert er in einer Dreischritt-Formel als „Massenmord, Enteignung und Massensklaverei".[226]

Dagegen soll eine neue Gesellschaft aufgebaut werden: „Jenseits von Arabismus, Wahabismus und Terrorismus gehen die Murabitun einer neuen Generation von Muslimen mit gutem Beispiel voran, die entschlossen sind, eine neue Gesellschaft nach modernen Begriffen zu bauen, gegründet auf der gesellschaftlichen Sunna von Nobilität und gesellschaftlicher Wohlfahrt, deren Vorbild und Führung Medina ist."[227]

Damit hat der Scheich schon den ideologischen Kern seiner politischen Zukunftsvision bezeichnet: Medina. Der Islam des Scheichs und seiner Anhänger ist der Islam der frühen Zeit, in der Einheit von „Staat" und Religion, mit einem religiösen Führer an der Spitze, der, in treuer Gefolgschaft zum Propheten, zugleich das politische Herrscheramt (Kalifat) ausübt. Dieser Islam ist ein „ganzheitlicher", ein „totaler"; er umfasst alle Bereiche menschlicher Existenz: Individuum, Staat, Gesellschaft, Moral, Recht. Im Zentrum dieses Zukunftsgebildes steht die Moschee als spiritueller Mittelpunkt zur „Rechtleitung" der Gläubigen nach der Scharia. Daneben soll der freie „Markt" blühen, das Zentrum „sozialer Wohlfahrt". Der globale „Turbokapitalismus" wird mittels „dschihad" gegen das wucherische Bankensystem" besiegt, das islamische Wucherverbot („riba") strikt (als Zinsverbot) umgesetzt, die „zakat" (die religiöse Pflichtabgabe) konsequent (durch den „amir" = Führer) eingefordert und eine auf den islamischen Gold-Dinar und Silber-Dirham gegründete Währung eingeführt, die das Papiergeld entbehrlich machen und jede Finanzspekulation ausschließen soll.

Man könnte über diese naive Vision einer zinsfreien Wirtschaft à la Silvio Gesell rasch hinwegsehen, wenn dahinter nicht eine klar antipluralistische und antidemokratische Gesellschaftskonzeption aufschiene. Ausdrücklich unterstreicht einer der führenden Aktivisten der Murabitun, Abdalhaqq Bewley (auch ein Konvertit), in einem devoten Beitrag zur Glorifizierung des Scheichs, dass dieser das wahre Wesen der parlamentarischen Demokratie als einer technokratischen und bürokratischen „Maschine" entlarvt habe und die Muslime über den wahren Charakter der „falschen Doktrin der Menschenrechte" aufklären wolle. Denn diese „Doktrin" sei identisch mit der Herrschaft der „Ungläubigen".[228] Auch an mehr oder weniger deutlichen antisemitischen Äußerungen fehlt es beim Scheich nicht. Das Bild von dem die Welt im Würgegriff haltenden großen (Finanz-)Kapital ist im Kontext seiner Ideologie nur eine antisemitische Chiffre.

Der Endsieg des Islam in der allein wahren Murabitun-Version und seine Herrschaft weltweit ist für den Scheich eine notwendige, schicksalhafte Entwicklung. Die Muslime sollen, so zitiert Rieger den Scheich, auf die „Versorgung durch Allah" bauen und sich an die „Allmacht Allahs" erinnern lassen.[229] Mit „heiterer Gelassenheit" und unerschütterlicher Siegeszuversicht erwarten die Murabitun dann den –

letztlich unvermeidlichen – Endsieg des Islam über die „Ungläubigen".

Der IZ-Herausgeber Rieger ist getreuer Anhänger seines Scheichs und tritt als „rais" des deutschen Zweiges der Bewegung regelmäßig bei Konferenzen in Südafrika auf. Er hat die islamistische Murabitun-Ideologie mit seinen rechtskonservativen Auffassungen verbunden und bietet eine eigenwillige Interpretation des Islam, die aus Friedrich Nietzsche, der existenzialistischen Philosophie Martin Heideggers und dem Werk Ernst Jüngers schöpft. Besonders problematisch ist seine Verehrung für den Staatsrechtler und Rechtsphilosophen Carl Schmitt (1888–1985), den ideologischen Wegbereiter des faschistischen Führerstaates. Das ehemalige NSDAP-Mitglied Schmitt hatte seine antisemitischen Positionen (vgl. z. B. seine Schrift gegen das „jüdische Rechtsdenken" von 1936) auch nach dem Zweiten Weltkrieg nie bedauert.[230]

Besondere Wertschätzung lässt Rieger der „deutschen Klassik" zuteilwerden, insbesondere dem Werk Goethes. Goethe habe – so Rieger – den Islam „als beruhigende Gegenwelt zur westlichen Zivilisation und ihrem Machtstreben" empfunden.[231] Mit zahlreichen Zitaten aus seinen Briefen und vor allem unter Bezugnahme auf Goethes lyrisches Spätwerk soll der Dichterfürst als Muslim identifiziert und somit als Kronzeuge für die Vereinbarkeit von Islam und deutscher Hochkultur stilisiert werden. „Wenn Islam Gott ergeben heißt, im Islam leben und sterben wir alle", so wird der alternde Dichter zitiert, der im Zusammenhang mit einer längeren Reise den *West-Östlichen Diwan* (1820) verfasste, mit dem er vor allem der Dichtkunst des persischen Lyrikers Hafis seine Reverenz erweisen wollte. Ihn faszinierte der Orient als imaginiertes Gegenbild zu einem selbstgenügsamen und geistig beschränkten „Westen", und auch zu der engen und bürokratischen Welt deutscher Kleinstaaterei. Goethe verklärte und idealisierte „den Islam", den er in ästhetischer Verzuckerung als besonderen Fall eines universalen Schicksalsglaubens ortete und bei dem er im Gedanken der Einheit Gottes Gemeinsamkeiten mit dem Christentum entdeckte. Daraus folgern Rieger und seine Adepten, Goethe habe in seinen Abhandlungen eine seiner Zeit vorauseilende Modernität gezeigt und sich „mutig" den zu seiner Zeit gängigen Verleumdungen des „geliebten Propheten" als „Tyrannen und Betrüger" entgegengestellt. Er sei im Herzensgrunde ein „Muslim" gewesen. Schon 1995 hatte der Scheich in einer Fatwa Goethe kurzerhand zum Muslim erklärt.[232] Doch die Belege für Goethes „Muslimsein" sind sehr dünn. Der große Dichter neigte zweifellos zu einem in seiner Zeit unter Intellektuellen populären Pantheismus. Mit einer konkreten Religion, weder mit dem etablierten Christentum noch dem wirklichen Islam – und schon gar nicht mit dem des 19. Jahrhundert, den er nur rudimentär kannte – wollte er sich identifizieren. Sein aus einzelnen Zitaten angeblich zu „beweisendes" Muslimsein entpuppt sich bei näherem Hinsehen als romantische Verehrung des Orients, insbesondere der orientalischen Dichtkunst, und des Glaubens an die „Einheit Gottes", das „Schicksal" und die „Ergebenheit" in den Willen Gottes. Er war sicherlich kein Muslim, und die Bemühungen der Murabitun, ihn als Botschafter für den Islam zu instrumentalisieren, sind durchsichtige Propaganda.[233]

Intensiv widmet sich die „Islamische Zeitung" den Themen „Extremismus" und „Terrorismus": Selbstmordattentate werden wiederholt deutlich als „unislamisch" verurteilt, aber, so scheint es, in erster Linie deshalb, weil sie die islamische Missionsarbeit behindern und den Islam in schlechtem Licht erscheinen lassen. „Die nihilistischen Selbstmordattacken sind in Form und Art ein Hindernis für die „da'wa"-Arbeit und müssen als unislamische Verhaltensweise entlarvt werden." Einerseits gibt es für Rieger keinen „islamischen Terrorismus", andererseits verwendet er wiederum diesen Terminus ohne jede Problematisierung.[234] Der Terrorismus erscheint ihm als destruktive Konsequenz des Kapitalismus und der Globalisierung. Der Anteil des Islam bzw. der Muslime wird heruntergespielt: „Der Terrorismus islamischer Einzelgänger privatisiert den Islam, löst ihn aus dem Maß der Gemeinschaft der Muslime heraus und beruht weder auf den Denkmethoden und Rechtsregeln noch auf dem Konsens der islamischen Lehre."[235]

Der IZ-Redakteur Khalil Breuer charakterisiert islamisch-terroristische Gruppen und „Einzelgänger" so: „Sie sind privat, wahabitisch infiltriert, rechtlos in ihrer Akzeptanz der Selbstmordattentate."[236] Einer tieferen Auseinandersetzung über die Frage, weshalb und mit welchen islamrechtlichen Begründungen sich muslimische Terroristen auf die Religion berufen, geht man aus dem Wege. Terroristen sind „Nihilisten", Einzelgänger und „privat". Angesichts der weltweiten Vernetzung terroristischer Gruppen und ihrer offensiven Medienstrategien, die ja durchaus weltweit auf wachsende Resonanz in Kreisen radikalisierter Muslime stoßen, ist die Bezeichnung „privat" absurd. Auch fällt die Schuldzuweisung für den Terrorismus recht einseitig aus: Der „Westen" und die als „unislamisch" gegeißelten autoritär-islamischen Regime, so der Tenor vieler Beiträge, trügen eben selber Schuld am Terrorismus. Opfer werden zu Tätern.

Rieger & Co. halten den Begriff des Islamismus für einen „letztlich unbestimmten Begriff" und definieren ihn dann doch als „eine Mischgeburt aus Islam, den politischen Lehren der westlichen Ideologie und den Verführungen moderner Organisationstechnik".[237] Der Islamismus sei von der Tendenz zur „geistigen Totalität bis hin zur wahrhaft modernen Idee totaler Raumbeherrschung" geprägt und ziehe seine „Identität aus dem Gegenbild des ‚ganz anderen'".[238] Der „Islam der Tradition" dagegen sei der wahre Islam als die „organische" Religion der von ethnischen und nationalen Egoismen befreiten geeinten „umma", getragen von der „Liebe zum Propheten", der Orientierung an „Medina als vorbildlichem islamischem Gemeinwesen" und der Verpflichtung auf „die Logik und Methodologie der Rechtsschulen".[239]

Dieses „klassische Madinah" habe auf „eigene, bewundernswerte Weise die Symbiose von Geist und Materie ermöglicht".[240] Daran sollen sich die Muslime orientieren und unter Nutzung der Religionsfreiheit im Rahmen der verfassungsrechtlichen Ordnung „in ökonomischer, sozialer oder familienrechtlicher Hinsicht ihre Besonderheiten, bzw. die Elemente der ‚Shariat' ausleben (bspw. Zinsverbot, Stiftungen, Eheschließungen usw.)".[241] „Medina" steht für das islamische Gemeinwesen, an das Rieger als die Inkarnation von Frieden und Gerechtigkeit inbrünstig glaubt und das er schrittweise in Europa errichtet sehen möchte. Die blumigen Formulierungen vermögen jedoch nicht darüber hinwegzutäuschen, worum es den Murabitun und Rieger politisch geht: den Scharia-Staat.

---

[1] http://www.hilafet.de/gazete/sayi353/hed.htm.
[2] Zit. nach WERNER SCHIFFAUER, Die Gottesmänner. Türkische Islamisten in Deutschland. Frankfurt a. M. 2000, 336.
[3] Vgl. den Prozessbericht des SPIEGEL, Nr. 23 vom 5. Juni 2000, 66ff.
[4] UDO ULFKOTTE, Der Krieg in unseren Städten. Wie radikale Islamisten Deutschland unterwandern. Frankfurt a. M. 2003, 78.
[5] Vgl. vor allem die Schriften: Die Islamische Verfassung und ihre Präambel. Hrsg. von Ümmet-i Muhammad. Düsseldorf 1993. CEMALEDDIN HOCAOGLU KAPLAN, Die neue Weltordnung. Köln 1995.
[6] SCHIFFAUER, Gottesmänner, 31.
[7] Vgl. URSULA SPULER-STEGEMANN, Muslime in Deutschland. Informationen und Klärungen. Freiburg ³2002, 80ff.
[8] Frankfurter Rundschau, 13. Dezember 2001.
[9] http://www.igmg.de/deu/273.php.
[10] http://f25parsimony.net/forum/63498/messages/1978.htm.
[11] Zur Geschichte ausführlich WERNER SCHIFFAUER, Nach dem Islamismus. Eine Ethnographie der Islamischen Gemeinschaft Milli Görüs. Frankfurt a. M. 2010, 63ff.
[12] Die IGMG blendet heute den türkisch-islamistischen Hintergrund schon bei der Namenserklärung von „Milli Görüs" aus. Sie bestreitet, dass „Millet" im Sinne von „Volk, Nation" zu verstehen sei, und behauptet dagegen, dass das „Milli" im Wort „Millet" auf den koranischen Begriff des „millet" zurückgehe, „der immer in Verbindung mit dem Propheten Abraham vorkommt" (Millet-i-Ibrahim= Gemeinschaft Abrahams): „Über den Namen Milli Görüs bezeugt die IGMG ihre Zugehörigkeit zu der Anschauung und der Sichtweise der abrahamitischen Gemeinschaft. So ist sie eine dem Weg des Propheten Muhammad (s. a. w.) folgende islamische Religionsgemeinschaft." http://www.igmg.de/verband/wir-ueber-uns/was-bedeutet-milli-goerues.html. SCHIFFAUER, Nach dem Islamismus, 71, hält die Übersetzung mit „muslimische Sicht" für präziser.
[13] Erbakan gründete am 26. Januar 1970 die „Partei der Nationalen Ordnung" („Milli Nizam Partisi", MNP), die im Spektrum der türkischen religiösen Rechten zu verorten war. Nach dem Verbot der MNP im März 1971 wurde am 11. Oktober 1972 die „Partei des Nationalen Heils" („Milli Selamet Partisi", MSP) ins Leben gerufen, die bei den Parlamentswahlen 1973 bereits rund zwölf Prozent der Stimmen erhielt. Vgl. zum Ganzen ausführlich ULRIKE DUFNER, Islam ist nicht gleich Islam. Die türkische Wohlfahrtspartei und die ägyptische Muslimbruderschaft: Ein Vergleich ihrer politischen Vorstellungen vor dem gesellschaftspolitischen Hintergrund. Opladen

1998, 170ff. GÜNTER SEUFERT, Politischer Islam in der Türkei. Islamismus als symbolische Repräsentation einer sich modernisierenden muslimischen Gesellschaft. Stuttgart 1997, 267ff. SCHIFFAUER, Nach dem Islamismus, 63ff.

[14] CEMAL KARAKAS, Türkei: Islam und Laizismus zwischen Staats-, Politik- und Gesellschaftsinteressen. In: HSFK-Report 1/2007, II.

[15] DUFNER, Islam, 408.

[16] NECMETTIN ERBAKAN, Gerechte Wirtschaftsordnung. Ankara 1991. 4.

[17] „Millî Gazete" vom 1. August 2006.

[18] Zit. nach http://www.israelheute.com/default.aspx?tabid=117 & view=item&idx=1568.

[19] Vgl. dazu Berliner Morgenpost, 22. Dezember 2005. Vgl. auch ihren Leserbrief an die Frankfurter Allgemeine Zeitung vom 18. August 2005. Am 21. März 2007 erhielt Emel Algan Abidin den Preis „Das unerschrockene Wort", der alle zwei Jahre vom „Bund der Lutherstädte" verliehen wird.

[20] Zur Reorganisation SCHIFFAUER, Nach dem Islamismus, 85, 90ff. In der Selbstdarstellung der IGMG wird das Jahr 1995 als eigentliches Gründungsjahr der IGMG angegeben (http://www.igmg.de/verband/wir-ueber-uns/geschichtliche-entwicklung.html).

[21] THOMAS LEMMEN, Muslime in Deutschland. Baden-Baden 2001, 68.

[22] taz, 30. Oktober 2002.

[23] Selbstdarstellung, 13.

[24] http://www.igmg.de/verband/wir-ueber-uns/organisationsstruktur.html?L=.html.html.html. VS-Bericht Bund 2009, 228ff.

[25] Selbstdarstellung, 5.

[26] Ebd.

[27] Zur Biographie Karahans vgl. Hürriyet, 17. April 2003.

[28] So auf einer Veranstaltung der SPD nahen Friedrich-Ebert-Stiftung („Was glaubst Du? Deutschlands muslimische Jugend auf der Suche nach ihrer Identität") am 7. September 2006.

[29] www.igmg.de (Frauenverband).

[30] Frankfurter Allgemeine Zeitung, 12. Februar 2008; Milli Gazete, 20. März 2008.

[31] Milli Gazete, 7. Mai 2008, zit. nach VS-Bericht Baden-Württemberg 2008, 81f.

[32] http://www.igmg.de/verband/wir-ueber-uns/standpunkte/ demokratie. html.

[33] Interview in der ZEIT. http://www.zeit.de/1999/06/199906.mg-interview_.xml;http://www.Zeit.de/tag/aktuell/ 199906.mg-interview. html.

[34] Hürriyet, 10. Mai 2003. In einem Interview mit Herausgeber Abu Bakr Rieger von der „Islamischen Zeitung" (November 2002) bezeichnete Scherf die „Leute der Milli Görüs" als „zum Teil exzellente Leute". In der „Kuba Moschee" habe er „gute Freunde" (Tagesspiegel, 14. Oktober 2001.) Vgl. auch das Porträt eines jungen IGMG-Mitglieds und Kritik an Scherf in der Frankfurter Rundschau vom 24. Oktober 2001.

[35] WERNER SCHIFFAUER, Die Islamische Gemeinschaft Milli Görüs – ein Lehrstück zum verwickelten Zusammenhang von Migration, Religion und sozialer Integration. In: Migrationsreport 2004. Fakten – Analysen – Perspektiven. Für den Rat für Migration hrsg. von KLAUS J. BADE, MICHAEL BOMMES und RAINER MÜNZ. Frankfurt a. M./New York 2004, 94.

[36] WERNER SCHIFFAUER, Verwaltete Sicherheit – Präventionspolitik und Integra-

tion. In: Migrationsreport 2006. Fakten – Analysen – Perspektiven. Für den Rat für Migration hrsg. von MICHAEL BOMMES und WERNER SCHIFFAUER. Frankfurt a. M./NewYork 2006. 148.

[37] Schiffauer sieht „Fundamentalismus" in erster Linie als „Kampfbegriff" und hält die Fundamentalismusforschung für empirisch nicht belegt, eine vor dem Hintergrund der jahrzehntelangen Forschung befremdliche Position. SCHIFFAUER, Gottesmänner, 315ff.; Vgl. die treffende Widerlegung bei MEYER, Identitätspolitik, 148ff.

[38] Vgl. z. B. VS-Bericht Baden-Württemberg, 2008, 68. VS-Bericht Berlin, 35ff., 167ff.

[39] Islamistischer Extremismus und Terrorismus. Hrsg. vom Landesamt für Verfassungsschutz Baden-Württemberg. Stuttgart 2006.

[40] MUSTAFA YENEROGLU, Stellungnahme zur Broschüre „Islamistischer Extremismus und Terrorismus" des Landesamtes für Verfassungsschutz Baden-Württemberg (31. Januar 2007), 1, 14.

[41] Islamistischer Extremismus und Terrorismus, 6.

[42] YENEROGLU, Stellungnahme, 4.

[43] Islamistischer Extremismus und Terrorismus, 6.

[44] Ebd.

[45] So hat das Bundesverwaltungsgericht am 21. Mai 2008 entschieden, dass der Verfassungsschutz Baden-Württemberg drei Tatsachenbehauptungen aus dem VS-Bericht von 2001 unterlassen muss (Az. BVerwG 6 C 13.07). Vgl. z. B. die IGMG-Stellungnahmen zu den Vorwürfen aus dem Verfassungsschutzberichten 2001 und 2002 der Länder Bayern, Baden Württemberg und Nordrhein-Westfalen nebst umfänglichen Schriftwechseln. Diese Dokumentationen liegen dem Verfasser nebst Anschreiben von Mustafa Yeneroglu vom 20. Juni 2003 vor.

[46] MUSTAFA ISLAMOGLU, Ratschläge an meine jungen Geschwister. Berlin 2005, 38.

[47] http://www.verfassungsschutz-bw.de/kgi/files/kgi_arab_2008-12.htm.

[48] ISLAMOGLU, Ratschläge, 138.

[49] Ebd., 54f.

[50] So wörtlich im Interview, geführt von der Journalistin Claudia Dantschke, anlässlich der Islam Woche im Juni 2004. Videoeinspielung bei der Anhörung des Innenausschusses des Deutschen Bundestages: Deutscher Bundestag, 15. Wahlperiode. Innenausschuss, Protokoll Nr. 15/42, Öffentliche Anhörung vom 20. September 2004.

[51] Freitagspredigt vom 3. November 2006.

[52] Vgl. die Sendung auf SWR 2 vom 17. Februar 2004, Zitat Claudia Dantschke.

[53] Schreiben vom 12. August 2005 in Reaktion auf Äußerungen Becksteins im Zusammenhang mit den Terroranschlägen in London (Frankfurter Rundschau vom 16. Juli 2005).

[54] Brief der 138 Rechtsgelehrten. Vgl. die Website des Royal Ahl-Al-Bayt Institute for Islamic Thought: http://www.acommonword.com/ mit dem Text und zahlreichen weiteren Dokumenten. Vgl. vor allem FRIEDMANN EIßLER (Hrsg.), Muslimische Einladung zum Dialog. Dokumentation zum Brief der 138 Gelehrten („A Common Word"). Berlin 2009.

[55] YOHANAN FRIEDMAN, Tolerance and Coercion in Islam. Interfaith Relations in the Muslim Tradition. Cambridge 2003. 87ff.

[56] Obwohl der „Fortschrittsbericht" der EU-Erweiterungskommission vom 14. Oktober 2009 im Blick auf die Religionsfreiheit eine Reihe von Verbesserungen feststellt, gibt

es anhaltende Probleme (Rechtsstatus von nichtmuslimischen Religionsgemeinschaften, Restriktionen für die Ausbildung von Priestern, ausschließlich islamisch-sunnitischer Religionsunterricht an öffentlichen Schulen). Es gibt eine Reihe von aktuellen Bedrohungen, Repressionen und Übergriffen, die zeigen, dass Christen um ihr Leben fürchten müssen, wenn sie ihren Glauben aktiv ausüben wollen (vgl. Türkei Fortschrittsbericht 2009, Brüssel, Com 2009, 533, 20ff.)

[57] Vgl. dazu RAINER FORST, Toleranz im Konflikt. Frankfurt a. M. 2003. 42 ff
[58] http://www.igmg.de/index.php?id=293&no_cache=1&type=98.
[59] VS-Bericht Berlin 2006, 121f.
[60] VS-Bericht Berlin 2008, 35ff.
[61] Milli Gazete vom 28. August 2006; Milli Gazete vom 26. Juli 2006, Kolumne von Mahmut Toptas.
[62] In einem Beschluss des Verwaltungsgerichts Hamburg (AZ 7 VG 1689/95 vom 27. April 1995) wird die Milli Gazete sogar als „Vereinsorgan" bezeichnet. Zum Antisemitismus vgl. u. a. VS-Bericht Bund 2008, 248; VS-Bericht Nordrhein-Westfalen 2006, 211f., VS-Bericht Baden-Württemberg 2008, 67ff; VS-Bericht Bayern 2008, 52ff.; VS-Bericht Bremen 2006, 57; VS-Bericht Hessen 2008, 52ff.
[63] Milli Gazete Online, 22. August 2006. zit. nach VS-Bericht Berlin 2006, 125f.
[64] MUSTAFA YENEROGLU, Der Verfassungsschutz und seine besondere Liebe zu Kolumnisten der Milli Gazete. http://www.igmg.de/index/php? module=ContentExpress&func=print&ceid=148, 16. Februar 2005.
[65] CLAUDIA DANTSCHKE, Islamistischer Antisemitismus. In: „Vor Antisemitismus ist man nur noch auf dem Monde sicher". Antisemitismus und Antiamerikanismus in Deutschland. Hrsg. vom Zentrum Demokratische Kultur, 5/2004, 29.
[66] Z. B. *Israil'in Dünya Egemenligi Politikasi* („Israels Politik der Weltherrschaft"), *Siyonizm Felsefesi* („Die Philosophie des Zionismus"), *Yahudilik ve Masonluk* („Das Judentum und die Freimauerei"). Zitat aus *Soykirim Yalani* in deutscher Übersetzung aus der ARD-Sendung „Report München" vom 21. Mai 2001
[67] AHMED KALKAN, Müslümanlarin Müslümanlasmasi, 2005, 181ff. Mitteilung der „Kreuzberger Initiative gegen Antisemitismus" vom 19. April 2005.
[68] VS Bericht Baden-Württemberg, 2006, 72.
[69] So in der ZDF-Sendung „Frontal 21" vom 6. Juni 2006.
[70] http://fhh.hamburg.de/stadt/Aktuell/behoerden/inneres/landesamt-fuer-verfassungsschutz/aktuelles/Hetzvideos-igmg-artikel.html.
[71] MUSTAFA YOLDAS, Plädoyer für Milli Görüs. In: epd-Entwicklungsdienst 9–10/2002, 64.
[72] WOLFGANG BENZ, Was ist Antisemitismus? München 2004, 19.
[73] Pew Global Attitudes Project, 2005. http://tau.ac.il/anti-Semitism/asw2008/turkey.html. Einer der wenigen türkischen Wissenschaftler, die sich dem Thema kritisch stellen, ist Rifat N. Bali. http://www.hagalil.com/archiv/2004/02/antisemitismustuerkei.htm. Vgl. auch CORRY GUTTSTADT, Die Türkei, die Juden und der Holocaust. Berlin 2008.
[74] Vakit, 17. August 2004. Übersetzung der „Kreuzberger Initiative gegen Antisemitismus" in: Vakit. Das Kampfblatt der türkischen Islamisten. Berlin, o. J.
[75] Vakit, Deutschland-Ausgabe, 1. Dezember 2004. Vgl. dazu MEMRI, Special Dispatch Series, Nr. 900, 28. April 2005.

[76] Milli Gazete, 24. Mai 2002.
[77] YOLDAS, Plädoyer für Milli Görüs, 64.
[78] Vgl. die „drei D", die die Grenze zwischen legitimer Israelkritik und Antisemitismus markieren „Dämonisierung, Delegitimierung, doppelte Standards". PHILIPP GESSLER, Der neue Antisemitismus. Freiburg 2004, 14.
[79] Milli Gazete, 28. Juni 2006 (Afet Ilgaz).
[80] Kommentar am 30. April 2004 auf www.igmg.de
[81] Vgl. dazu die Analyse des Deutschen Instituts für Menschenrechte: HENDRIK CREMER, „... und welcher Rasse gehören Sie an?" Zur Problematik des Begriffes „Rasse" in der Gesetzgebung. Berlin 2008.
[82] Vgl. das Interview mit Mustafa Yeneroglu und Öguz Üçüncü in der taz vom 7. Mai 2004. Vgl. ferner: MUSTAFA YENEROGLU, Der Verfassungsschutz und seine besondere Liebe zu Kolumnisten der Milli Gazete (16. Februar 2005). http://www,igmg.de/indes.php?modeule=ContentEXpress&func=print&ceid=1484.
[83] Vgl. dazu vor allem die Aufsätze von JOHANNES REISSNER und VOLKER NIENHAUS in ENDE/STEINBACH, Der Islam in der Gegenwart, 151ff. und 273ff. HAYRETTIN AYDIN, Islam und Wirtschaft. In: KLÖCKER/TWORUSCHKA, Handbuch der Religionen, Bd. 4, 3.5.
[84] Sahih Bukhari, Bd. 4, Buch 41, Nr. 28.
[85] VOLKER NIENHAUS, Zwischen Idealwelt und Weltwirtschaft. Islamische Ökonomie. In: Der Islam und der Westen. Hrsg. von KAI HAFEZ. Frankfurt a. M. 1997, 96.
[86] Zur Kontroverse vgl. RITA BREUER, Grundlagen der Scharia und ihre Anwendung im 21. Jahrhundert. In: Islamismus, 93ff.
[87] Eine Studie der Universität Zürich kommt zu dem Ergebnis, dass „Islamic Banking" in der Finanzkrise einen deutlichen Wettbewerbsvorteil darstellt. Basler Zeitung, 8. Januar 2010. Vgl. auch: VOLKER NIENHAUS, Islamische Ökonomik in der Praxis. Zinslose Finanzwirtschaft. In: ENDE/STEINBACH, Islam, 165ff.
[88] EBERHARD SEIDEL, CLAUDIA DANTSCHKE/ALI YILDIRIM; Politik im Namen Allahs. Der Islamismus – eine Herausforderung für Europa. Brüssel, ²2001 51. Die Autoren waren – neben dem Kölner Journalisten Ahmet Senyurt – die esten, die das Geschäftsgebaren der Holdings und die Rolle von Milli Görüs aufdeckten.
[89] Metin Gür vermutet, dass Milli Görüs die Holdings erst zur Kapitalbeschaffung in Europa animiert hat. Zit. nach GÖNÜL TOPUZ, Entwicklung und Organisation von Milli Görüs in Deutschland. Köln 2003. 71.
[90] http://minaretta.twoday.net/stories/3672286/. In Berlin wurde z. B. am 7. Oktober 2000 mit großem Aplomb und prominenter politischer Beteiligung (u. a. der damalige CDU-Innensenator Werthebach) in Kreuzberg das Kaufhaus „Adese" eröffnet, dessen Träger eine der beschriebenen Holdings war. Interessanter Nebenaspekt der Eröffnung: Nach dem Auftakt mit deutscher Beteiligung fand noch einmal eine Eröffnung statt, dieses Mal auf türkisch!
[91] ZDF-Sendung „Frontal 21", 17. April 2007. http://minaretta.twoday. net/ stories/3608217.
[92] CORNELIA UEBEL/YÜKSEL UGURLU, Der verlorene Schatz. Die Zeit, 9. November 2006.
[93] FERDA ATAMAN, Betrug an Deutschlands Türken. Spiegel-Online, 17. April 2007. Die türkische Aufsichtsbehörde für den Kapitalmarkt hatte 2005 einen 400 Seiten

langen Bericht über die illegale Ausgabe von Anteilsscheinen vorgelegt. Danach sollen 78 Firmen von 300.000 meist in Deutschland lebenden Türken mindestens vier Milliarden Euro eingesammelt haben.

[94] Deutscher Bundestag, Drucksache 16/4836, 27. März 2007.
[95] http://minaretta.twoday.net/stories/3708120.
[96] http://minaretta.twoday.net/stories/3672286.
[97] Muhammad HAMIDULLAH, Der Islam. Geschichte, Religion, Kultur. Frankfurt a. M. 1966.
[98] Der Verfasser hat es in deutscher Übersetzung aus dem Jahre 1966 im Oktober 2004 in der Haci-Bayram-Moschee in Berlin-Wedding erworben.
[99] Ebd., 150f.
[100] Ebd., 151, 162.
[101] Ebd., 180.
[102] Ebd., 181.
[103] Ebd., 180.
[104] Ebd., 239–247 (Es könne sich nicht darum handeln, die „übermäßige Freiheit zu akzeptieren, deren sich die Frau heute, rechtlich oder in der Praxis, auf gewissen Gebieten des sozialen Lebens" erfreut. Es sei im Falle von Ungehorsam der Frau durchaus erlaubt, sie zu schlagen, „aber nicht zu hart"), 261ff., 277: „Der Heilige Krieg der Muslime ist (...:) durchaus kein Eroberungsfeldzug, sondern er wird geführt in einem Opfergeist und bezweckt einzig und allein die Erlangung der Vorherrschaft für das Wort Gottes."
[105] Aus der Präsentation von Tania Puschnerat vom BfV im GK Sicherheit und Islamismus am 14. Juni 2007.
[106] http://www.igmg.de/index.php?id=248&no_cache=1&tx_ttnews.
[107] Presse-Erklärung vom 8. Oktober 2001. www.igmg.de/pm/08-10-2001-2.htm.
[108] Übersetzung nach Adel Khoury, dort zahlreiche weitere Belegstellen. Zum Ganzen HERIBERT BUSSE, Die theologischen Beziehungen des Islam zu Judentum und Christentum. Darmstadt ²1991, 52ff.
[109] http://www.im.nrw.de/imshop/shopdocs/Zwischenbericht%202009.pdf. Noch optimistischer war der VS-Bericht Nordrhein-Westfalen 2007, 112f.
[110] http://www.igmg.de/nachrichten/artikel/2009/12/08/muslime-als-spielball-der-behoerdenwillkuer-gedanken-zum-leipziger-einbuergerungs-urteil.html.
[111] Innenausschuss, Protokoll Nr. 15/42, Öffentliche Anhörung vom 20. 9. 2004, 41.
[112] Explizit, Nr. 30 (März–Juni 2002) Vgl. auch die Belege bei http://www.klick-nachrechts.de/gegen-rechts/2002/10/hizb-ut-tahrir,htm.
[113] Flugblatt der HT vom Sommer 2002: ttp:// www-hizb-ut-tahrir.org /deutsch/ schriftstucke.html.
[114] Tagesspiegel, 29. Oktober 2002.
[115] ZDF-Sendung „Frontal 21" vom 5. November 2002. http://www.zdf.de/ZDFde/inhalt/ 0,1872,2021685,00.html.
[116] Tagesspiegel, 22. November 2002.
[117] Zur Geschichte der HT vgl. SUHA TAJI-FAROUQI, A Fundamental Quest. Hizb-at-Tahrir and the Search for Islamic Caliphate. London 1996. DENIS ENGELLEDER, Die islamistische Bewegung in Jordanien und Palästina 1945–1989. Wiesbaden 2002.

[118] Zum Ganzen vgl. den Überblick bei ENDE/STEINBACH, Islam, 294ff.

[119] ED HUSAIN, The Islamist. Why I Joined Radical Islam in Britain, What I Saw Inside and Why I Left, London 2007, 135.

[120] So in der von an-Nabahani 1953 entworfenen *Nizam-ul-Islam* („Die Lebensordnung des Islam"), die einen 186 Artikel umfassenden Verfassungsentwurf für den islamischen Staat umfasst (www.explizit-islam.de/seiten/books/nizam/nmain.html.

[121] Ebd., 134.

[122] So z. B. WILHELM DIETL/KAI HIRSCHMANN/ROLF TOPHOVEN, Das Terrorismus-Lexikon. Täter, Opfer, Hintergründe. Frankfurt a. M. 2006. 207. Vgl. auch Michael Lüders in der Frankfurter Rundschau („Allahs Güte soll es richten") vom 25. November 2002 sowie Uwe Halbach, Islam und islamistische Bewegungen in Zentralasien. In: Aus Politik und Zeitgeschichte B 3–4/2002.

[123] Stellungnahme zu den falschen Vorwürfen, die seitens der deutschen Presse und deutscher Politiker gegen Hizb-ut-Tahrir vorgebracht wurden, 4. November 2002.

[124] http://www.deutsche-stimme.de/Sites/02-03-Assem.html.

[125] http://www.islam-projekte.com/kalifat/kalifat/webseite/index.php.

[126] http://www.hizb-ut-tahrir.info/info/deutsch.php/contents/entry_5897.

[127] MEMRI, Special Dispatch, 6. Dezember 2002.

[128] VS-Bericht Bund 2007, 165. VS-Bericht Bayern 2007, 55.

[129] Differenzierte und detaillierte Darstellung bei IAN JOHNSON, A Mosque in Munich. Nazis, The CIA, and the Muslim Brotherhood in the West. Boston/New York 2010. Vgl. auch DERS., The Brotherhood's Westward Expansion. In: Current Trends in Islamist Ideology. Hudson Institute Center on Islam, Democracy, and the Future of Modern World. Washington 2008, Bd. 6, 71ff.

[130] Sie ist bis heute ein vielgelesenes Standardwerk zum islamischen Recht: *Islamic Law. It's Scope and Equity*.

[131] JOHNSON, A Mosque in Munich, 178.

[132] SYLVAIN BESSON, La conquete de l'Occident: Le projet secret des Islamistes, Paris 2005.

[133] Programmheft, 26. Jahrestreffen IGD, 2004, 9. Vgl. auch: http://www.igd-online.de/pageID_7015187.html.

[134] Medieninformation der Regierung von Oberbayern, Nr. 327, 5. August 2005. Interview mit G. Beckstein, Süddeutsche Zeitung, 6. August 2005.

[135] Vgl. die Website der FIOE: http://www.euro-muslim.net. Einen detaillierten und faktenreichen Report zur FIOE bietet STEVE MERLEY, The Federation of Islamic Organizations in Europe (1. Oktober 2008). http://www.nefafoundation. org/miscallaneaous/FeaturedDocs/nefafioereport1008.pdf.

[136] „Charte des Musulmans d'Europe", Art. 1–3. http://www. aidh. Org /txtref/2008/Images/Charte_francais_def.pdf.

[137] Vgl. MERLEY, FIOE, 21ff.

[138] MUSTAFA CERIC, The Challenge of a single Muslim authority in Europe. In: European View, 6/2007, 43. „Landesrecht steht über Scharia", Interview mit dem Kölner Stadtanzeiger, 20. November 2008.

[139] Vgl. dazu RALPH GHADBAN, Kann der Islam mit Hilfe des „Fiqh" modernisiert werden? In: PETER HÜNSELER (Hrsg.), Im Dienst der Versöhnung. Für einen authentischen Dialog zwischen Christen und Muslimen. Regensburg 2008, 51ff. MA-

THIAS ROHE, Muslim Minorities and the Law in Europe. Chances and Challenges. New Delhi 2007.

[140] ARD-Sendung „Panorama" vom 22. Januar 2004.

[141] Verordnung des Rates der EU Nr. 881/2002 vom 27. Mai 2002, zuletzt geändert durch Verordnung Nr. 678/2008 betreffend die Anwendung bestimmter restriktiver Maßnahmen gegen bestimmte Personen und Organisationen, die mit Osama bin Laden, dem Al-Qaida Netzwerk und den Taliban in Verbindung stehen. Hier wird auch „Islamic Relief" genannt.

[142] Die Website (http://www.gmsg.de) wird offensichtlich seit einem Jahr nicht mehr gepflegt.

[143] Welt am Sonntag, 7. September 2008; Junge Freiheit, 13. Januar 2009.

[144] Az. 18 U 518/05.

[145] VS-Bericht Bund 2007, 193.

[146] Themen – Nachrichten – Trends, Nr. 1, 1996. (TNT war das Jugendmagazin der Muslimischen Jugend Deutschlands.)

[147] Augenzeugenbericht und Aufzeichnungen des Autors.

[148] AHMAD VON DENFFER, Integration statt Ghetto? Überlegungen zur Perspektive der muslimischen Minderheit in Deutschland. In: Al-Islam, Zeitschrift von Muslimen in Deutschland. Nr. 3/2003, 11ff.

[149] Interview mit Ahmad von Denffer, Der Platz für das islamische Recht. http://www.gazette.de/Archiv2/Gazette2/Denffer.pdf.

[150] AHMAD VON DENFFER, Verbietet das deutsche Recht das Leben der Muslime nach der Scharia? Vgl. dazu die Website der IGD: http://i-g-d.com (Ausdruck beim Autor).

[151] AHMAD VON DENFFER, Islam-Knigge. Ratschläge zum Umgang mit Muslimen in Deutschland. In: Al-Islam 4/1996.

[152] AHMAD VON DENFFER, Kopftuch und Kleidung im Islam. München 2000, 20, 26.

[153] Das Hamburger Verwaltungsgericht hat im Januar 2004 die Klage einer muslimischen Mutter abgewiesen, die ihre beiden Töchter vom Sexualkundeunterricht abmelden wollte. Das Gericht befand, dass der Erziehungs- und Bildungsauftrag der Schule höher zu bewerten sei als die religiösen Bedürfnisse von Einzelnen; gleichwohl solle der Unterricht unter Berücksichtigung der Interessen der Eltern und ohne jede „Indoktrinierung" stattfinden. Hamburger Abendblatt, 21. Januar 2004. Einige islamische Verbände, unter ihnen Milli Görüs, begrüßten das Urteil. SPIEGEL-Online, 21. Januar 2004.

[154] VON DENFFER, Islam-Knigge.

[155] Ausdrucke der Dokumente beim Autor.

[156] ARD-Sendung „Panorama" vom 22. Januar 2004.

[157] WERNER SCHIFFAUER, Im Zweifel gegen den Muslim. DIE ZEIT, 4. April 2007.

[158] VS-Bericht Baden-Württemberg 2007, 39. Zur Geschichte der TJ vgl. vor allem MUMTAZ AHMAD, Islamic Fundamentalism in South Asia: The Jamaat-i-Islami and the Tablighi Jamaat of South Asia. In: Fundamentalisms Observed. Hrsg. von MARTIN E. MARTY und R. SCOTT APPLEBY. Chicago 1991, 510ff. DIETRICH REETZ, Die Missionsbewegung der Tablighi Jama'at (http://www.zmo.de/Muslime_in_europa/downloads/Artikel/ Vortrag_Reetz.pdf). JANINA UESCHNER, Offene und geheime Netzwerke, am Beispiel der Tablighi Jama'at. Münster 2002.

[159] HOLGER STARK, Missionare des Dschihad. DER SPIEGEL, 10. Januar 2005.
[160] ALEX ALEXIEV, Tablighi Jamaat: Jihad's Stealthy Legions. Middle East Qarterly, Winter 2005. http://www.meforum.org/article/686.
[161] http://www.verfassungsschutz.bayern.de/imperia/md/ content/lfv_internet/ service/ halbjahresbericht2008. pdf; http://www.mi.niedersachsen.de/servlets/download?C=55311461&L=20.
[162] Pressemitteilung des Bayerischen Staatsministeriums des Inneren Nr. 361 vom 18. August 2005. Bayerischer Verwaltungsgerichtshof, Urteil vom 5. März 2008, Az. 5 B 05.1449.
[163] Ausschnitte aus Al-Manar-Clips sollte man sich ansehen, z. B. bei der „Coalition Against Terrorist Media" (CATM): http://www.stopterroristmedia.org/TerrorTV/default.aspx.
[164] Vgl. VS-Bericht Bund 2007, 184ff.
[165] RALPH GHADBAN, Die Libanon-Flüchtlinge in Berlin. Zur Integration ethnischer Minderheiten. Berlin ²2008.
[166] http: ://ufuq.de/index.php?option=com_content&task=view&id=246&Itemid=45.
[167] http://www.br-online.de/das-erste/report-muenchen/report-hisbollah-heiliger-krieg-ID1224845929847.xml.
[168] http://www.wkpl.de/3.html. Die Mitgliedschaft der Hisbollah soll zwischen 2003 und 2006 um zwölf Prozent gewachsen sein, so der Experte Alexander Ritzmann. http://www.mideastfreedomforum.org/sites/mideastfreedomforum.org/files/Alexander%20Ritzmann%20-%20Der%20Iran%20und%20islamistische%Netzwerke%20in&20Deutschland.pdf.
[169] http://www.muslim-markt.de/interview/2006/hassan.htm.
[170] MARK DUBOWITZ, Hezbollah's German Helpers. The Wall Street Journal, 17 April 2007.
[171] Deutscher Bundestag, Drucksache 16/4244, 19. Februar 2007, 2.
[172] http://www.focus.de/politik/deutschland/terror-bka-warnt-vor-hisbollah-anschlaegen_aid_323569.html.
[173] Deutscher Bundestag, Drucksache 16/10775, 4. November 2008.
[174] Urteil der 1. Kammer der Berliner Verwaltungsgerichts vom 21. März 2007 (VG 1 A212.06).
[175] Deutscher Bundestag, Drucksache 16/10775, 4. November 2008.
[176] Islamistische Organisationen in Nordrhein-Westfalen, Düsseldorf o.J., 54.
[177] Charta der Hamas vom 18. Januar 1988. Deutsche Übersetzung von Günther Orth. In: HELGA BAUMGARTEN, Hamas. Der politische Islam in Palästina. München 2006. 209. Vgl. zur Entstehungsgeschichte und Entwicklung der Hamas vor allem JOSEPH CROITORU, Hamas. Der islamische Kampf um Palästina. München 2007, 74ff.
[178] Palestinian Media Watch, Bulletin, 24. Dezember 2008. JONATHAN SCHANZER, The Talibanization of Gaza. In: Current Trends in Islamist Ideology, Bd. 9, 110ff.
[179] CLEMENS STIGLECHNER, Die palästinensische Hamas. In: FEICHTINGER/WENTKER, Islam, Islamismus und islamischer Extremismus, 135.
[180] Zur Lage in Gaza vgl. den Bericht der International Crisis Group, Ruling Palestine I: Gaza under Hamas. Middle East Report, Nr. 73, 19. März 2008.
[181] Vgl. den Prozessbericht im Tagesspiegel, 19. November 2002.

[182] CLAUDIA DANTSCHKE, Antisemitismus in der Palästinasolidarität (MS), Berlin 2002.
[183] http://www.hagalil.com/01/de/Antisemitismus.php?itemid=195
[184] Tagesspiegel, 17. Januar 2009.
[185] Vgl. Al-Aqsa TV, „Pioniere für Morgen", 29. Juni 2007. http://www.youtube.com/watch?v=B0FXUeNeUME&feature=related.
[186] Vgl. Al-Aqsa TV, „Pioniere für Morgen", Februar 2008. http://www.youtube.com/watch?v=-uPEF7pdRD0.
[187] Al-Aqsa TV, 8. März 2007. http://de.youtube.com/watch?v=H-gDXhFwPM4.
[188] http://www.europarl.europa.eu/sides/getDoc.do?pubRef=-//EP//TEXT+QT+H-2008-0740+0+DOC+XML+V0//DE.
[189] Vgl. den Report des Intelligence and Terrorism Information Center, „The Internet and Terrorism" vom 12. Oktober 2008.
[190] Die Welt, 27.August 2003.
[191] http://www.ufuq.de/newsblog/611-salafitische-initiativen-stolz-darauf-fremd-zu-sein.
[192] IZ, 106, Mai 2006, 22; IZ, 136, Februar 2007 (II), 13.
[193] Vgl. z. B. den erhellenden Bericht von Harald Lamprecht, Beauftragter der Arbeitsstelle Weltanschauungsfragen der Evangelisch-Lutherischen Landeskirche von Sachen, über einen Moscheebesuch: http://www.confessio.de/cms/website.php?id=/religionheute/weltreligionen/islam/al-rahman-moschee.html.
[194] RIEM SPIELHAUS/ALEXA FÄRBER (Hrsg.), Islamisches Gemeindeleben in Berlin. Berlin 2006, 8. Die insgesamt informative Broschüre unterlässt es jedoch sträflich, über die religiös-politische Orientierung der Moscheevereine und einiger problematischer Gruppen zu informieren. Islamistische Einfluss-Strategien, Netzwerke und Kontexte scheinen für die Autoren gar nicht zu existieren.
[195] So Claudia Schmid, Leiterin der Abteilung Verfassungsschutz beim Berliner Innensenator in der ARD-Sendung „Kontraste" vom 22. April 2004.
[196] http://www.ustreas.gov/press/releases/js1895.htm.
[197] Nach Vorträgen und Predigten El-Rafeis. Diese Eintragungen sind natürlich inzwischen von den Betreibern der Website gelöscht worden. Ausdrucke und Mitschriften beim Autor. Vgl. dazu auch treffend RAMELSBERGER, Der deutsche Dschihad, 123ff.
[198] Vgl. zum Ganzen RAMELSBERGER, Der deutsche Dschihad, 118ff.
[199] Die Welt, 10. Mai 2005.
[200] RAMELSBERGER, Der deutsche Dschihad, 125.
[201] http://www.way-to-allah.com/Buecher-Verleih/recht&gesellschaft.html.
[202] Wiesbadener Kurier, 16. April 2008.
[203] Tagesspiegel, 16. August 2006; Film *Ein Leben für Allah* von Margarethe Steinhausen für RBB, ausgestrahlt am 18. November 2007 in der ARD. JÖRG LAU, Der starke, reine, einfache Gott. In: http://zeus.zeit.de/schule/pdfs/Islam.pdf. ANNABEL WAHBA, Süße des Glaubens. DIE ZEIT, 22. Februar 2007.
[204] IZ, 10. Mai 2008.
[205] VS-Bericht Berlin 2007, 238.
[206] Weitere Details bei CLAUDIA DANTSCHKE, Muslime – ihre Einrichtungen und Vereine im Berliner Bezirk Neukölln. Ein Überblick über die Strukturen, Vernetzun-

gen sowie religiös-politische Ausrichtungen. In: Blickpunkt Demokratie und Extremismus, Februar 2008, 58f.

[207] http://www.islamicfinder.org/getitWorld.php?id=50976&lang.

[208] Vgl. zum gesamten Hintergrund vom IZDB und Heiders Rolle, „DIDI" und dem IKEZ die maßgebliche, glänzende Recherche von CLAUDIA DANTSCHKE/CLAUDIA LUZAR, Aspekte der Demokratiegefährdung in Berlin-Mitte und Möglichkeiten der Intervention. In: Blickpunkt, Nr. 21, 11/2007.

[209] Susanne Arendsee, „Zu Gast bei Salhi – Im Interkulturellen Zentrum für Dialog und Bildung", unter: www.jugendkampagne.de /index. php?m=16&id=78&sub=79 (Homepage des Deutschen Nationalkomitees für internationale Jugendarbeit (DNK), c/o Deutscher Bundesjugendring (DBJR), Mühlendamm 3,10178 Berlin).

[210] Erklärung des IZDB. http://www.izdb-berlin.de/index.php?id=89& PHPSESSID =6d45f0393a25ed97d73e909c2b116e9d.

[211] Zwei Drittel befolgen die Speisevorschriften des Islam, und 61 Prozent bejahen den Verzicht auf Alkohol. BRETTFELD/WETZELS, Muslime in Deutschland, 262f. und 245.

[212] Ebd., 319f.

[213] Ebd., 307.

[214] Ebd., 275.

[215] Ebd., 329.

[216] JOCHEN MÜLLER; „Ich bin ein Taliban". Islamismus und Jugendkultur. http://www.bpb.de/popup/popup_druckversion.htlml?guid=6K9DMU. Vgl. auch den Überblick in JOCHEN MÜLLER/GÖTZ NORDBRUCH/BERKE TATAROGLU, Jugendkulturen zwischen Islam und Islamismus. Hrsg. von Schule ohne Rassismus – Schule mit Courage, Berlin 2008.

[217] Nach einer Studie der Medienkommission von ARD/ZDF nutzen 38 Prozent der 14- bis 29-jährigen Migranten türkischer Herkunftssprache das Internet. Eine umfassende, systematische Untersuchung dieses Feldes liegt noch nicht vor. Vgl. aber ALEV INAN, Islam goes Internet. Websites islamischer Organisationen im World Wide Web. Marburg 2007. Vgl. auch: MÜLLER, Islamismus in den Medien. http://www1.bpb.de/themen/BFTUVI,0,Islam_Islamismus_und_Jihadismus_in_den_Medien.html.

[218] YAVUZ ÖZOGUZ/GÜRHAN ÖZOGUZ, Wir sind „fundamentalistische Islamisten" in Deutschland. Eine andere Perspektive. Nienburg 2003, 89.

[219] http://www.muslim-markt.de/Service/werist.htm.

[220] Zum Begriff des „israelfeindlichen Antisemitismus" vgl. LARS RENSMANN/HANS-JOACHIM SCHOEPS (Hrsg.), Feindbild Judentum. Antisemitismus in Europa, Berlin 2008, 16ff.

[221] UDO WOLTER, Gutachten. Beispiel Al-Quds-Tag. Islamistische Netzwerke unter Migrantinnen und Migranten in Deutschland und Möglichkeiten zivilgesellschaftlicher Intervention. Berlin 2004, 28.

[222] Deutscher Bundestag, 15. Wahlperiode. Innenausschuss, Protokoll Nr. 15/42, Öffentliche Anhörung vom 20. September 2004, 89.

[223] ABU BAKR RIEGER, Islam in Deutschland. Politische Notizen. Ein Tagebuch. Freiburg 2007, 13.

[224] ULRICH HAARMANN, Geschichte der arabischen Welt. München 42001, 295ff.;

PAUL FREGOSI, Jihad in the West. Muslim Conquests from the 7th to 21st Centuries. New York 1998, 182ff.

[225] Schon 1992 berichtete der Journalist Anton Maegerle über das Treiben der Gruppe (www.der-rechte-rand.de). Vgl. auch CLAUDIA DANTSCHKE, Die Rechte und die Islamisten. Jungle World, 19. Dezember 2001.

[226] Democracy – The Terrible Truth. http://www.shaykhabdalqadir. com/content/ articles/Art025_20112004.html.

[227] IZ, Oktober 2001, 9.

[228] HAJJ ABDALHAQQ BEWLEY, The Recovery of True Islamic Fiqh. http://www.shaykhabdalqadir.com/content/articles/Art033_15012005.html.

[229] Einheit als Lebenswerk, IZ, 48, August 2001, 21.

[230] CARL SCHMITT, Die deutsche Rechtswissenschaft im Kampf gegen den jüdischen Geist, zit. nach REINHARD MEHRING, Carl Schmitt zur Einführung. Hamburg 32006, 67ff. RAPHAEL GROSS, Carl Schmitt und die Juden. Eine deutsche Rechtslehre. Frankfurt a. M. 2005.

[231] Islam in Europa. Vortrag am 14. Januar 2003 in Bonn.

[232] IZ, 5, 19. Dezember 1995;

[233] Vgl. die differenzierte Darstellung bei GÜNTER NIGGL, West-östliche Glaubenswelten in Goethes „Diwan". In: zur debatte 2/2007, 36ff. Der ideologische Hintergrund der Murabitun und die Geisteswelt Riegers wird ausführlich analysiert von JOHANNES KANDEL, „Riegers Welt". Die islamische Sekte der Murabitun und die Islamische Zeitung. In: Religionsdifferenzen und Religionsdialoge. Kontinuität und Wandel evangelischer Weltanschauungsarbeit. Berlin 2010 (im Erscheinen).

[234] IZ, 45, April 2001, 3. IZ, 49, Oktober 2001.

[235] IZ, 85, April 2004, 13.

[236] IZ, 137, März 2007, 3.

[237] IZ, 136, Februar 2007 (II), 12.

[238] RIEGER, Islam in Deutschland, 33.

[239] Ebd., 34.

[240] Konzept „Islam in Europa" als Diskussionsgrundlage, IZ, 50, November 2001, 9.

[241] Ebd., 3.

6. Wie gefährlich ist der Islamismus?

Der Islamismus ist in Deutschland – noch – ein Minderheitenphänomen, aber er ist eine reale Gefahr für unsere Demokratie. Die Islamisten folgen einer politischen Agenda. Entweder schrittweise und weitgehend friedlich („Islamisierung") oder revolutionär-militant wird die Errichtung des Scharia-Staates angestrebt. Es gibt auch in Deutschland ein Radikalisierungspotenzial von ca. zehn Prozent der muslimischen Gesamtbevölkerung und eine neue Qualität der terroristischen Bedrohung durch militante Muslime in der zweiten und dritten Generation („Kinder des Dschihad").

Zur Beurteilung der konkreten Gefährlichkeit des Phänomens Islamismus gilt es im Auge zu behalten: *Erstens* sagt die relativ geringe Zahl der Anhänger islamistischer Organisationen und deren geringer Organisationsgrad wenig über ihren tatsächlichen Einfluss in die muslimischen Gemeinschaften hinein aus. *Zweitens* handelt es sich um Gruppen und Organisationen, die sich zum Teil deutlich nach außen abschließen, oft verdeckt arbeiten und „double talk" praktizieren. Zahlreiche Islamisten beherrschen die Kunst der doppelten Rede und Verstellung, wobei es ihnen besonders nützt, dass sie sich in ihren Herkunftssprachen (z. B. Arabisch, Türkisch, Urdu etc.) verständigen können.[1] *Drittens* sind die schwer zu durchschauenden internationalen Verbindungen und Vernetzungen in die muslimischen Milieus hinein zu berücksichtigen. Im Unterschied zu den Rechts- und Linksextremisten in Deutschland sind die Islamisten sowohl ideologisch als auch organisatorisch erheblich besser transnational vernetzt. Islamisten brauchen muslimische Milieus wie die Fische das Wasser. Ihre vielfältigen Aktivitäten richten sich auf die muslimischen Gemeinschaften. Hier suchen sie nach Anknüpfungspunkten und „Einfallstoren" für ihre Ideologie, hier liegt ihr Rekrutierungsfeld für Sympathisanten und Aktivisten. Sicherlich sind Moscheen und andere Versammlungsorte von Muslimen ihre Zielobjekte, sie wissen aber auch, dass sie sich hier auf eine – zumindest teilweise scharf beobachtete – öffentliche Bühne begeben. Seit bestimmte Moscheen stärker unter der Beobachtung der Sicherheitsbehörden stehen, verengt sich der Freiraum. So ziehen sich die Islamisten *viertens* in private Räume zurück, wo sie auch mit den verdeckten Ermittlungsverfahren des Verfassungsschutzes kaum oder gar nicht aufgespürt werden können.[2] Sie nutzen *fünftens* mit großem Erfolg die virtuelle Welt des Internet, das sich bislang umfassender Beobachtung und schärferer Kontrolle entzieht.

Gegen den Islamismus kann der Staat alleine nicht erfolgreich kämpfen: Wir brauchen eine intelligente Mischung aus energischer Sicherheitspolitik, Integrationspolitik und einem breiten zivilgesellschaftlichen Diskurs im Sinne kritischer Streitkultur. Der damalige Innenminister Schäuble hat bei der Eröffnung der Ersten Deutschen Islamkonferenz am 27. September 2006 festgestellt: „Der Islam ist Teil Deutschlands und Teil Europas, er ist Teil unserer Gegenwart und er ist Teil unserer Zukunft."[3] Er ließ aber auch keinen Zweifel daran, dass „der Islam" dies nur sein kann, wenn die Muslime die fundamentalen Verfassungsprinzipien des säkularen, demokratischen und pluralistischen Rechtsstaates anerkennen. Die große Mehrheit der Muslime in Deutschland ist dazu bereit und wendet sich gegen den Extremismus der Islamisten. Der Kampf gegen den Islamismus kann nur *mit* ihnen, nicht *gegen* sie gewonnen werden.

---

[1] Islamisten wenden auch zielbewusst die sogenannte „takiya" („Selbstschutz") an. „Takiya" ist ursprünglich die im schiitischen Islam prinzipiell erlaubte „Verstellung" und Lüge, wenn das eigene Leben und das Wohl der islamischen Gemeinschaft nicht anders geschützt werden kann. Sie hat aber bei Islamisten eine weit darüber hinausreichende Bedeutung im Sinne der gezielten Täuschung. Vgl. RAYMOND IBRAHIM, How Taqiya Alters Islam's Rules of War. Middle East Quarterly, Winter 2010 (http://www.meforum.org/2538/taqiya-islam-rules-of-war).

[2] ANNETTE RAMELSBERGER, „Ganz, ganz vorsichtig geworden". Süddeutsche Zeitung, 31. Januar 2004.

[3] Bulletin der Bundesregierung Nr. 93-1 vom 28. September 2006.

Ausgewählte Literatur

Heiner BIELEFELDT: Menschenrechte in der Einwanderungsgesellschaft. Plädoyer für einen aufgeklärten Multikulturalismus. Bielefeld 2007.

Karin BRETTFELD / Peter WETZELS: Muslime in Deutschland. Integration, Integrationsbarrieren, Religion und Einstellungen zu Demokratie, Rechtsstaat und politisch-religiös motivierter Gewalt. Hrsg. vom Bundesministerium des Innern. Hamburg 2007.

Rita BREUER: Zwischen Ramadan und Reeperbahn. Die schwierige Gratwanderung der muslimischen Minderheit. Freiburg 2006.

Werner ENDE / Udo STEINBACH (Hrsg.): Der Islam in der Gegenwart. München ^{5}2005.

Walter FEICHTINGER / Sibylle WENTKER (Hrsg.), Islam, Islamismus und islamischer Extremismus. Eine Einführung. Wien/Köln/Weimar 2008.

Ulrich HAARMANN: Geschichte der Arabischen Welt. München ^{4}2001.

Islamismus. Hrsgg. vom Bundesministerium des Innern. Berlin 2003.

Gilles KEPEL: Das Schwarzbuch des Dschihad. Aufstieg und Niedergang des Islamismus. München/Zürich 2002.

Gilles KEPEL: Die neuen Kreuzzüge. Die arabische Welt und die Zukunft des Westens. München/Zürich 2004.

Gilles KEPEL / Jean-Pierre MILELLI (Hrsg.): Al-Qaida. Texte des Terrors. München 2006.

Gudrun KRÄMER: Geschichte des Islam. München 2005.

Martin KRAMER (Hrsg.): The Islamism Debate. Tel Aviv 1997.

Thomas LEMMEN: Muslime in Deutschland. Eine Herausforderung für Kirche und Gesellschaft. Baden-Baden 2001.

Albrecht METZGER: Was ist Islamismus? Hamburg 2005.

Annette RAMELSBERGER: Der deutsche Dschihad. Islamistische Terroristen planen den Anschlag. Berlin 2008.

Olivier ROY: Der islamische Weg nach Westen. Globalisierung, Entwurzelung und Radikalisierung. München 2006.

Werner SCHIFFAUER: Die Gottesmänner. Türkische Islamisten in Deutschland. Frankfurt a. M. 2000.

Werner SCHIFFAUER: Nach dem Islamismus. Eine Ethnographie der Islamischen Gemeinschaft Milli Görüs. Frankfurt a. M. 2010.

Ursula SPULER-STEGEMANN: Muslime in Deutschland. Informationen und Klärungen. Freiburg ³2002.

Thomas SCHMIDINGER / Dunja LARISE (Hrsg.): Zwischen Gottesstaat und Demokratie. Handbuch des politischen Islam. Wien 2008.

Guido STEINBERG: Der Nahe und der ferne Feind. Die Netzwerke des islamistischen Terrors. München 2005.

Reinhard SCHULZE: Geschichte der Islamischen Welt im 20. Jahrhundert. München 2002.

Bassam TIBI: Fundamentalismus im Islam. Eine Gefahr für den Weltfrieden? Darmstadt 2000.

Bassam TIBI: Die islamische Herausforderung. Religion und Politik im Europa des 21. Jahrhunderts. Darmstadt 2007.